SAY YES TO THE BOSS

De la même auteure aux éditions

addictives

Dark Ride
Last Ride
Vicious Ride
The Dominant
Evil Ride
Sensual Stepbrother
Un enfoiré mais un coup d'enfer!

De la même auteure chez

Luv

À corps brisés

ANA SCOTT

SAY YES TO THE BOSS

addictives

1

Mona

– Alors ce nouveau boss ? Toujours aussi connard ? demande Carla, ma meilleure amie, en engloutissant une bouchée du poulet tandoori constituant notre repas de midi.

Comme nous le faisons au moins une fois par semaine, nous nous sommes donné rendez-vous dans un petit restaurant indien situé à mi-chemin de nos lieux de travail. Pas cher et goûteux. Le reste du temps, je me contente de sandwiches dévorés rapidement devant mon PC ou, quand le temps le permet, sur le toit aménagé de ma boîte. Habituellement, Fanny, une autre de nos amies, se joint à nous, mais depuis qu'elle a fait la connaissance d'un nouveau mec via un site de rencontre, très récemment (et apparemment celui-ci, c'est le bon !), on ne la voit plus.

Quant à mon boss, puisque nous parlons de lui, c'est tout un poème !

Hugo Capelli n'est pas seulement un connard arrogant, mais un gros, gros, gros… égocentrique ! Il ne voit que lui,

lui et… encore lui ! Ah non, j'oubliais, lui et les milliards de sa boîte, Trader A (comme alpha, je suppose, c'est bien son genre !), spécialisée dans les fonds d'actions technologiques mondiaux et notamment américains.

Une boîte qui, l'année dernière, a déclaré plus de sept millions de bénéfices !

Je suis persuadée qu'il bande chaque matin en allant jeter un coup d'œil à son compte en banque. S'il n'y avait pas Clément Delahaye, son principal collaborateur, qui, lui, est un homme charmant, et Mme Burgot, ma supérieure hiérarchique, je me serais sauvée de cette boîte de fous, dirigée par un fou furieux qui traite les gens comme de la merde !

Mais voilà, après un an de chômage, je n'allais pas faire la fine bouche et j'ai pris ce que l'agence pour l'emploi m'a proposé, à savoir un job d'assistante de secrétaire de direction.

Techniquement, je suis l'assistante de la secrétaire particulière du boss, donc… préposée aux tâches subalternes. Et ça me va ! Je n'aime pas particulièrement être sur le devant de la scène et quand je vois comment il traite cette pauvre Mme Burgot alors qu'elle est aux petits soins pour lui comme s'il était son fils, j'ai mal pour elle.

D'ailleurs, j'ai un peu l'impression qu'il la prend pour sa mère… « Annie… allez me chercher mes chemises au pressing… Annie… réservez-moi un restaurant pour ce soir… Annie, faites envoyer des fleurs à Mlle Duchemolle… Annie… c'est pour aujourd'hui le dossier Dupont ou pour demain ?! »

J'te lui foutrais en travers de la tronche, son dossier Dupont !

Heureusement pour moi, je suis transparente ! Il ne me calcule pas, ne me regarde pas, je fais partie du menu personnel dont il n'a que faire.

Je ne suis pas la cible de ses remontrances pluriquotidiennes, mais parfois Annie me fait tellement de peine que je meurs d'envie de prendre sa défense et de crier à Capelli d'aller se faire voir. Ce n'est pas de cette manière que l'on traite ses employés, surtout une femme de la valeur et de la gentillesse de sa secrétaire. Alors oui, si je reste à ce poste, c'est également pour elle. Elle est vraiment adorable et m'a accueillie avec bienveillance. Ses premières paroles ont été pour me dire qu'elle espérait vraiment que je m'accroche, elle en avait assez de former des filles qui rendaient leur tablier à la moindre anicroche. Sur le moment, je n'ai pas compris ce qu'elle entendait par là. Depuis, je sais.

Bref, plus connard que Hugo Capelli, on ne fait pas !

– Toujours ! réponds-je en soupirant. Je crois que c'est même pire qu'avant ! Il paraît qu'il s'est fait larguer !

C'est en tout cas ce que m'a révélé Benjamin, le seul trader avec lequel j'ai sympathisé. Certainement la seule autre personne, excepté Delahaye, à apprécier Capelli et à lui trouver quelques qualités.

En tout cas, s'il s'est fait lourder, bien fait pour lui !

Capelli, hein… pas Benjamin !

J'espère qu'il finira seul et dévoré par des loups ! Ça lui apprendra à n'être qu'un sale con ! Je ne sais pas comment Annie arrive encore à le supporter ! Comment a-t-elle réussi à tenir toutes ces années ? Si encore il avait quelques mots gentils ou de petites attentions montrant qu'il tient à elle et lui est reconnaissant de tout le mal qu'elle se donne pour lui, mais même pas. Elle doit être maso ! Ou n'avoir que son job dans la vie.

– Naaan ? Le pauvre… T'avoueras quand même qu'il est beau !

N'importe quoi !

D'un, il est loin d'être pauvre (quand j'ai vu passer ses feuilles de paie et ses participations aux bénéfices, j'ai cru que j'allais faire une syncope ! Ce type, à 32 ans, est certainement l'un des hommes les plus fortunés de France !) et de deux… de deux… bon, c'est vrai, je dois avouer qu'il est super beau ! Brun, très grand, bien foutu, bien habillé… mais son caractère de bouledogue gâche quand même le tableau.

Toujours est-il que depuis deux mois, depuis que j'ai décroché ce job de secrétaire chez Trader A, mon boss et ses humeurs sont devenus notre principal sujet de conversation. Carla saute sur tout ce qui bouge et donnerait beaucoup pour pouvoir l'approcher en vrai, tout pitbull qu'il soit.

– Sinon… tu comptes faire quelque chose à tes cheveux ? demande encore Carla en piochant des morceaux de poulet dans mon assiette.

Je passe mes doigts dans mes longueurs blond vénitien indisciplinées, où s'égarent quelques mèches plus claires qui ont connu des jours meilleurs.

– Ben non, pourquoi ?

– Si tu faisais un effort, peut-être que Capelli te remarquerait.

Quoi ? Certainement pas, je n'ai aucune envie de lui plaire ! Plutôt crever !

Néanmoins, elle n'a pas tout à fait tort. Je dois admettre que je ne fais pas d'effort de toilette, ni de coiffure du reste, mais… je m'en fous, et je n'ai pas le temps ! En plus de mon boulot, je corrige des manuscrits pour des auteurs autoédités pour arrondir mes fins de mois (j'ai d'ailleurs créé une microentreprise), je lis énormément et... j'écris. Bon... peu depuis plusieurs mois, je ne suis pas motivée, mais dès que j'ai quelques jours de congé, je m'y remets et je termine cette romance commencée il y a longtemps.

Alors que Carla, c'est vrai, est toujours hyper bien habillée. Grande, blonde, taille mannequin, je l'ai toujours connue au fait de la mode, même quand nous étions au lycée : cheveux lisses, petit sac assorti aux chaussures et à la veste ou au blouson, jean dernier cri... À côté, je me faisais souvent l'effet d'un épouvantail avec mes fringues dépareillées de couleurs vives que ma mère m'achetait aux puces (ce que je fais toujours !), mais je m'en moquais. Nos différences ne nous ont jamais posé de problème. Nous avions chacune notre identité, notre caractère et nous nous sommes toujours bien entendues, en plus de nous compléter. Nous nous entendions tellement bien que, après le lycée, nous avons quitté notre petite ville de banlieue pour Paris, une coloc et la Sorbonne. Nous voulions travailler dans l'édition, mais ne trouvant aucun emploi dans ce domaine, je me suis assez vite résolue à accepter ce qui se présentait. Il faut bien manger ! J'ai donc fait plusieurs petits boulots de serveuse, me rendant assez vite compte que ce n'était pas mon truc, alors quand j'ai vu passer cette annonce pour un job de secrétaire, j'ai postulé et j'ai été embauchée ; le travail consistant essentiellement à taper des rapports financiers et parce que, justement, je tape vite.

Carla, quant à elle, travaille dans un magasin de prêt-à-porter, où je n'ai d'ailleurs jamais mis les pieds. Je fais partie de ces personnes qui pensent que la valeur des gens ne se mesure pas aux fringues qu'ils ont sur le dos, mais je dois reconnaître que, dans le monde dans lequel nous vivons, il s'avère que… si !

Tout n'est qu'apparence !

– Si un jour un homme tombe amoureux de moi, il m'aimera comme je suis !

– Oui, il t'aimera pour ce que tu es quand il te connaîtra mieux, mais pour ça il doit déjà avoir envie de te connaître donc… tu dois lui plaire. CQFD !

OK, elle a peut-être raison…

Toujours est-il que je peux très bien me passer d'un mec. Je n'ai pas besoin d'être avec un homme pour me sentir épanouie ! Ni besoin d'être amoureuse ! J'avoue même que tous ces petits couples qui fleurissent au printemps tels des bourgeons et étalent leur bonheur en s'embrassant à pleine bouche sur les trottoirs me font limite gerber.

En parlant de couple, dans quinze jours, c'est mon anniversaire, et cette année, il tombe un dimanche ! Et comme le dimanche, toute la famille est réunie pour le repas dominical, je suppose que ma mère me fera la « surprise » d'inviter un garçon (en général, le fils d'une de ses connaissances du club de Scrabble) avec lequel elle aimerait bien me caser. La pauvre est désespérée qu'à bientôt 27 ans je sois encore célibataire. Je l'adore, je sais qu'elle souhaite le meilleur pour moi, mais j'en ai assez qu'elle me force la main. Je ne serai pas la première à vivre seule et j'aime cette liberté que me procure le célibat.

Mais aux yeux de beaucoup de gens, et quand je dis « gens », je pense à mes parents (ma sœur aînée et mon frère, de deux ans mon cadet, sont en couple), cette façon de vivre semble louche et ils pensent que j'ai un problème psychologique ou que je suis lesbienne. Alors que pas du tout ! Ma libido va très bien, enfin… quand je la laisse s'exprimer. Et je n'ai aucune attirance pour les femmes. Le truc, c'est que je n'ai jamais rencontré celui qui me donnera envie de faire des concessions à cette sacro-sainte liberté et de faire un petit bout de route avec lui, c'est tout !

– Bon et toi, comment ça va ?

Je n'aime pas particulièrement parler de moi ni m'appesantir sur mes choix de vie qui ne regardent que moi, alors autant que Carla me raconte ses rencontres, que je vis par procuration.

Contrairement à moi, ma meilleure amie sort beaucoup et a une vie sexuelle exaltante.

Là encore, contrairement à moi, qui me contente de tête-à-tête avec mon sextoy, ce qui me convient parfaitement : pas besoin de faire des efforts de toilette ni la conversation, quand j'en ai besoin je le sors du tiroir de mon chevet et basta.

Je l'écoute d'une oreille distraite me parler de son dernier plan cul, un type qu'elle a rencontré sur un site où elle a l'habitude de faire son petit marché quand l'envie lui prend. Site où je me suis d'ailleurs inscrite sur son insistance, mais que je n'utilise pas. Je suis un peu vieux jeu, au grand désespoir de ma meilleure amie qui ne comprend pas que je gâche mes plus belles années et n'utilise pas ce qui est aujourd'hui à notre disposition pour rencontrer des hommes.

– Au fait, tu as eu des messages sur Trouverlamour.com ?

– Je ne sais pas, Carla, je ne regarde pas.

– Comment ça, tu ne lis pas les e-mails que la plateforme t'envoie ?

– Ben… non !

– Mais pourquoi ? s'énerve-t-elle. Tu trouverais forcément chaussure à ton pied. Il y a de tout ! Pour faire des rencontres sympas, pour les coups d'un soir, mais il y a aussi des types qui cherchent des relations durables.

– Parce que je préfère mille fois de vraies rencontres.

– Mais rien ne t'empêche de rencontrer ces hommes rapidement, Mona, c'est même fortement conseillé pour te faire une idée de la personne avant d'aller plus loin. Tu me promets d'aller y jeter un œil ?

– Un seul, alors ! promets-je, pour qu'elle cesse de me casser les pieds, tout en sachant que je ne le ferai sans doute pas.

Au début, je l'avoue, je lisais les profils qu'ils me recommandaient ou les messages que des types m'envoyaient, pour me rendre compte que ça ne volait pas très haut niveau intellect et qu'ils cherchaient, pour la plupart, uniquement des plans cul.

Aujourd'hui, je vire les e-mails direct !

– Oh, putain, faut que j'y aille, je suis en retard, s'écrie-t-elle soudain, après avoir jeté un coup d'œil à sa montre. Je te laisse payer l'addition !

Je n'ai pas le temps de dire ouf qu'elle s'est levée, m'a embrassée et s'est éclipsée.

Cette fille est un vrai tourbillon, mais je l'adore. Elle est ma bouffée d'oxygène, mon rayon de soleil, mon ancre dans ce monde tumultueux.

Je commande un café, l'addition, avale l'un et paie l'autre, puis je prends à mon tour le chemin du bureau, en me demandant ce qu'aura inventé Capelli pendant la pause déjeuner pour nous faire tourner en bourrique. Ce type ne mange jamais, d'ailleurs, je crois qu'il ne dort jamais non plus, ou alors au bureau.

C'est un cyborg, je ne vois que ça !

En tout cas, c'est une machine, un bourreau de travail et je doute que dans cette enveloppe, certes magnifique, il y ait un cœur en état de marche.

***

13 h 50. J'entre dans les bureaux de Trader A, rue de l'Opéra. Des bureaux ultramodernes, très spacieux, sur trois étages, sans compter le toit aménagé, reliés par un ascenseur privatif. Le premier est dédié à la direction ainsi qu'à la sécurité (Capelli a des types qui veillent à ce que rien ne fuite sur les réseaux ou dans la presse, que ce soit professionnel ou personnel), le deuxième aux traders (une bonne vingtaine ! Quand il m'arrive d'y monter, très rarement heureusement, le bruit et tous les écrans me donnent le tournis. Je me demande comment ils font pour ne pas devenir fous !), le troisième à la compta et aux ressources humaines.

En accédant à l'*open space* que je partage avec Mme Burgot, je suis surprise de ne pas la trouver à son poste.

Capelli l'aurait-il envoyée faire une course ?

Si c'est le cas, elle ne m'en a rien dit, alors qu'elle me tient au courant de tous ses déplacements.

Bizarre…

Je ne sais pas pourquoi, mais en prenant place devant mon bureau, j'ai un pressentiment. Qui se confirme quand j'avise un Post-it coloré collé sur mon écran :

Appelez-moi, c'est urgent.
Annie

Merde…

Si elle n'est pas au bureau, c'est qu'elle est à l'article de la mort.

Au minimum !

Je fouille fébrilement dans mon sac à main, en sors mon portable, le déverrouille et appuie sur son contact.

Après de longues sonneries, j'entends enfin sa voix.

Une toute petite voix.

– Madame Burgot, c'est Mona. Vous allez bien ?

Je l'entends tousser.

– Oh, ma petite Mona, répond-elle, la respiration sifflante. Non, ça ne va pas du tout, je suis malade. Vous allez devoir gérer le bureau toute seule quelque temps.

Pardon ?

– Mais… combien de temps, madame ? C'est grave ?

Je perçois son souffle, ardu.

– Je ne sais pas, j'attends le médecin. Je crois que j'ai la grippe, je vais rester au chaud. J'ai… j'ai appelé notre agence d'intérim, mais ils n'ont personne pour me remplacer pour l'instant. Mais vous allez très bien vous en sortir, Mona, j'en suis sûre, j'ai confiance en vous.

Elle prend une grande inspiration.

Visiblement, parler l'épuise.

– Installez-vous à mon bureau, j'ai pris le temps de vous noter les choses importantes avant de partir, ajoute-t-elle. Tout est dans un dossier ouvert, vous avez juste à cliquer dessus.

Elle se met à tousser et j'ai mal pour elle.

Comment se fait-il que je n'aie rien vu ?

Je suis vraiment une piètre assistante, mais j'ai tellement de travail que je lève à peine les yeux de mon écran.

Je raccroche après lui avoir souhaité un prompt rétablissement, avec le sentiment de m'être pris le ciel sur la tête : à partir de maintenant, c'est sur moi que va se défouler mon connard de patron !

2

Hugo

En entendant frapper à la porte de mon bureau, je lève les yeux de mon écran.

– Je peux te parler deux minutes ?

– Bien sûr, Clément, entre.

Je fais pivoter mon siège.

Mon meilleur ami et bras droit, Clément Delahaye, s'installe en face de moi.

Il fait glisser une enveloppe sur mon sous-main de cuir noir et se repositionne au fond de la chaise. Il croise les jambes, les doigts, dans cette attitude réservée et un peu austère que je lui ai toujours connue.

Mon cerveau enregistre immédiatement quelques détails, l'heure, le temps qu'il fait, comment je suis habillé : dix heures, il pleut (comme souvent en mai à Paris), costume gris. Détails complètement ridicules qui me reviendront en mémoire quand je me souviendrai de cette scène, mais c'est ainsi, il faut que je me raccroche à des broutilles pour ne pas perdre pied, surtout lorsque je m'apprête à prendre des coups, qu'ils soient physiques ou psychologiques.

– Comment va Annie ? demande Clément, avant d'en venir au but réel de sa visite, cette enveloppe qui me brûle les doigts.

J'ai reconnu l'écriture de mon ex !

– J'ai pris les choses en main, je lui ai envoyé mon médecin. J'aurai des nouvelles dès qu'il l'aura auscultée.

Je me fais du souci pour elle.

Au fil des ans, Annie est devenue une véritable mère pour moi, et je tiens beaucoup à elle, même si je passe mon temps à la rabrouer. C'est une sorte de jeu entre nous ; un jeu que nous sommes seuls à comprendre. Je passe mes nerfs sur elle et elle l'accepte, comme pourrait le faire une vraie mère et comme le faisait la mienne. Ma mère était une sainte et je l'aimais énormément. Elle était ma seule famille, la seule que j'ai toujours connue. J'ai beaucoup souffert quand elle est morte et je souffre encore de l'avoir perdue.

En plus de ma mère dont l'amour inconditionnel m'a donné une assurance et une détermination à toute épreuve, j'ai eu la chance de rencontrer trois personnes extraordinaires, trois personnes qui ont fait de moi celui que je suis aujourd'hui : M. Deschamps, mon prof de maths (qui a su déceler en moi un potentiel hors du commun, un sens inné des chiffres, et qui m'a poussé dans la voie des études), mon mentor, Marius Laroche (celui à qui j'ai racheté cette boîte de traders, à l'époque Trader Opéra, il y a cinq ans, après en avoir moi-même fait partie), et Annie, sa secrétaire, que j'ai gardée avec la boîte.

J'enrage de ne pas savoir ce qu'elle a et si c'est grave. L'ignorance de son état me replonge dans les affres de la souffrance que j'ai connues lorsque j'ai su ma mère condamnée. Mon impuissance à la sauver me rendait malade. J'espère qu'il n'en sera pas de même pour Annie.

Je ne suis pas prêt à la perdre elle aussi.

Je reprends pied dans la réalité.

– Je suppose que tu es venu me parler de ça !

Je lui désigne l'enveloppe.

J'ai évidemment reconnu l'écriture de Camille, la seule femme qui ait jamais compté dans ma vie, et, vu la taille et la texture de l'enveloppe, il s'agit d'un faire-part.

Mes battements cardiaques s'accélèrent et je me prépare mentalement.

Après qu'elle m'a quitté, il y a six mois, j'ai tenté de la récupérer, mais je me suis heurté à une fin de non-recevoir. Elle ne veut plus de moi et me l'a bien fait comprendre. Je suis, paraît-il, un obsédé de la réussite, un carriériste, un handicapé des sentiments ; je ne sais pas aimer, je n'ai pas de cœur, je n'étais pas assez disponible… tout y est passé.

Tout ça, je le sais depuis longtemps, mais comment aimer et faire confiance à la vie alors qu'elle m'a toujours malmené ?

Pourtant, je voulais apprendre.

Avec elle.

Je voulais en tout cas essayer et tout faire pour que ça marche entre nous, mais… elle ne veut plus de moi et le but de cette invitation, car je suis persuadé que c'en est une, est clair : je dois me l'enfoncer bien profond dans le crâne ! Mais c'est mal me connaître si elle pense que je vais renoncer. Ce n'est pas dans mes habitudes ni dans mon caractère. Quand je veux quelque chose, je fais tout pour l'obtenir et je mets le paquet ! Quand on vient du ruisseau comme moi, on s'accroche et on ne s'avoue pas vaincu au moindre obstacle. Je me suis battu pour en arriver là. J'ai bossé comme un fou pour avoir cette situation, et Camille était la femme idéale, celle qui me permettait de m'élever socialement. Elle vient d'une famille d'avocats renommés, elle est belle, distinguée, intelligente (elle a fait HEC et bosse pour un gros groupe américain de composants électroniques), elle a du savoir-vivre, elle sait se comporter en société. Elle fera une très bonne épouse et une bonne mère, j'en suis sûr ; à l'instar de sa propre mère.

– J'ai eu la même, ajoute Clément. Elles étaient au courrier. Je te préviens, ça ne va pas te plaire.

Je prends une grande inspiration et décachette l'enveloppe.

J'en extirpe un carton blanc nacré.

J'ai un petit coup au cœur en pensant à un faire-part de mariage, mais nous avons rompu il y a à peine six mois, ce serait quand même un peu précipité, non ?

Camille Lefebvre et Simon Duplessis ont le plaisir
de vous convier à une garden-party
en l'honneur de leur amour,
ce dimanche 23 mai, à partir de 15 heures.
Au Pavillon Élysée.
Réponse souhaitée avant le 16 mai.

Je mets quelques minutes à refaire surface, à la fois soulagé qu'il ne soit pas question de mariage, mais légèrement déboussolé par la nouvelle : en l'honneur de leur amour… dans un lieu prestigieux…

J'ai soudain envie de vomir.

C'est vrai que je ne fais pas partie de son monde, et malgré les milliards de mon compte en banque, son père, contrairement à sa mère qui, je crois, avait un petit faible pour moi, me le faisait sentir à chacune de nos rencontres. Non seulement je viens de la rue, mais en plus je suis un étranger ; un Italien. Un rital, comme on m'avait surnommé à l'école. Comme mon père n'était plus là pour prendre ma défense, je réglais mes comptes moi-même, à coups de poing.

Je suppose que la défiance de son père à mon égard a pesé dans la décision de Camille de rompre avec moi. Je n'étais pas le gendre idéal. J'aurais fait tache sur les armoiries familiales. Je suppose aussi que le nouveau prétendant est autrement mieux considéré et bien plus docile que moi. J'ai dit un jour au paternel de Camille, qui avait un peu trop tendance à se mêler de nos affaires et à vouloir diriger la vie de sa fille unique chérie, de nous lâcher la grappe et d'aller se faire foutre. Je pense que ça ne lui a pas plu. En plus du reste.

– Qu'est-ce que tu comptes faire ?

Je me cale au fond de mon fauteuil, place mes doigts sous mon menton.

– Comment ça ?

– Tu vas t'y rendre ?

– Bien sûr ! Pourquoi je n'irais pas ?

Un plan germe immédiatement dans mon esprit habitué à analyser, synthétiser, objectiver et entrevoir les bénéfices-risques : non seulement j'irai, mais je n'irai pas seul ! Je vais trouver une nana pour m'accompagner et je vais jouer la comédie du mec hyper romantique et hyper amoureux pour lui montrer à côté de quoi elle passe. Ainsi, je lui ferai croire que j'ai moi aussi tourné la page, alors que j'espère toujours la reconquérir.

Ouais, je vais faire ça, et n'importe quelle nana fera l'affaire !

Une *escort* peut-être, mais… je n'ai pas envie de payer une fortune alors que je peux trouver quelqu'un gratos. Qui ? Je ne sais pas, mais je peux peut-être… oui, je peux peut-être me résoudre à utiliser ce nouveau site de rencontre, dont j'ai vu la pub dans les journaux : Trouverlamour.com ! Ils ont l'air sérieux et, à l'aide d'un système de sélection imparable, ils se targuent de trouver la personne qui convient et qui nous est compatible.

Mais comme je l'ai dit, je m'en fous, ce n'est pas l'amour que je cherche mais une « fausse fiancée » pour une journée ! N'importe quelle nana pas trop conne et pas trop moche fera l'affaire.

Et j'ai… quatorze jours !

Quatorze jours pour trouver la personne qu'il faut, la rencontrer, vérifier que ce n'est pas une tordue et qu'elle me plaît quand même un minimum.

Je vais créer mon profil dès aujourd'hui.

Je n'ai qu'une vingtaine de dossiers de retour de mes analystes à valider, je devrais avoir le temps d'ici à la fin de la journée. Ou ce soir. Personne ne m'attend…

Étonnamment, cette perspective m'enchante.

Camille va s'en étouffer de surprise.

Elle me croyait abattu par notre rupture, elle verra qu'il n'en est rien.

Si je la joue rusé, elle en ressentira une petite pointe de déception et pourquoi pas de jalousie. Qui pourrait, qui sait, lui faire reprendre contact avec moi.

En tout cas, je vais tout faire pour !

3

Mona

Je sursaute et tout mon corps se tend quand j'entends la porte du bureau de Capelli s'ouvrir peu de temps après le départ de Clément Delahaye, son bras droit, avec qui j'ai échangé quelques mots. Il n'y va généralement pas de main morte, il semble toujours sur le point d'étrangler quelqu'un, mais là, c'est pire ! Je cligne plusieurs fois des paupières en le voyant passer devant mon bureau, sans même un regard.

Ce connard m'a foutu les jetons !

Je respire un peu mieux en le voyant s'éloigner. Mais mon cœur s'emballe à la pensée que, s'il est passé, il repassera.

Pitié…

J'ai envie de plonger sous le bureau pour me cacher. Ou de me faire porter pâle. Mais… il n'en est pas question ! Je suis une femme forte, indépendante. Il ne me fait pas peur ! Non, il ne me fait pas peur, mais si je veux être honnête, je dois avouer qu'il m'impressionne et qu'il m'intimide. Surtout que, la plupart du temps, il est remonté comme une pendule et imbuvable avec tout le monde.

Il est passé comme une fusée, mais j'ai eu le temps d'apercevoir sa chemise blanche, sa veste de bonne coupe, sa cravate à fines rayures, et… sa mâchoire carrée, sa haute stature. Je dois également reconnaître que ses traits sont indubitablement virils. Ses yeux, surtout, sont remarquables : bleus, très clairs. Mais froids comme des icebergs. Je ne sais pas ce qui fait marcher cet homme, mais il est impressionnant de détermination.

J'entends soudain des pas dans le couloir.

Bon sang… il revient.

Je bondis sur ma chaise et touche partout nerveusement.

Merde, merde, merde…

Je suis tellement à cran que je bute contre le pot à stylos, envoyant tout valser sur la moquette.

Merdeeeee…

Je me mettrais des baffes d'être si empotée.

Je descends de la chaise et me mets à genoux pour les ramasser et les remettre dans le pot.

– Hum…

Je lève la tête. Un peu trop vite. Sans évaluer la distance. Et je heurte le lourd plateau du bureau.

Je me recule, la main sur mon crâne douloureux et lâchant un :

– Putain de…

Je rencontre un regard bleu glacier et m'interromps.

– Pardon, monsieur… hum… monsieur Capelli… que puis-je pour vous ? demandé-je vivement en me redressant, avec le sentiment d'être à bout de souffle, alors que je n'ai pas fait un pas, encore moins couru un cent mètres !

Il me dévisage, puis ses yeux s'attardent sur mes cheveux et détaillent mon corps. Mon souffle se bloque dans ma trachée au fil des secondes que dure son examen, qui me paraît interminable.

– Mona, c'est ça ?

L'envie de faire une petite révérence me titille, histoire de détendre l'atmosphère soudain oppressante tout en me moquant de son attitude rigide, mais je m'en abstiens. Hugo Capelli n'est pas le genre d'homme de qui l'on peut se moquer impunément. En même temps, je suis plutôt agréablement surprise qu'il connaisse mon prénom.

– Oui, monsieur, Mona Vargas.

Face à son regard glacial, j'ai le sentiment d'être une gamine prise en faute et je m'en veux d'être si réceptive à ce qu'il dégage. Il est beau. Indubitablement. Grand, très grand même, il doit frôler le mètre quatre-vingt-dix. Très brun, les cheveux légèrement ondulés, coiffés en arrière, des traits taillés au biseau, des yeux magnifiques qui pourraient être encore plus beaux s'ils n'étaient pas si implacables.

Alors que je n'ai rien fait pour en être la cible, bordel de merde !

Enfin… sauf si renverser des stylos est passible de sanction.

J'imagine aussitôt ce qu'il pourrait me faire.

Je m'enflamme.

Retenir mon propre énervement me met le feu aux joues.

– Que puis-je pour vous ? réitéré-je sèchement.

Son regard devient encore plus intense sous ses sourcils froncés.

– Mme Burgot sera absente du bureau pendant au moins

deux semaines. Vous sentez-vous capable de faire son travail en plus du vôtre ?

– Oh, euh… oui, pas de problème, monsieur. Je ferai le maximum, si vous… enfin… si de votre côté, vous me promettez de ne pas me submerger de dossiers et d'être un peu plus patient que d'habitude.

Après tout, c'est dans l'intérêt de sa boîte !

Il faut qu'il arrête de vouloir tout régenter à la baguette. Je suis sûre que s'il était plus humain et plus… calme, tout le monde (moi y compris) ne s'en porterait que mieux.

– Pardon ?

J'affronte courageusement son expression fermée.

– Je veux juste vous faire comprendre que si vous me criez dessus comme vous le faites avec Mme Burgot, je serai incapable de faire mon travail correctement. C'est dans votre intérêt… monsieur.

Je n'en mène pas large, mais après tout, j'ai dit ce que j'avais sur le cœur.

Il en fera ce qu'il voudra.

– Je vois !

Sa voix, grave, terriblement mâle, me prend encore totalement au dépourvu.

Je me redresse, frissonnant malgré moi et, voyant qu'il va ouvrir la bouche, je le devance :

– Ceci dit, si vous pensez que je ne ferai pas l'affaire, autant me licencier tout de suite. Ainsi, je ne perdrai pas mon temps. Ni vous, votre argent.

À son air surpris, je suis persuadée qu'aucun de ses employés ne lui a jamais parlé aussi directement.

– Avez-vous vraiment envie de travailler pour moi, mademoiselle Vargas ?

Ses iris fouillent les miens.

– Oui… bien sûr !

– Alors je ne vois pas où est le problème !

Ses yeux balaient à nouveau ma silhouette, s'attardent sur mes seins. J'ai soudain très chaud. Ma nature féminine n'est pas insensible au magnétisme presque animal qu'il dégage. Ce qui… me déstabilise complètement.

Je fais abstraction de la chaleur de mes joues qui ne fait que grimper et réplique :

– Vous avez raison. Il n'y en a aucun. Mais si quelque chose vous dérange, ou…

– Je vous le ferai savoir, n'ayez crainte ! m'interrompt-il. Faites ce que vous pouvez, ce sera déjà très bien.

OK…

Le voyant sur le point de s'éloigner, j'ajoute :

– Et pour… pour Mme Burgot, ça va aller ?

Ma question semble le prendre à son tour au dépourvu.

À la lueur qui traverse ses iris, je comprends qu'il se fait du souci pour elle et je me demande ce qui les lie. Subitement, il remonte d'un cran dans mon estime. Je renonce à m'avouer si c'est réellement parce qu'il s'inquiète pour elle ou parce qu'il dégage vraiment quelque chose de terriblement attractif, ce dont je ne m'étais pas réellement rendu compte jusqu'à ce jour, peut-être parce que je ne l'avais pas eu véritablement en face de moi. Enfin… nous n'avions jamais conversé, et encore une fois, je suis étonnée qu'il se souvienne de mon prénom.

– Elle devrait s'en sortir. À plus tard, mademoiselle Vargas.

Je le regarde s'éloigner.

Nom de Dieu…

Je me laisse retomber sur ma chaise, les jambes soudain flageolantes.

Si je suis dans cet état de nerfs à chaque fois qu'il me regarde ou m'adresse la parole, c'est mal barré ! Et je ne parle pas de l'état de ma petite culotte.

4

Hugo

L'image de ma secrétaire de substitution reste accrochée à mon cerveau tandis que je regagne mon bureau.

Mona Vargas...

Un prénom poétique et charmant pour une jeune femme qui semble posséder un caractère bien trempé et ne pas avoir sa langue dans sa poche.

Je souris.

Les quelques minutes en sa compagnie ont été surprenantes et récréatives ; je ne crois pas qu'un seul de mes employés m'ait déjà parlé sur ce ton ni de façon si directe. Et je dois dire que... ça m'a séduit. Parce que justement, ce n'est pas habituel. En plus, elle a rougi ! Ses joues ont pris une belle teinte rosée, mais malgré cette apparente timidité, elle semble avoir un tempérament de feu, comme le laissent supposer ses cheveux indisciplinés, sa peau piquetée de taches de rousseur, ses pétillants yeux verts et son sourire volcanique.

Quand je l'ai vue à genoux, je l'ai immédiatement imaginée

à mes pieds, sa bouche autour de ma bite. Mon regard s'est perdu dans son décolleté dévoilant une peau laiteuse, sur ce petit grain de beauté à la naissance de son sein gauche et mes hormones se sont emballées, Dieu seul sait pourquoi, alors qu'habituellement je ne suis pas attiré par les femmes pulpeuses, encore moins quand elles sont fringuées comme l'as de pique. Un délicieux frisson m'a parcouru le bas du dos et mon membre s'est tendu. J'ai immédiatement mis mes mains dans mes poches pour cacher mon érection naissante, et je me suis manifesté en m'éclaircissant la voix. Elle a été si surprise qu'elle s'est cognée au plateau du bureau et a lâché un début de juron, avant de s'interrompre en réalisant où elle se trouvait et devant qui.

À savoir, moi, son boss !

J'ai failli éclater de rire, alors que… ça fait des mois que je n'ai pas ri. Que dis-je… des années.

Puis elle m'a fixé de ses grands yeux verts et, l'espace d'un instant, c'est moi qui ai oublié où nous étions. Cette fille a de superbes iris, pétillants d'intelligence. J'ai senti en elle une vitalité et une énergie assez semblable à la mienne ; elle paraît aussi déterminée que je le suis et encore une fois, elle n'a pas sa langue dans sa poche. Elle m'a bousculé, et j'ai adoré ça. Pour être chagriné qu'elle veuille me quitter si je ne la pensais pas capable de remplacer Annie.

Je n'avais pas envie qu'elle parte, je l'imaginais plutôt, à ma grande surprise, en train de faire du rodéo sur ma queue.

Et je l'imagine encore.

Je me représente ses seins tressauter devant mes yeux, je me vois lui empoigner les fesses pour la faire aller et venir sur mon membre enfoui bien profond en elle. Je m'étais un jour surpris à mater son cul moulé dans une petite jupe colorée, alors qu'elle marchait devant moi. Elle m'avait fait de l'effet, mais pas autant qu'aujourd'hui.

Cette fille me plaît, c'est indéniable, mais quand bien même, on ne mélange pas travail et plaisir ! Il faut qu'elle sorte de ma tête, et vite !

Je bosse comme un dingue tout l'après-midi et ce n'est qu'en fin de journée que je peux enfin me connecter à Trouverlamour.com. Je devrais prospecter pour faire mon choix entre plusieurs sites de rencontre, mais je n'ai pas le temps, celui-ci fera très bien l'affaire. Je crée mon profil, après avoir réfléchi une fraction de seconde à un pseudo, saisis mes caractéristiques physiques : un mètre quatre-vingt-dix, brun, yeux bleus… je ne triche pas, là encore je n'ai pas le temps ! Et je ne cherche pas à plaire, mais à trouver une fausse fiancée pour une journée, ça ne devrait pas être bien compliqué ! Je remplis donc les petites cases, sans ça, pas de validation possible, j'ai vérifié, puis j'en viens aux hobbies. Je note les trucs bateau : muscu (je pratique tous les matins), lecture (des magazines spécialisés en finance, mais ça, je me garde bien de le mentionner), sorties, restaurants, musées, culture, voyages, et… la mer !

Tout ce qu'il y a de plus classique !

J'entre ensuite mes critères de sélection, sensiblement identiques, pour trouver la partenaire idéale.

Je vais avoir des tonnes de réponses, non ?

Il faudrait que je cible davantage pour éliminer les profils qui ne me plairaient pas. C'est peut-être juste pour une journée, mais je ne peux pas prendre le risque de tout faire foirer avec une nana déjantée ou complètement à l'ouest. En outre, je n'ai pas le temps de prospecter pendant des jours si je veux la rencontrer au préalable ; il n'y a qu'un seul week-end entre aujourd'hui et cette saloperie de « garden-party » organisée par Camille. Je ne suis pas disponible en semaine, je quitte rarement le bureau avant vingt-deux heures, parfois davantage, mais je vais devoir faire des concessions si je veux trouver rapidement une fille qui tienne la route.

Je réfléchis quelques secondes et tape : aime la peinture… Voilà !

Une nana qui a un faible pour l'art pictural ne peut pas être complètement dénuée d'intérêt.

Je ne mets évidemment pas de photo de moi, je ne peux pas risquer que l'on me reconnaisse, mais de mon voilier.

J'appuie sur « enregistrer » et le moteur de recherche interne de Trouverlamour.com mouline, jusqu'à ce que…

– Monsieur Capelli ?

Je sursaute sur mon fauteuil et m'empresse de virer la page de mon écran avant de me tourner face à… Mona, que, tout à ma recherche, je n'ai pas entendue entrer.

– Mademoiselle Vargas ? dis-je sèchement.

Je suis dans mon bureau, je fais ce que je veux, mais bizarrement, j'ai le sentiment d'avoir été pris en flag. J'espère qu'elle ne va pas s'imaginer que je mate un porno ! Quoique… en la voyant avancer avec détermination, ses hanches chaloupant sensuellement dans ma direction, je me fais la réflexion que ce serait certainement la meilleure solution pour faire descendre la pression de mon entrejambe qui se rappelle à mon bon souvenir dès que je pose les yeux sur elle.

Elle dépose un trieur devant moi, l'ouvre.

– Voilà, j'ai fait tout ce qu'Annie avait prévu. Signez là, s'il vous plaît.

Elle se penche légèrement en avant, pose son doigt en bas de la feuille. Sa main est belle, fine, ce qui contraste avec le reste de sa personne, plutôt plantureux. J'imagine ses doigts autour de… Je dois vraiment être en manque pour que cinq misérables petits doigts me fassent fantasmer.

Je n'ai pas touché une femme depuis une éternité (plus exactement depuis que Camille m'a quitté), je me contente de plaisirs solitaires, mais ce n'est pas pareil.

Soudain, j'ai envie de sentir ses mains sur moi.

Nos regards se croisent.

Je ne sais pas ce qu'elle lit dans mes iris, mais les siens se troublent. Je la trouble, comme elle me trouble.

No sex in job ! me tancé-je.

Je la quitte des yeux, saisis mon stylo.

– Où ça ?

Je sais très bien « où » !

J'ai conscience de me comporter comme un connard, mais il le faut ! Je dois à tout prix étouffer dans l'œuf ce désir naissant qui ne m'attirera que des emmerdes. Baiser au bureau n'est pas une option envisageable.

Je lève les yeux sur elle lorsqu'elle pousse un soupir excédé en tapotant la feuille.

– Ici !

Hé… on va se détendre, d'accord !

C'est moi le mal embouché ici, OK ?!

C'est ma marque de fabrique. Depuis si longtemps que je ne sais pas fonctionner autrement. J'ai toujours été dévoré par la colère, certainement due à l'incertitude quant à mon avenir. Notre vie était dure. Ma mère faisait ce qu'elle pouvait, mais l'argent manquait constamment. Heureusement que l'une des résidentes de l'immeuble huppé où elle était concierge était gentille avec nous, elle m'offrait souvent à goûter et je repartais toujours avec quelque chose pour le dîner. Ensuite, j'ai commencé à travailler, en plus des cours. Je ne voulais pas que ma mère manque de quoi que ce soit. Et j'étais tellement occupé que je n'avais même pas le temps de baiser. Comme aujourd'hui ! C'est certainement pour cette raison que je suis aussi réceptif à ce que dégage cette fille.

Je m'exécute et signe en bas de la page.

Je ne relis pas, je lui fais confiance ; si Annie l'a gardée, c'est qu'elle fait l'affaire.

Elle change de feuille et j'appose ma signature au bas de la suivante. Puis d'une autre et encore d'une autre et ainsi de suite. En début de mois, nous envoyons des bilans de rendement à nos clients. Nos placements se portent à merveille, nous avons encore engrangé ce mois-ci des millions de bénéfices. Je pourrais avoir recours à une signature électronique, mais je m'y refuse. Marius m'a appris à choyer les plus gros clients et cela passe par une relation privilégiée ; il faut que chacun se sente unique et en confiance. En tout cas suffisamment pour continuer de me confier son argent.

– Quoi d'autre ? demandé-je sans même lever la tête, en apposant mes initiales sur les derniers feuillets et en tournant l'intercalaire du trieur.

Je survole le courrier suivant.

Nos relations clients se font aujourd'hui essentiellement par e-mail, mais certains, les plus âgés et les plus anciens, aiment encore avoir recours au papier-crayon. Celui-ci est d'une des plus grosses fortunes de France que j'ai la chance d'avoir dans mon portefeuille. Je suis d'autant plus fier que c'est moi qui l'ai fait entrer chez Trader A lorsque je n'étais encore qu'un simple courtier. Comme il veut me confier d'autres capitaux, il me propose de nous rencontrer pour discuter de nouveaux placements.

– Appelez le…

– Ritz pour réserver une table ? C'est fait, monsieur. M. Lafayette n'étant disponible que demain midi, j'ai réservé. Vous avez donc rendez-vous demain midi avec M. Lafayette.

– Demain ? Je n'avais pas déjà un déjeuner ? demandé-je, tout en jetant un coup d'œil à l'autre courrier.

Une plainte, cette fois-ci.

Je regarde ma montre.

Il est déjà dix-neuf heures trente, mais je ne suis pas contre quelques minutes supplémentaires en compagnie de ma si charmante secrétaire. Moi, j'ai tout mon temps, mais elle ? Peut-être que son petit ami l'attend. Bizarrement, ça m'emmerde de l'imaginer dans le lit d'un type. J'ai comme une envie de la retenir.

Qu'est-ce qui m'arrive ?

Est-ce l'abstinence forcée qui me joue des tours ?

Suis-je à ce point en manque du corps d'une femme que j'ai envie de sauter sur la seule qui m'approche : ma secrétaire ! Alors qu'elle est la seule que je ne peux toucher !

C'est marqué interdit !

Mais est-ce que le fait qu'elle soit justement intouchable ne la rend pas encore plus désirable ? Je vais devoir réfléchir au sujet à tête reposée.

En tout cas : *no sex in business !*

Je vais en faire mon leitmotiv, jusqu'à m'en convaincre.

– Pardon ?

Je suis tellement obnubilé par mes pensées classées X que je n'ai pas entendu sa réponse.

Je lève les yeux, pour la découvrir assise en face de moi, les jambes croisées, un petit calepin sur les genoux, son stylo dans la bouche, à m'observer avec attention. J'aperçois, d'où je suis, un bas couleur chair, jusqu'en haut de sa cuisse. Ce n'est pas intentionnel, j'en suis persuadé. Je ne l'imagine absolument pas aguicheuse, et c'est ce qui me fait bander, justement, j'aime son côté ingénu. J'imagine sa chair veloutée sous mes doigts… A-t-elle des taches de rousseur sur tout le corps ?

– J'ai déplacé votre rendez-vous avec M. Maréchal à mercredi, il est d'accord.

Je mets mes doigts sous mon menton, la fixe.

Elle rougit.

– Bien…

C'est tout ce que je suis capable de dire, des pensées libidineuses ne cessant de tourner en boucle dans ma tête.

– Ce sera tout, monsieur ?

– Oui ! Ce sera tout !

Elle se lève, tend la main dans ma direction.

Je regarde une nouvelle fois cette main, puis ses yeux, puis… son décolleté, sa peau… je ne peux pas m'en empêcher. Sa peau, qui se colore visiblement. Sa respiration semble s'envoler, la mienne devient ardue.

Ma queue se tend.

Je lui remets le trieur.

Elle s'en empare, sans cesser de fouiller mes iris. Je le retiens, je ne veux pas qu'elle parte. C'est con, mais j'ai envie qu'elle reste là, comme ça, devant moi, à m'observer ardemment, comme si elle me découvrait. J'ai le sentiment qu'elle rêve de m'embrasser, avec la même intensité que j'ai envie de me jeter sur ses lèvres. Ma queue se tend davantage. C'en devient presque douloureux et je bénis le bureau qui lui cache mon érection.

Je me vois la plaquer contre le mur, remonter sa robe et plonger en elle. Jusqu'à la garde.

Je retiens un gémissement.

Elle se racle la gorge, me faisant redescendre sur terre.

– Très bon travail, mademoiselle Vargas, asséné-je, en lâchant le trieur. Vous pouvez rentrer chez vous.

– À demain, monsieur Capelli.

– À demain, mademoiselle Vargas…

Elle me tourne le dos et je la regarde s'éloigner, ses fesses rondes s'agitant sous sa petite robe informe. Son corps est voluptueux, attirant, désirable. Une goutte de liquide séminal s'échappe de mon sexe.

Nom de Dieu…

Retourne-toi…

Si elle se retourne, je l'invite à dîner et plus si affinités, rien à foutre, elle me plaît trop.

Je peux la baiser ailleurs qu'au bureau, non ?

Oui, je vais la baiser !

Une seule et unique fois, pour éteindre ce désir qu'elle éveille en moi, bien malgré moi, et ensuite, je passerai à autre chose. J'ai fonctionné comme ça pendant des années, jusqu'à Camille. Du sexe, sans les sentiments. Du sexe, sans les emmerdes et sans prise de tête. Du sexe pour du sexe.

Retourne-toi, bordel…

Elle ne se retourne pas.

Elle me semblait pourtant intéressée, mais… c'est mieux comme ça !

Je me laisse tomber contre mon dossier avec l'impression d'avoir piqué un sprint.

J'expire pour chasser ces pensées *hot* qui décidément ne veulent pas me quitter, alors même qu'elle a déserté la pièce. Je cherche son parfum dans l'air, mais ne sens aucune fragrance capiteuse, juste… une légère odeur qui me fait saliver.

Nom de Dieu, de mieux en mieux…

Perturbé et complètement dérouté par mon comportement d'homme des cavernes qui ne pense qu'à forniquer avec la première femelle qui passe à ma portée, je me tourne face à l'écran de mon ordinateur pour reprendre le fil de ma vie : cette fausse fiancée ! Je l'appellerai ainsi tant que je n'aurai pas de prénom à me mettre sous la dent.

Je clique sur la barre des tâches en bas de l'écran.

La page de Trouverlamour.com s'ouvre, identique à la précédente.

Ouf, je n'ai rien perdu…

Un petit (1) en regard de la bulle « cette personne est faite pour vous » attire mon attention.

Je clique dessus, ne pouvant m'empêcher de ressentir une légère excitation. Moindre que lorsque je me voyais m'envoyer en l'air avec Mona, mais bien présente quand même.

Voyons voir…

Je souris en voyant la photo du profil : *La Joconde*, le célèbre tableau. Ainsi que le pseudo, Joconde, justement. Parfait ! C'est ce que je voulais, une nana qui aime la peinture et peut-être l'art en général, qui sait. Bon, en vérité, je m'en fous, je ne vais pas l'inviter au Louvre, mais à une garden-party organisée par mon ex!

Je me rends compte avec surprise que je n'ai pas pensé une seule seconde à Camille de l'après-midi. Mona a pris toute la place. Elle est entrée si subitement dans mon cerveau que je n'en reviens pas moi-même. Je ne sais même pas ce qui m'attire réellement chez cette fille, ses iris pétillants, sa bouche pulpeuse, son corps tout en courbes voluptueuses, ses cheveux de feu… ni pourquoi je me comporte comme un Néandertal à son contact. Un Néandertal animé d'une seule envie : l'emmener dans ma grotte et la posséder, encore et encore.

Il n'en est pas question!

No sex in business…

Jamais ma queue n'a décidé pour moi et ce n'est pas aujourd'hui que ça changera. Je vais donc me concentrer sur cette recherche d'une fausse fiancée et Mona sortira de ma tête aussi vite qu'elle y est entrée.

5

Mona

Mon corps entier fourmille. Je tremble de partout. Je tremble tellement que j'ai du mal à enfiler mon imperméable. Je devrais peut-être appeler Carla pour qu'elle m'aide à y voir plus clair, parce qu'honnêtement, je suis larguée. Hugo m'a envoyé tellement de messages contradictoires pendant la vingtaine de minutes qu'a duré notre tête-à-tête que j'en suis encore toute chamboulée. Il me dévorait tellement du regard qu'à un moment j'ai cru qu'il allait sauter par-dessus le bureau pour me coller contre le mur et me prendre sauvagement. J'en ai eu le souffle coupé. Ensuite, il est redevenu froid comme une banquise et blessant, comme s'il me punissait encore pour quelque chose dont je ne suis pas responsable.

Sans que je sache exactement quoi !

Il m'a mise dans tous mes états, et ça ne me ressemble pas.

Jamais aucun homme ne m'a déstabilisée à ce point.

Jamais !

Je suis toujours restée maîtresse de mes émotions, même

au plus fort de la passion. Tout en longeant le couloir désert jusqu'à l'ascenseur, je passe en revue mes amants de passage rencontrés lors de soirées d'étudiants où nous allions parfois, Carla, Fanny et moi. Je n'étais pas celle qui s'envoyait le plus de mecs, la palme revenait à Carla, mais je me débrouillais pas mal.

En général, quand un type me plaisait, j'arrivais à mes fins...

C'est ensuite que les choses se sont gâtées, quand nous sommes entrées dans la vie active. J'ai fait quelques petits boulots comme serveuse, dans des bars ou des pubs. Alors certes, j'ai eu des patrons sympas, j'ai développé des techniques infaillibles pour éviter les mains baladeuses, j'ai acquis un sens de la repartie assassin pour virer les relous, mais j'étais tellement crevée que je n'avais aucune envie de faire la fête après mon service. J'ai fini par devenir casanière, préférant mille fois la lecture aux sorties, même entre amis. Et quand je me suis mis en tête de corriger des auteurs autoédités, je n'ai plus eu une minute à moi.

D'ailleurs, je vais devoir m'y atteler rapidement si je ne veux pas prendre trop de retard. Mais pour cela, il faut que mon boss daigne sortir de ma tête. Et soudain, je fantasme : je rêve qu'il me rejoint dans l'ascenseur pour, sitôt les portes refermées, se coller contre moi et m'embrasser. Sauvagement. Mon sexe frémit, ma culotte, déjà humide, le devient davantage.

Mon souffle se bloque dans ma trachée, lorsque, appuyée contre la glace au fond de la cabine, mon sac serré contre mon ventre, je scrute fébrilement le couloir, m'attendant à tout moment à le voir débarquer. Il arpente toujours l'espace comme s'il partait en guerre. Je l'imagine venir à moi de cette façon, sûr de lui, conquérant… un mâle dans toute sa splendeur, dans tout ce qu'il a de plus viril et de plus attractif. Venir à moi, m'embrasser et pourquoi pas me donner un plaisir indécent le temps que durera la descente vers le rez-de-chaussée. Je sais qu'il en serait capable. Au souvenir de ses iris ardents sur moi, mon ventre se serre, envahi par une chaleur subite reconnaissable entre mille : celle du désir. Maintenant que je l'ai côtoyé d'un peu plus près, je peux dire que Hugo Capelli n'est pas juste beau, le plus bel homme que j'aie jamais approché, mais également charismatique, ténébreux, avec un zest d'animalité qui le rend… irrésistible et hautement attirant. Et son regard est juste… envoûtant. Implacable. Je ressens encore sa caresse, qui n'avait rien de doux.

Punaise, mon boss me fait un effet de folie, moi qui le traitais encore de connard imbu de lui-même il y a seulement quelques heures.

Comment les choses peuvent-elles déraper en un rien de temps ?

Ça m'a toujours fait halluciner !

On peut passer des jours et des jours à côté de quelqu'un sans qu'il ne se passe rien et, d'un coup, un regard furtif, un sourire échangé, une attitude équivoque font basculer la situation et le désir et l'attirance s'en mêlent. Il est tout à fait normal que je fantasme sur lui, n'importe quelle nana avec des hormones en état de marche serait attirée par ce qu'il dégage en « sexytude », mais ce que je n'avais absolument pas prévu, c'est qu'il soit visiblement attiré par moi. Et, si j'en crois son regard pénétrant, pas qu'un peu !

Hugo ne déboule pas dans le couloir pour réaliser mon fantasme de me plaquer contre la paroi et de m'embrasser à perdre haleine, et je ne sais si j'en suis déçue ou au contraire soulagée. Ceci me laisse pensive et vaguement groggy ; en tout cas, je ne pensais pas être son type de femme, je ne l'imagine pas du tout avec quelqu'un comme moi, je suis trop commune et quelconque pour ça. Il ne doit sortir qu'avec des top models. Son regard a changé quand il m'a découverte à genoux.

Je doute qu'il n'ait rien à se mettre sous la dent, un type comme lui a certainement des dizaines de femmes à ses pieds et que l'embarras du choix, alors pourquoi s'intéresserait-il à moi ? Je ne pense pas qu'il soit du genre à baiser au bureau, il ne s'y risquerait pas… Ce serait excitant, je l'avoue, mais si ça vient à se savoir ou à mal tourner, je perds mon job. Je ne peux pas me le permettre, j'ai besoin de cet argent, je ne gagne pas encore assez avec mes corrections pour pouvoir en vivre décemment. J'aimerais bien… j'aimerais travailler chez moi, ne plus prendre les transports en commun, ne plus voir des gens, ne plus m'obliger à parler si je n'en ai pas envie, ne plus avoir de contraintes horaires et pouvoir passer la journée en leggings si j'en ai envie… le pied !

J'étais déjà casanière et solitaire ; au fil des années, je le suis davantage.

C'est le problème lorsque l'on a le cerveau dans les livres, on devient asocial. Encore plus lorsqu'on écrit… On crée un monde à notre façon, avec des personnages qui nous plaisent et que nous aimerions rencontrer en vrai, sauf qu'ils n'existent pas, ils ne sont que le reflet de nos fantasmes. En ce moment, j'écris une romance contemporaine, et je sais déjà à qui mon héros ressemblera dorénavant : à mon boss.

Je pense encore à lui en sortant de l'immeuble où sont situés les locaux de Trader A, puis quand j'arpente le trottoir en direction de la bouche de métro heureusement assez proche. Je resserre mon imperméable autour de moi. Il pleut et mes cheveux sont déjà en train de frisotter avec toute cette humidité. Ils sont tellement indisciplinés que j'ai renoncé depuis longtemps à en faire quelque chose, je me contente de quelques mèches un peu plus claires pour les structurer et leur donner une autre lumière que ce roux vénitien. Quand j'étais petite, je rêvais d'être blonde, comme Carla, plutôt que rousse. Aujourd'hui, je m'autorise quelques reflets dorés. Enfin… quand je prends le temps d'aller chez le coiffeur et de m'occuper un peu de mon apparence.

Le métro n'est pas surchargé.

J'arrive même, fait exceptionnel, à dégoter une place assise. Je me cale contre la paroi de la rame avec un soupir d'aise, m'empare de mon portable. En général, je profite de ce temps de transport (quasiment une heure, avec heureusement un seul changement) pour vérifier mes e-mails, puis bosser sur mes corrections. Je transfère le manuscrit en cours sur mon Smartphone via Calibre, une appli qui transforme un fichier Word en Epub, et j'ouvre un dossier Mémo en parallèle, sur lequel je prends des notes. Cette lecture me permet de mieux repérer les fautes, qu'ensuite je corrige sur le fichier d'origine. Mais aujourd'hui, j'ai envie d'écrire. Aujourd'hui, je sais ce que mon héroïne a envie de vivre avec son boss… c'est marrant, j'ai démarré cette romance le soir du premier jour de mon embauche chez Trader A.

Est-ce que Hugo me fascinait déjà dès les premières secondes, dès que j'ai posé le regard sur lui ? Je m'en souviens comme si c'était hier : il s'est dirigé de son pas martial droit sur Annie, son parfum a envahi l'espace, sa voix m'a fait frémir, autoritaire, rauque, vibrante… Je n'avais jamais vu un type si beau, sauf dans les films. Il ne m'a même pas accordé un regard, mais il n'en avait pas besoin, sa présence envahissait la pièce, tout comme son parfum, resté un long moment suspendu dans l'air après son départ. Cette fragrance a achevé d'exciter mes hormones. Le soir même, je démarrais cette romance, où il était question d'un boss sexy. Mon boss ! Il faudra que je me relise attentivement, mais je suis presque persuadée que mon inconscient a créé un héros qui ressemble trait pour trait à Hugo Capelli. Accaparée par les corrections de plus en plus nombreuses, je n'ai pas touché à mon propre manuscrit depuis des semaines et j'avoue que l'écriture me manque.

Jusqu'à ce jour, aucun de mes trois romans n'a trouvé de maison d'édition et je reconnais que ça m'a refroidie. Certainement parce qu'ils sont *dark*, mes personnages, trop torturés, l'atmosphère générale trop glauque. Ce n'est pas grave, je me suis fait plaisir en les imaginant, c'est le principal. Peut-être qu'un jour, si j'en ai le courage, je les reprendrai pour les étoffer et les modifier, mais je pense plutôt qu'ils resteront au fond de mon PC. J'ai donc décidé de me lancer dans un genre plus léger. J'ai envie d'écrire de belles histoires d'amour, comme j'aimerais en vivre.

Tout en sachant pertinemment que ça n'arrivera jamais !

Les hommes sont loin de se comporter comme des héros de roman, du moins, ceux que j'ai rencontrés. Et aucun ne m'a donné envie d'aller plus loin et de construire quelque chose. C'est ainsi, on ne commande pas son cœur. Je ne vais pas me caser avec n'importe qui juste pour faire comme tout le monde et faire plaisir à ma mère. J'ai besoin d'un vrai élan du cœur, d'un embrasement des sens, d'être séduite, transportée, fascinée… comme dans les livres ! Et soudain, Hugo Capelli prend la place de l'homme idéal, de l'homme qui pourrait me plaire. Je revois en pensée ses yeux hypnotiques, sa bouche, ses lèvres, ses mains, qu'il a très belles. Tout est admirable chez cet homme.

Il est parfait !

Positivement parfait !

Sauf, évidemment, son caractère de chien, mais je ne sais pas… j'ai senti qu'il y avait autre chose derrière cette attitude. J'ai décelé une certaine fragilité, mais… j'ai dû me tromper, très certainement, Hugo Capelli n'est pas un homme fragile. Il est déterminé, dominant, exigeant. Il ne serait pas à la tête de Trader A s'il n'avait pas les qualités d'un leader en plus d'un sens aigu des affaires. Pourtant, Annie, qui l'admire en plus de lui vouer une véritable affection, m'a dit un jour qu'il ne fallait pas se fier aux apparences, qu'elles sont souvent trompeuses.

Dans le cas de mon boss, je ne crois pas !

Ce n'est qu'un connard arrogant qui s'amuse à intimider les plus faibles ou les plus vulnérables, mais pour une raison que j'ignore et qui me fait encore frissonner tout entière, et alors qu'il m'a ignorée pendant deux mois, il semble avoir remarqué que j'existe.

Je ne compte pas me laisser impressionner par ses beaux yeux, ce ne serait pas raisonnable, je risque d'y laisser mon avenir chez Trader A, mais bon, je peux toujours fantasmer sur lui ! Je me prévois aussitôt une séance avec James, mon sextoy (comme Théo James, un acteur que j'aime beaucoup, beaucoup).

Eh oui, j'assume ma sexualité !

Bon, OK... avec des mecs virtuels, mais... je fais avec les moyens du bord, et avec ce que j'ai sous la main ! C'est le cas de le dire ! Ce qui m'évitera, peut-être, d'avoir les hormones en ébullition quand je reverrai mon boss demain. S'il continue de me regarder avec des yeux qui me déshabillent littéralement et enflamment ma petite culotte, je vais avoir beaucoup de mal à me retenir de ne pas lui sauter dessus pour l'embrasser à pleine bouche.

Et ce serait une très, très mauvaise idée !

Contrairement à ce que pensent certains qui me jugent coincée du cul parce que je suis réservée et solitaire, j'aime le sexe et j'ai toujours pris beaucoup de plaisir à faire l'amour, même si, il est vrai, l'extase n'a pas forcément été au rendez-vous. Enfin... j'imagine que faire l'amour avec un homme, et si possible un dieu du sexe, peut être bien plus jouissif que ce que j'ai connu jusqu'alors. Peut-être que je connaîtrai une jouissance infinie le jour où je serai réellement amoureuse.

Comme ce jour n'est pas encore arrivé et que mon boss m'a terriblement donné envie d'un homme, un vrai, et pas juste de me donner du plaisir avec un ustensile en caoutchouc, je m'empresse d'aller voir si j'ai un e-mail de Trouverlamour.com. Pas pour accepter un plan cul, je ne suis pas intéressée, mais pour fantasmer sur d'autres types que mon boss. Quoique, pour une fois, je devrais me laisser tenter. Peut-être que ça me ferait du bien ! Aucun homme ne m'a touchée depuis... pffiou... au moins deux ans... depuis la fin de mes études !

Je ne me souviens même plus qui était le dernier, c'est dire !

Mon cœur accélère lorsque, après avoir éliminé plusieurs profils envoyés par l'appli, ainsi que quelques transferts d'e-mails de relous (qui me relancent régulièrement), des mots, sous « un nouveau profil a souhaité vous envoyer ce message », m'interpellent :

J'ai besoin de vous !

Bizarre comme entrée en matière…

Je clique sur l'e-mail et lis la suite.

Mademoiselle,
Ma demande va certainement vous paraître incongrue, mais j'ai une requête un peu spéciale. Accepteriez-vous d'en discuter autour d'un verre ?

Quoi ?

Une requête spéciale ? Qu'est-ce que c'est encore comme connerie ? Un truc sexuel ?

Je ne vais certainement pas accepter, il est fou, lui !

Bon, il s'exprime plutôt pas mal, mais je n'ai pas confiance.

Pourtant, j'avoue qu'il a titillé ma curiosité.

J'aimerais savoir ce que veut ce type. Après tout, sa demande n'a peut-être rien de sexuel et ça ne m'engage à rien.

Je quitte la page et appuie sur l'icône de l'appli.

Je recherche son profil à partir du pseudo donné par la plateforme : pas de photo de lui, mais celle d'un voilier… des banalités… ses centres d'intérêt sont classiques… un pseudo énigmatique : Barca.

Bon, rien de folichon, mais il n'a pas l'air intéressé que par des plans cul. La plupart affichent la couleur d'entrée de jeu, ce qui est bien, au moins, on sait à quoi s'en tenir !

Je lui envoie un message via l'appli.

Si nous le désirons, nous pourrons ensuite nous parler en direct, par e-mail ou SMS. Ou s'appeler. Je ne l'ai jamais fait, je ne me suis intéressée à aucun des gars qui m'ont contactée, mais là, j'en ai envie. Le contexte, sans doute : ce type m'écrit au bon moment. Je me posais justement des questions, mon boss ayant mis le feu à mon cerveau et à mon corps.

Mon cœur s'emballe.

C'est exaltant, je dois le reconnaître.

Certainement parce que je fantasme aussitôt sur une belle rencontre. Qui sait ? Beaucoup de personnes trouvent l'amour sur ce genre de sites ; Fanny en est la preuve vivante. Depuis qu'elle a rencontré son gars, nous ne la voyons pour ainsi dire plus jamais. Elle nous l'a présenté, puis ils ont disparu de la circulation. Peut-être que nous ne sommes pas assez bien pour lui, il est un peu prétentieux…

Je me lance, juste pour discuter et comprendre ce que veut cet homme et pourquoi il a besoin de moi.

Joconde_Monsieur, une rencontre m'enchanterait, mais j'aimerais quand même en savoir un peu plus !

Une réponse arrive après seulement quelques secondes.

Ces petites bulles de discussion colorées, comme avec Messenger, sont marrantes. Et le côté instantané est plutôt sympa. Visiblement, il est toujours sur l'appli. Certainement à faire son choix parmi tous les profils proposés. Je me demande à combien de nanas il a envoyé ce message : « J'ai besoin de vous. »

Intrigant.

J'appuie sur la bulle.

Barca_ Rassurez-vous, ça n'a rien de sexuel ! Parce que je suppose que vous vous êtes posé la question ! Mon appel, quelque peu désespéré, je l'avoue, prêtait à confusion, pardonnez-moi. Mais je vous avoue également que je le suis. Désespéré. Ma requête est un peu particulière, c'est pour cela qu'il vaut mieux en discuter de vive voix. Qu'en pensez-vous ?

Décidément, il s'exprime plutôt très bien, ça change de tous ceux qui sont entrés en contact avec moi jusque-là.

Je réponds aussitôt :

Joconde_À mon tour de vous avouer que vous m'intriguez et je me demande en quoi je pourrais vous être utile, sauf si vous avez besoin d'une correctrice de textes.

Barca_C'est votre travail ?

Joconde_ Oui, même si ce n'est pas mon activité principale !

Barca_ Que faites-vous dans la vie ?

OK… direct, le garçon…

Euh… comment dire… je bosse pour un gros connard arrogant, beau et sexy comme ce n'est pas permis ! Pour un type qui me fait fantasmer comme une malade, comme jamais je n'ai fantasmé de ma vie, depuis qu'il a posé ses magnifiques yeux bleus hypnotiques sur moi et m'a adressé la parole. Ce que j'ai ressenti a été si fulgurant, si excitant et attractif que j'en ai encore des frissons sur tout le corps. Je ne devrais pas penser à mon boss de cette manière, je n'en récolterai que des emmerdes ! Je sais parfaitement à quoi m'en tenir sur son compte. La plupart du temps, il se comporte comme un parfait connard, alors qu'est-ce qui lui a pris ?

Pff, si ce type pouvait prendre la place de Hugo Capelli dans ma tête, ça m'arrangerait !

Je finis par répondre :

Joconde_ Rien de très intéressant, je travaille dans un bureau. Et vous ?

Je resterai évasive tant que je ne saurai pas à qui j'ai affaire.

Je reçois sa réponse aussitôt :

Barca_ Je suis dans la finance.

Oh…

Joconde_ Banquier ?

Barca_ On peut dire ça, oui ! Vous seriez disponible ce soir ?

Quoi ?

Euh…

Joconde_ Je suis désolée, mais je ne peux pas, j'ai pris d'autres engagements. Un autre soir, peut-être…

Barca_ Demain, alors ? Je vous l'ai dit, c'est très important pour moi. Et un peu urgent !

Joconde_ Ne me dites pas que je suis la seule femme à qui vous faites cette proposition ?

Barca_ Si.

Alors là, je suis étonnée, mais après tout, il pourrait me mentir. Dans quel but, je ne sais pas, mais apparemment cette proposition lui tient à cœur.

Joconde_J'en suis flattée ! Pourquoi moi ?
Barca_Parce que vous aimez la peinture, et moi aussi.

Je pensais plutôt qu'il me répondrait « pourquoi pas »... parce qu'il n'a pas de critères précis, mais il s'avère qu'il a fait une recherche plus poussée que je ne le croyais. Quant à mon pseudo, Joconde, il fait référence à mon prénom, Mona, comme Mona Lisa, et parce que j'aime ce tableau, je le trouve étrange et troublant. Comme la plupart des gens, je suppose. Je dois admettre que je suis véritablement surprise de ses réactions, et flattée d'être la seule femme qu'il ait contactée.

Joconde_Demain soir je ne peux pas. Mercredi ?

Loin de moi l'envie de me faire désirer, quoique... j'aime bien l'idée de garder le contrôle, mais je dois vraiment avancer dans mes corrections si je ne veux pas être complètement à la rue. J'ai déjà pris du retard par rapport à mes prévisions et je ne peux pas me permettre de perdre un client. Il en va également de ma réputation en tant que correctrice professionnelle.

Sans que je n'y puisse rien, mon cœur bat la chamade en attendant la réponse.

C'est complètement fou, mais je me sens irrésistiblement attirée, alors que nous n'avons échangé que quelques phrases. Je fais une projection mentale, il n'y a que cette explication logique pour que je me mette dans un tel état. Je l'imagine déjà répondant à tous mes critères physiques en matière d'homme, mais il n'y a pas que le physique, la preuve, je ne sais pas à quoi il ressemble, mais ses réponses et sa façon de s'adresser à moi, avec beaucoup de courtoisie, me plaisent. Je comprends pourquoi les sites fonctionnent si bien et sont si addictifs : ils font appel aux fantasmes. Au virtuel. Notre cerveau imagine ce qu'il veut, avant que la réalité ne vienne parfois tout foutre en l'air. Lors de la première rencontre en général.

Carla m'a dit de ne pas attendre pour rencontrer les « profils intéressants » et je pense qu'elle a raison. Oui, je fantasme sur cet inconnu, en espérant qu'il soit aussi attirant que mon boss.

Sinon plus !

Mais je doute que cela soit possible. Hugo Capelli est assez unique en son genre.

Ça y est, je pense encore à lui !

Pff… pitoyable !

Ce n'est pas parce qu'il m'a jeté quelques œillades enflammées qu'il va se passer quelque chose entre nous. Je ne pense pas être son genre de femme ! Il s'amuse, tout au plus ! Je devrais aller voir sur le Net avec qui il sort habituellement, ce que je m'étais refusé jusque-là. Premièrement parce que je croyais qu'il était en couple et deuxièmement, parce qu'il est mon BOSS ! Pas plus aujourd'hui qu'hier je n'ai le droit de m'intéresser à lui.

Je reprends pied dans la réalité, pour voir que mon inconnu m'a envoyé plusieurs messages. Il a accepté ma proposition de nous voir mercredi soir, il en est ravi, puis il s'est inquiété de mon silence. Je crois qu'il flippe. Il ne doit véritablement n'avoir que moi sous le coude.

Joconde_ Je suis là !

Barca_ Vous m'avez fait peur, j'ai cru vous avoir perdue pour toujours !!

Je pouffe et plusieurs têtes se tournent dans ma direction. En soi, cela n'a rien de drôle, c'est même un poil excessif, mais son impatience m'amuse. Peut-être même qu'il est anxieux ! Encore une fois, je me demande quelle est cette proposition, que je ne qualifierais pas d'indécente, puisque visiblement, elle ne l'est pas. Si je peux lui faire confiance, évidemment. Ce dont je ne suis pas encore sûre.

En tout cas, il faut savoir lire entre les lignes…

Joconde_ Non, vous ne m'avez pas perdue ! J'étais plongée dans mes pensées.

Barca_ Vous m'en voyez ravi ! Je crois que je ne l'aurais pas supporté.

Joconde_ Vous n'êtes pas un peu mélodramatique ?

Barca_ Je ne crois pas, non. Mais comme je vous l'ai dit, notre rendez-vous est important et j'espère de tout cœur que vous accepterez de m'aider.

C'est donc d'un coup de main qu'il a besoin ?

Joconde_ Pourquoi ? Qu'allez-vous me demander ?

Barca_ Je préfère vraiment que nous en parlions de vive voix. Pour avoir une chance de vous convaincre !

Mue par une sorte d'intuition, je lève la tête, pour me rendre compte que je suis à une station de mon changement. Je me lève, sans cesser de discuter avec mon inconnu. Je devrais lui demander son prénom, mais à quoi bon si au bout du compte il ne me plaît pas du tout. J'ai presque envie d'accepter de le voir maintenant, tant il m'intrigue, mais je n'en fais rien, ce ne serait pas raisonnable. J'ai vraiment du travail. Et il pourrait penser que je suis une girouette. Mercredi, c'est bien ! Et si d'ici là nous discutons, ce n'en sera que mieux.

Joconde_ Je crois que vous y parviendrez parfaitement. Vous m'avez l'air déterminé !

Barca_ Je le suis ! Vous m'avez parfaitement cerné, mademoiselle.

Bizarrement, j'en suis heureuse. Ça veut dire que nous sommes sur la même longueur d'onde, non ? Nous échangeons encore quelques banalités, puis il m'écrit qu'il est navré, mais qu'il va devoir stopper notre discussion. Nous nous donnons donc rendez-vous pour le mercredi soir. Il se charge de la réservation, il m'en avisera et évidemment, je suis son invitée. C'est un peu vieux jeu comme attitude, je le reconnais, ça fait légèrement mâle dominant, mais j'avoue que ce n'est pas pour me déplaire, étant moi-même un peu vieux jeu par certains côtés. De plus, j'ai envie de le laisser me surprendre, pour déterminer à qui j'ai affaire.

Parvenue à mon appartement, je me rue dans ma chambre et ouvre les portes coulissantes de ma penderie. Je contemple mes fringues.

Eh ben, je suis pas dans la merde !

6

Hugo

Du haut de ma terrasse, je contemple Paris. Comme tous les soirs depuis que je vis seul, et après avoir englouti le léger en-cas préparé par mon intendant, Victor (à mon service depuis déjà quelques années), devant mon écran d'ordinateur, je m'autorise un verre. Un whisky. Un très, très bon whisky.

La tour Eiffel, scintillante, me fait face.

Je ne me lasserai jamais de cette vue. Pour moi, c'est tout un symbole et c'est surtout celui de ma réussite. J'ai toujours été déterminé, je savais que je voulais m'élever dans le monde et j'ai tout fait pour. J'ai mis le paquet ! Heureusement, mon cerveau était à la mesure de mes ambitions et mon acharnement a fait le reste.

Je bois une gorgée de whisky, et soudain, je repense à Mona. Ce que j'ai ressenti en plongeant dans ses immenses yeux verts me fait tressaillir à nouveau.

Je n'y comprends rien !

Elle n'est pas du tout mon type de femme, et pourtant,

mon corps répond au moindre de ses regards. Violemment. Si violemment que j'en suis le premier surpris. Avec ses fringues bas de gamme, ses cheveux emmêlés comme si elle sortait du lit de son amant, son visage sans une once de maquillage, elle est à mille lieues des femmes que j'ai l'habitude de fréquenter, mais… je ne sais pas, sa délicatesse et son naturel m'attirent.

J'hésite à appeler Clément pour lui avouer cette soudaine attirance pour ma secrétaire de substitution, mais, après mûre réflexion, je m'abstiens. Il me répéterait ce que je sais déjà : on ne flirte pas au bureau ! Surtout lorsqu'on est le boss, ça ne m'attirerait que des emmerdes. Si ça se passe mal, elle pourrait porter plainte et m'envoyer aux prud'hommes pour abus de pouvoir ou me taxer de harcèlement sexuel, ce qui ternirait mon image, ainsi que celle du cabinet. Je ne veux pas de ça ! Marius se retournerait dans sa tombe et Annie me passerait un savon bien mérité.

Je pense alors à Joconde.

Pourquoi ne pas discuter avec elle pour faire un peu plus connaissance avant de se voir ? Ainsi, je saurai si elle me convient ou pas… je devrais lui demander une photo… Putain, c'est le seul contact que j'ai ! Je ne peux pas tout foutre en l'air. Je vais garder la surprise de la rencontre et si elle n'est pas trop moche, je ferai avec !

Il n'y a qu'un moyen de savoir si elle dort ou pas.

Je regarde ma montre.

Vingt-trois heures…

Le temps, pour moi, est élastique, et en général, comme j'ai toujours des dossiers en attente ou des revues spécialisées à lire, je ne me couche pas avant deux heures du matin. Par chance, je n'ai pas besoin de beaucoup d'heures de sommeil pour être performant et je suis habitué à dormir peu, j'ai gardé ce rythme de mes études.

J'ai toujours bossé comme un taré.

J'ouvre Trouverlamour.com, active la bulle de conversation.

Je tape Joconde, puis :

Barca_ Vous dormez ?

Mon esprit s'emballe quand je vois les trois petits points de discussion s'activer. Elle est en train de me répondre. Elle a donc eu la notification de mon message, notre premier échange lui a plu, elle ne dort pas et elle a envie de me parler, même à cette heure tardive… ce qui est de bon augure pour la suite.

Sa réponse me parvient enfin :

Joconde_ Non ! Et visiblement, vous non plus !

Je n'ai jamais discuté par le biais de tchat, mais j'aime bien, c'est rapide, il est possible de voir si l'autre a lu le message, s'il répond, on anticipe la réponse… je trouve ça plutôt sympa. Je ne suis plus sur Facebook depuis longtemps et je boude les réseaux sociaux en général. Je n'en ai absolument pas le temps, et d'après ce que j'entends, certaines personnes y sont pitoyables et les déversements de haine sont légion. Je préfère que l'on parle de ma boîte dans les revues spécialisées ou dans les pages finances des quotidiens. Quant à ma vie privée, elle ne regarde personne.

Je tape :

Barca_ Je pensais à vous. J'ai très envie de vous voir, Joconde. Vous allez me prendre pour un fou, mais j'aimerais vous voir maintenant !

Les trois petits points s'activent à nouveau. Ils s'arrêtent, reprennent.

Est-elle intéressée ?

Réfléchit-elle à la proposition ?

Ce n'est pas juste pour l'histoire de la « fausse fiancée », j'ai réellement envie de la voir.

Sa réponse arrive enfin :

Joconde_ Moi aussi, j'aimerais vous voir, mais je ne peux pas. J'ai du travail et demain une dure journée m'attend.

Eh merde… loupé !

Je pensais vraiment qu'elle accepterait. Mais après tout, nous pouvons continuer de faire connaissance par ce biais. Ce n'est pas très raisonnable si en fin de compte elle ne me plaît pas du tout, mais j'en ai envie.

Je quitte la terrasse et vais m'installer dans mon fauteuil favori, d'où j'aperçois encore la tour Eiffel étincelante. Je croise les jambes, bois une nouvelle gorgée de whisky avant de répondre :

Barca_ Pourquoi une dure journée ?

Joconde_J'ai un patron exigeant !

Barca_C'est le principe même du patron, non ?

Joconde_ Certainement, mais le mien est un vrai tyran. Et je pense qu'il y a d'autres manières de manager des collaborateurs. Il donne l'impression d'avoir un truc coincé bien profond dans le fondement et la plupart du temps il se comporte comme un vrai connard !

Barca_ Vous n'avez pas l'air de l'apprécier !

Je pense à mon cas et à mes collaborateurs. Si mon caractère emporté les mettait mal à l'aise, ils me le diraient, non ? Clément m'en aurait déjà touché deux mots. Nous nous connaissons depuis l'ESCP Business School de Paris (ex-Sup de Co Paris), où j'ai effectué mon master en finances, après avoir fait HEC ; j'ai ensuite suivi une formation complémentaire en ingénierie financière. Nous avons toujours gardé contact et quand j'ai repris Trader A, je l'ai débauché. Nous fonctionnons de la même façon, il est solitaire, comme moi, déterminé, bûcheur. Mais, à la différence de moi, il a femme (il s'est marié avec son amour d'enfance, la seule nana avec laquelle il ait couché) et enfants. Deux. De 5 et 2 ans : Bastien et Tania. Ce n'est pas évident de travailler avec un ami, cela peut être une réussite comme une véritable catastrophe, mais Clément est quelqu'un de bien sur qui je peux compter, et c'est réciproque !

Elle met du temps à me répondre.

J'ai le sentiment que son boss la perturbe.

Joconde_ Je ne dirais pas ça, c'est juste que… il a le don de me faire perdre tous mes moyens.

Barca_ En bien ou en mal ?

Joconde_ Comment ça ?

Barca_ Est-ce qu'il vous énerve ou vous excite ?

Là encore, la réponse ne me parvient pas immédiatement. Elle a peut-être besoin d'y réfléchir.

Joconde_ Un bon mélange des deux, je crois. Et vous, avez-vous déjà eu quelqu'un dans votre vie ?

Elle change de sujet, ce qui m'amène à penser que ce qu'elle ressent pour son boss est ambigu ; elle pense à lui. Certainement plus qu'il ne le faudrait. Mona s'impose à mon esprit, mais je l'en chasse.

No sex in business !

Comme je vais devoir tôt ou tard expliquer à Joconde mes motivations et mes désirs, pourquoi tergiverser ?

Je décide de jouer franc-jeu :

Barca_ Oui ! Mais c'est fini.

Joconde_ Oh… j'en suis désolée pour vous. Vous êtes malheureux ?

Je réfléchis à la question et sonde mon cœur. Même si nous n'étions pas toujours sur la même longueur d'onde, surtout ces derniers mois, je dois avouer que ma fierté a pris un sale coup lorsque Camille m'a plaqué, et je déteste rester sur une défaite, ce n'est pas dans ma nature. Je prenais plaisir à être en sa compagnie, mais je n'étais pas amoureux d'elle. Mais si Joconde est aussi sensible que je le présume, elle aura pitié de moi et voudra m'aider si je lui dis que je l'étais.

C'est peut-être machiavélique, mais la fin justifie les moyens !

Barca_ Oui. Je l'aimais.

J'enchaîne aussitôt :

Barca_ Et vous, avez-vous déjà été amoureuse ?

Joconde_ Non ! J'ai été attirée, bien sûr, mais aucun homme ne m'a donné envie de plus. Je n'ai pas rencontré la bonne personne, je suppose.

Barca_ Trouverlamour.com vous y aidera certainement !

Sous-entendu : je ne suis pas celui qu'elle cherche ! Je ne peux décemment pas lui laisser entrevoir que quelque chose est possible entre nous.

Joconde_ Ah ah… je ne compte pas trop là-dessus. Et j'avoue que ce n'est pas ma préoccupation première !

Tant mieux…

Barca_ Pourquoi vous être inscrite, alors ?

Joconde_C'est ma meilleure amie, Carla, qui a insisté. Elle est comme ma mère, elle ne supporte pas de me savoir seule, alors que cette situation me va parfaitement.

Barca_ Vous êtes une solitaire ?

Joconde_ Je crois que oui. Je ne dirais pas que je n'aime pas les gens, mais à petite dose. Je me suffis à moi-même.

Ses paroles résonnent en moi.
Décidément, nous avons de nombreux points communs.

Barca_ Vous avez de la famille ?

Joconde_ Oui, j'ai une sœur aînée et un frère, plus jeune que moi de deux ans. Ils réussissent tout ce qu'ils entreprennent. Ce qui n'est pas mon cas.

Mmm… complexe d'infériorité… elle se sent peut-être même indigne de sa famille si son frère et sa sœur connaissent une réussite professionnelle et pas elle. Bizarrement, sa vulnérabilité m'émeut. On ne choisit pas la solitude par hasard, chaque être humain a besoin de reconnaissance et d'appartenance, j'en sais quelque chose. On s'isole parce que l'on a été blessé par le passé ou déçu ou… par nécessité.

Je tape, pour ne pas m'appesantir sur ma propre histoire :

Barca_Je sens comme une petite déception dans vos propos !

Joconde_C'est le cas !

Barca_Pourquoi ?

Joconde_Ça vous intéresse vraiment ?

Merde… elle m'échappe.

Barca_Bien sûr, Joconde, je veux tout savoir de vous !

Joconde_Pourquoi ?

Barca_Parce que je pense que nous allons pouvoir nous entendre.

Joconde_Vous pensez que je corresponds à ce que vous recherchez ?

Barca_Je n'ai aucun doute là-dessus !

Joconde_Vous ne voulez toujours pas me dire ce que vous attendez de moi ?

Barca_Non, Joconde, je préfère vous le révéler quand nous nous verrons. J'ai hâte…

Joconde_Hâte de me voir ou hâte de me faire votre proposition ?

Barca_Les deux !

C'est vrai !

Cette fille m'intrigue et j'aimerais ne pas attendre mercredi pour la voir.

Je regarde ma montre.

Il n'est pas loin de minuit. Je lui proposerais bien de la retrouver chez elle, mais je suppose qu'elle refuserait. Elle ne peut pas me faire confiance au point de me donner son adresse.

Pourtant, je tente :

Barca_J'ai vraiment envie de vous voir, Joconde. Je pourrais venir chez vous ? Maintenant ?

Joconde_ Si tard ?

Barca_ Oui, j'ai besoin de peu de sommeil !

Joconde_ Ce qui n'est pas mon cas. Je suis désolée. Je suis flattée que vous soyez si impatient de me voir, mais je vais devoir refuser, il faut vraiment que je dorme pour être en forme demain ! D'ailleurs, je vais devoir vous laisser. À mercredi !

Barca_ Je vous contacterai demain soir, tard. Ainsi vous aurez le temps de faire ce que vous avez à faire. Êtes-vous partante pour une autre discussion ?

Elle a compris que j'étais pressé, elle ne sera pas surprise. Enfin… je l'espère. J'espère que mon impatience ne la fera pas fuir. J'ai vraiment envie que ça matche avec elle.

Les petits points défilent sous mes yeux.

Elle tarde à répondre.

Joconde_D'accord. À demain…

Barca_À demain, Joconde ! Bonne nuit !

Joconde_ Bonne nuit à vous aussi !

Je lui réponds d'un émoji « bisou », qu'elle me renvoie aussitôt.

Je sors de l'application, m'adosse et finis mon verre. Je ne pensais pas prendre plaisir à discuter avec une inconnue sur un site de rencontre, mais contre toute attente, c'est le cas. Je pose mon verre sur la console à portée de main et me lève, pour rejoindre l'étage, ainsi que ma chambre. Ce soir, je n'ai pas envie de travailler. Ce soir, j'ai envie de m'évader, de me détendre et de fantasmer. J'en suis le premier surpris, je ne décroche jamais du boulot. Je ne peux pas. Après la fermeture des places boursières, je passe encore des heures à analyser les perspectives de rachats et ventes de mes traders et je leur donne des directives. Les fonds boursiers n'admettent pas la négligence. Une seconde d'inattention peut me coûter des millions.

Sous la douche, mon poing se referme sur mon membre tendu, j'imagine le corps de l'inconnue. Mais après quelques secondes, c'est celui de ma secrétaire qui s'impose à mon esprit. Ses fesses rebondies, sa poitrine avantageuse, ses courbes voluptueuses… Je me vois les faire miennes, les saisir à pleines mains pendant que je vais et viens dans son corps. D'une main appuyée contre la faïence, je me donne du plaisir, les yeux fermés, en imaginant Mona couchée sur mon bureau, offerte.

Mon plaisir est violent.

Plus violent qu'il ne l'a jamais été.

7

Mona

Métro. 8 h 45. Debout contre la paroi du fond de la rame, la capuche de mon imper rabattue sur ma tête (eh oui, il pleut encore !) et la musique dans les oreilles, je tente de faire abstraction du monde extérieur pour me concentrer sur mes corrections, mais mon esprit ne cesse de dériver.

Je ne suis pas raisonnable et je vais vraiment finir par être à la bourre !

Hier soir, déjà, après ma discussion avec l'inconnu de Trouverlamour.com, j'ai été incapable de continuer de travailler sur le manuscrit. Et j'ai eu du mal à m'endormir. J'aurais dû accepter de le rencontrer, ça m'aurait évité de fantasmer sur lui comme une malade. Pas chez moi, évidemment ! Je suis peut-être à la recherche d'un *date*, mais pas désespérée au point d'inviter un illustre inconnu dans mon appartement. Bien que… malgré moi, ce type m'inspire confiance, même si je ne sais pas encore en quoi consiste cette proposition dont il veut me parler. Nous aurions pu nous voir dans un bar près de chez moi… Bref… j'ai fantasmé sur lui une bonne partie de la nuit. Je l'imaginais très beau, intelligent, intéressant et j'ai eu envie de mieux le connaître. Puis, très rapidement, mon esprit a dérivé sur mon boss. Je n'arrête pas de penser à lui, alors même que ce type du site de rencontre m'intrigue. Je ne sais pas quoi faire pour le déloger de mon cerveau. Je pensais que m'intéresser à un autre homme serait la solution. Alors certes, quand je discute avec cet inconnu je ne pense pas à mon si séduisant patron, mais ça ne dure pas. Si seulement il pouvait être aussi beau et aussi attirant, aussi… envoûtant… mais j'en doute. Hugo Capelli est assez unique en son genre. Et rien qu'à l'idée de me retrouver en face de lui dans quelques minutes, mon estomac se rebelle.

Je soupire et lève les yeux de mon portable.

Je contemple, pensive, mes congénères agglutinés avec moi dans la rame, puis mon regard se perd sur l'extérieur et les parois sombres du souterrain qui défilent. J'espère que Hugo mettra son sale caractère de côté et qu'il sera gentil, courtois et patient.

Il me l'a presque promis, non ?

En tout cas, je crois qu'il a l'intention de faire des efforts et qu'il a compris que ses sautes d'humeur et ses accès de colère me mettent mal à l'aise. S'il veut que je sois performante, il faut qu'il y mette du sien et qu'il évite de me mettre la pression. Je ne me vois pas travailler avec un patron caractériel sur le dos, je n'aurai jamais la patience d'Annie.

Mais je dois reconnaître qu'hier, ça s'est plutôt bien passé.

Enfin… si on entend par « plutôt bien » l'impression qu'il donnait d'avoir envie de sauter par-dessus le bureau pour fondre sur mes lèvres qu'il ne cessait de fixer.

Punaise, j'ai cru qu'il avait envie de me dévorer et j'en ai encore des frissons. Ce n'était pas son sale caractère exigeant qu'il me dévoilait, mais un désir beaucoup plus animal qui m'a secouée de la tête aux pieds. J'en ai été sidérée et totalement bouleversée. J'ai compris à quel point il pouvait être dangereux pour une fille comme moi. Je ne suis pas novice en la matière, j'ai eu de nombreux amants, mais je ne suis pas habituée à ce genre d'homme. Il est bien trop intimidant, sûr de lui et charismatique pour moi. À côté de lui, je me fais l'effet d'être insignifiante et perdue ; Hugo a le don de bouleverser tous mes repères.

J'ai pourtant le sentiment que ses accès d'humeur cachent quelque chose de plus intime et de plus profond. Peut-être que la vie ne lui apporte pas tout ce dont il rêve. Peut-être que sa récente rupture l'a rendu malheureux. Peut-être que Hugo Capelli a un cœur, finalement ! Et que ce cœur souffre. Il ne peut pas être mal embouché sans raison.

Une vibration, dans ma main, me sort de ma rêverie : une notification de Trouverlamour.com !

Mes battements cardiaques s'accélèrent.

Serait-ce mon inconnu ?

Je balaie un peu fébrilement l'écran de mon téléphone, appuie sur l'icône que j'ai mise en première page, le petit (1) en regard m'indiquant qu'effectivement j'ai un message. L'application s'ouvre et j'appuie sur la bulle de conversation, où là aussi il y a un petit (1). Mon esprit s'emballe et mon cœur manque plusieurs battements d'anticipation. Je suis sûre que c'est lui. Les autres hommes avec lesquels j'ai discuté n'ont jamais utilisé ce canal et passaient toujours par les e-mails. Et c'est encore le cas ! Ce matin, j'en ai viré quelques-uns, qui, ô surprise, cherchaient un plan cul. J'ai l'impression qu'il n'y a que ça sur ce site ! Sauf, peut-être… mon inconnu ! Si c'était le cas, il me l'aurait déjà dit. Non, lui, je ne sais pas ce qu'il cherche au juste, mais certainement pas une histoire de cul et encore moins une histoire d'amour. Il a une proposition à me faire et je dois dire que plus j'échange avec lui, plus je suis dévorée de curiosité. J'aimerais également savoir pourquoi il a mis une image de voilier en photo de profil.

Et pourquoi ce pseudo : Barca ?

Est-ce parce qu'il possède un bateau et aime la plaisance ?

Je sors de mes pensées, lis :

Barca_ Bonjour Joconde, bien dormi ?

Je souris comme une débile, réponds :

Joconde_ Parfaitement bien, et vous ?

Je ne vais certainement pas lui dire qu'il perturbe mon sommeil. Je sais que je ne dois rien attendre des rencontres sur ce site, et encore moins de cet homme en particulier. Il m'intrigue, c'est vrai, je me demande ce qu'il recherche, mais je me suis promis d'être vigilante et de ne pas me laisser embobiner par de belles paroles. Aux battements légèrement effrénés de mon cœur, je comprends que ce n'est pas si simple et que je suis un peu trop réceptive à ses mots, sans même le connaître.

Barca_ Pas très bien. Vous m'avez empêché de dormir, Joconde. J'ai pensé à vous !

Joconde_ Très certainement parce que vous appréhendez ma réponse à votre proposition.

Ne te fais surtout pas de films, Mona...

Tout en attendant la réponse, le regard sur mon téléphone, je sors de la rame et suis le mouvement. J'emprunte l'escalier roulant et arrive à l'air libre. Après quelques mètres de marche, je m'engouffre dans le hall de l'immeuble où se situent les locaux de Trader A et rejoins l'ascenseur.

Je viens juste d'appuyer sur le bouton d'appel lorsque sa réponse me parvient.

Barca_ Sans doute ! Je voulais juste vous souhaiter une très bonne journée, Joconde. Je vous contacte ce soir.

Sitôt les portes de la cabine d'ascenseur ouvertes, je m'engouffre à l'intérieur et je vais pour lui répondre lorsque j'aperçois mon boss franchir les portes automatiques, son téléphone en main, un léger sourire sur les lèvres. Mon cœur bondit. Il est si beau. À chaque fois que je pose les yeux sur lui, je le trouve encore plus attirant, encore plus séduisant. Il porte une cravate foncée sur son éternelle chemise blanche, et une veste gris anthracite qui met en valeur son teint légèrement hâlé. Avec sa courte barbe parfaitement taillée, ses cheveux en arrière qui portent la marque de ses doigts, il est sublime.

Je m'abîme dans la contemplation de mon écran pour répondre à Barca que je suis ravie et impatiente de discuter avec lui. Je lui souhaite également une bonne journée, tout en ayant une intime conscience de Hugo se dirigeant vers moi de son pas martial. Et plus je le sens approcher, plus mon cœur accélère. Le virtuel, c'est bien, c'est excitant, mais le réel, si j'en crois l'emballement de mon rythme cardiaque, c'est mille fois mieux, mille fois plus intense.

– Bonjour, mademoiselle Vargas !

Et punaise, cette voix…

Je lève la tête, feins la surprise :

– Oh, euh… bonjour, monsieur Capelli.

Je prie intérieurement pour que mon souffle un peu court ne me trahisse pas.

J'observe sa main aux doigts longs et soignés appuyer sur le bouton de notre étage. Je l'imagine aussitôt sur moi, j'imagine ses caresses sur ma peau. Nos yeux se croisent. Un peu trop longuement, jusqu'à ce que je rompe le contact, avec l'impression que mes joues sont déjà en feu. Et pas que mes joues.

C'est pas vrai !

Je ne peux pas le regarder ou être proche de lui sans fantasmer sur ce que sa bouche sur la mienne, ses mains sur ma peau, ses doigts en moi me procureraient. Mes hormones bouillonnent, mon sexe frémit. J'aimerais engager la conversation, mais j'en suis incapable. Je sens son regard sur moi, un regard pesant, qui, comme hier, me déshabille. Le mien obstinément rivé à mon portable pourtant muet depuis que j'ai fermé l'application du site de rencontre, je me surprends à me demander si je lui plais. Je me suis fait un chignon, j'ai revêtu ma plus belle robe, noire, évasée, avec un joli décolleté, des escarpins à hauts talons un peu rayés, mais encore mettables, mon imper le moins élimé et, une fois n'est pas coutume, j'ai mis du mascara.

– Bien dormi ?

La question, bien qu'anodine, me surprend.

Fait-il allusion à ce qui s'est passé, hier, dans son bureau ? M'a-t-il pensé bouleversée parce qu'il me regardait comme s'il n'avait qu'une envie : me faire l'amour ? Pense-t-il m'avoir perturbée au point de m'empêcher de dormir ?

Bon, OK, c'est ce qu'il s'est passé, mais je ne vais certainement pas le lui dire !

Mon cœur battant encore un peu plus fort, je reporte mon regard sur lui et plonge dans ses iris bleu intense avec la sensation que là, tout de suite, c'est encore ce qu'il désire : me plaquer contre la paroi et se ruer sur mes lèvres. Les siennes s'entrouvrent. Son souffle m'attire irrésistiblement, ses lèvres, sa bouche, son corps…

J'aimerais qu'il m'embrasse, mais il ne le fera pas. Il sait, comme moi, que ce ne serait pas raisonnable, nos relations doivent rester strictement professionnelles.

– Bien sûr ! Pourquoi n'aurais-je pas bien dormi ?

– Je ne sais pas, peut-être parce que vous appréhendez cette journée.

Quoi ?

Grrr…

Je lui souris.

D'un sourire provocant, bien qu'un peu crispé.

– Noon… je sais qu'elle se passera bien, parce que vous m'avez promis d'être patient !

– Patient ? La patience ne fait pas partie de mes traits de caractère, mademoiselle Vargas.

Je me redresse, le fixe.

– Je sais ! Mais vous allez devoir faire un effort et prendre sur vous si vous ne voulez pas vous retrouver sans secrétaire de direction.

Il hausse un sourcil, tandis qu'un léger sourire ourle ses lèvres.

– Très bien, je verrai ce que je peux faire. À plus tard, mademoiselle Vargas, ajoute-t-il, avant de s'éloigner sitôt les portes de l'ascenseur ouvertes.

Je le suis un instant du regard, avant de prendre moi aussi la direction de mon bureau, à seulement quelques pas du sien.

C'est ça, à plus tard…

La matinée défile sans que j'y prenne garde. Je croule sous les tâches. Je suis tellement affairée que je ne peux même pas me dégager cinq minutes en milieu de matinée pour aller boire un café avec Benjamin comme je le fais habituellement. Hormis une brève discussion avec Clément Delahaye au sujet d'un fichier client, il ne se passe rien de notable, mais à chaque fois que je reçois un e-mail de mon boss ou qu'il sort de son bureau et passe devant le mien sans même un regard, mon cœur fait une embardée. J'en ai marre d'être à fleur de peau comme ça ! La nervosité qui s'est emparée de moi depuis que je me suis retrouvée seule avec lui dans cet ascenseur ne me quitte plus. J'avais envie de lui et il avait envie de moi. Je l'ai ressenti. L'air, entre nous, était vibrant de tension sexuelle. À ma grande surprise, je l'intéresse et il se passe indéniablement quelque chose entre nous ! Ce n'est pas une invention de mon esprit, je sais que nous sommes attirés l'un par l'autre.

Irrémédiablement attirés.

Quand bien même, il faut que j'oublie ce délire immédiatement. Fantasmer sur mon boss ne m'apportera rien de bon. Plus vite je l'oublierai, mieux ce sera !

Je me saisis de mon téléphone pour envoyer un message à mon inconnu de Trouverlamour.com : Barca. Lui seul peut me sortir de ce pétrin en me permettant de penser à un autre homme, même si je ne sais pas encore où il me mènera ni si j'aurai envie de le suivre. Tout, plutôt que de continuer à baver sur mon « absolute-boss », trop beau et séduisant pour être honnête. J'ai soudain envie d'avancer notre rendez-vous. Je ne sais pas s'il sera d'accord, mais j'ai envie de le voir. Et je crois que le plus tôt sera le mieux. Ça m'évitera peut-être de faire des bêtises avec mon boss ! Ce qui va finir par se passer s'il continue de me regarder avec ces yeux gorgés de désir.

Je soupire.

Il s'amuse avec mes nerfs, c'est sûr ! Quoi d'autre sinon ?

– Mademoiselle Vargas ?

Je sursaute, referme mon téléphone et lève les yeux.

– Monsieur Capelli, que puis-je pour vous ?

Il scrute mon portable, fronce les sourcils.

Merde... Il va penser que je passe des appels personnels, ce qui est strictement interdit. Annie m'a dit qu'il était intransigeant à ce sujet. *Merde, merde, merde...* J'espère qu'il ne va pas me renvoyer.

– Prenez vos affaires, vous m'accompagnez !

Quoi ?

Annie, il est vrai, le suivait parfois dans ses déplacements à l'extérieur.

– Prenez de quoi écrire ! lâche-t-il sèchement.

Et « s'il vous plaît », ça t'écorcherait les lèvres ?

– Très bien, monsieur Capelli, réponds-je de la même manière.

Il me tourne le dos et s'éloigne.

Je récupère mon imper, un bloc, mon sac à main et cours à sa suite. J'entre dans l'ascenseur deux secondes avant que les portes se referment. Il me regarde encore si intensément que j'ai le sentiment qu'il va se jeter sur moi. Décidément, les ascenseurs lui font de l'effet et je crois que, depuis que je les emprunte avec lui, à moi aussi. Je l'ignore et mets une main dans la manche de mon imperméable en me bagarrant avec la lanière de mon sac. Je m'empêtre, mes gestes sont saccadés, mais au bout de quelques secondes, je réussis tout de même à l'enfiler. Quand je lève les yeux vers mon boss, c'est pour découvrir sur son visage une expression quelque peu ironique.

Oui, ben… c'est bon ! S'il m'avait laissé le temps de m'habiller plutôt que de se barrer comme un voleur sans même m'attendre, je n'en serais pas réduite à le faire devant lui.

Goujat !

Je baisse la tête et resserre les pans de mon vêtement autour de mon corps, ne sachant pas véritablement quelle attitude adopter. Je ne suis pourtant pas maladroite et encore moins timide, mais Hugo me fait perdre tous mes moyens. J'aimerais prendre mon portable pour m'occuper les mains et l'esprit et envoyer ce mot à Barca pour lui demander d'avancer notre rendez-vous à ce soir, mais je doute que mon boss apprécie. Aussi, je m'efforce d'ignorer sa présence, mais la puissance de son attraction agit à nouveau sur moi. Ma respiration s'envole, mes paumes, l'une sur l'autre, deviennent moites. Et je ne parle pas de ma petite culotte. Une chaleur prend naissance entre mes cuisses et se propage dans tout mon corps. Dans chacune de mes cellules, qu'il fait vibrer d'une façon tout à fait indécente. Ma longue période d'abstinence doit vraiment me jouer des tours si le simple fait d'être seule avec lui dans un petit espace emballe ma libido. J'ai beau m'en défendre, je le désire toujours. C'est insensé, évidemment, nous n'avons rien en commun, mais tellement instinctif, presque animal, que j'ai beaucoup de mal à penser à autre chose qu'à son corps, là, tout près.

Je me racle la gorge, tourne la tête, pour rencontrer ses iris, intenses, toujours braqués sur moi. Ce qui ne m'aide en rien ! Comment faire abstraction de sa présence alors qu'il me mate sans vergogne ?

Je m'en détourne, le feu aux joues.

Pour la cent millième fois (au moins !), je maudis ma carnation de rousse qui ne doit rien dissimuler de mes pensées.

– Parlez-moi un peu de vous, mademoiselle Vargas !

Ce n'est pas une requête, mais un ordre et je ne m'y trompe pas.

Je reporte mon attention sur lui en tentant de calmer mon hyperventilation, mais elle aussi s'emballe face à ce que je lis dans ses yeux : il ne se moque pas de moi, je l'intéresse sincèrement.

– Que voulez-vous savoir ? soufflé-je, la voix légèrement éraillée.

Il me dévisage encore plus ardemment.

– Tout !

J'ai le sentiment de suffoquer.

Heureusement pour l'état de mon visage et de ma petite culotte, l'ascenseur atteint le rez-de-chaussée et les portes s'ouvrent. Je profite de ce répit pour remettre un peu d'ordre dans mes pensées. Compliqué quand je dois marcher à ses côtés. Sa présence, si proche, m'oppresse. Il ralentit le pas quand il remarque que j'ai des difficultés pour me maintenir à son niveau.

Je sens à nouveau son regard sur moi.

– Alors ?

Je lui jette un coup d'œil.

– Pourquoi ?

– Comment ça, pourquoi ?

Il me tient la porte de l'immeuble et nous nous retrouvons dehors.

– Nom de Dieu… lâché-je, alors qu'une pluie diluvienne s'abat sur nous.

Vive Paris au printemps !

En plus, il fait un froid de canard !

Réprimant des frissons au contact du vent frais sur mon cou dénudé, je baisse la tête et resserre mon imperméable autour moi, dans l'espoir de ne pas finir frigorifiée. Hugo s'empare soudain de mon bras et, après un : « Venez vite vous mettre à l'abri ! », il me conduit rapidement vers une berline noire aux vitres teintées garée de l'autre côté du trottoir. Il m'ouvre la portière et je monte sur la banquette arrière. Il s'installe à mes côtés. L'habitacle est spacieux, luxueux et effectivement, il y règne une douce chaleur réconfortante et bienvenue.

Punaise… il a même une voiture avec chauffeur !

– Au Ritz, Germain, s'il vous plaît.

– Très bien, monsieur, répond l'homme, avant de mettre son clignotant et de s'insérer dans la circulation, relativement dense, de cette fin de matinée.

Hugo reporte son attention sur moi.

– Ça va mieux ? demande-t-il.

Sa voix, grave, fait à nouveau réagir mon être en entier. J'étais transie, je ne le suis plus. Hugo a le don de faire monter la température où qu'il aille et sa présence, comme précédemment dans l'ascenseur, bouleverse mes sens.

Je lui souris avec une assurance que je suis bien loin de ressentir.

– Oui, merci.

– Je vous en prie…

Chacun de ses mots coule sur moi comme une douce mélopée, surtout qu'ils sont dits d'une voix ultra-sexy. Il a défait le bouton de son trench qui doit coûter l'équivalent de plusieurs mois de mon loyer, croisé ses longues jambes. À côté de son attitude de boss blindé aux as, je me fais l'effet d'être vraiment mal fagotée et absolument pas en adéquation avec lui. Mais après tout, il a vu comment j'étais habillée, alors je suppose qu'il s'en moque. Peut-être est-il capable de voir au-delà des apparences ? De plus, à ma grande surprise, il s'est montré prévenant et protecteur en me prenant le bras pour me conduire à sa voiture, et là, il me sourit. Je n'en reviens pas : Hugo Capelli a perdu son air renfrogné et me fait un vrai sourire.

Arrête, Mona. Ce n'est qu'un sourire, il n'y a pas de quoi s'affoler ni en faire tout un flan.

Mais je dois dire qu'il lui donne un charme supplémentaire. Certainement parce qu'il le rend un peu plus humain.

– Pour répondre à votre question, dit-il soudain, sans se départir de son sourire, j'aime savoir avec qui je travaille.

– Vous n'avez pas lu mon dossier ?

– Pour être honnête, non. Je fais confiance à Annie pour le recrutement de sa collaboratrice. Je ne m'en mêle jamais.

Je m'engouffre dans la brèche, demande :

– D'ailleurs, comment va-t-elle ?

– Pas très bien, elle a toujours beaucoup de fièvre.

– J'espère qu'elle se remettra vite, ne puis-je m'empêcher de relever, en me rendant compte, après coup, que ma phrase peut être interprétée de différentes façons.

– Auriez-vous déjà envie de vous éloigner de moi, mademoiselle Vargas ?

Ben… c'est-à-dire que…

– Non, je… je disais ça pour elle. Pour sa santé. Pour… pour qu'elle aille mieux…

Je m'empêtre, et si j'en crois la lueur amusée de son regard, il s'en réjouit. Il aime me faire perdre mes moyens, c'est indéniable. Sa présence me rend fébrile. Je me retiens pour ne pas lui sauter dessus et le mettre dans le même état que moi.

– Je vais donc faire semblant de vous croire !

Je ne sais que répondre et plonge malgré moi dans son regard d'un bleu envoûtant.

– D'accord, je veux bien vous parler de moi si vous en faites de même, répliqué-je, pour le prendre à son propre piège.

Ses iris se troublent et ma nervosité monte d'un cran. Je suis allée trop loin et je vais le regretter ! À cette pensée, à cette… menace que je perçois dans son attitude de mâle dominant, mon cœur fait une embardée. L'adrénaline se déverse dans mes veines. Je frissonne, mais cette fois-ci, ce n'est pas de froid, plutôt d'excitation. Je crois qu'il aimerait vraiment me punir de le braver, mais il se trompe s'il pense que je le laisserai faire. Aucun homme ne m'a jamais dicté ma conduite, et ce n'est pas maintenant que ça va commencer ! Aucun homme, sauf mon père. Mais ça, c'est un peu normal ! Ceci dit, j'ai un père admirable, et il m'a toujours soutenue dans mes choix, quels qu'ils soient.

– Je n'ai pas pour habitude de me confier !

Étonnant…

Avant que je puisse lui faire remarquer que je m'en doutais, il me devance, après m'avoir observée avec davantage d'intérêt :

– Vous êtes déjà allée au Ritz ?

Je ris.

– Ah non, jamais ! Ce sera une grande première ! Mon patron ne me paie pas assez pour que je m'offre ce genre d'endroit.

Il m'observe encore plus ardemment.

– S'il est satisfait de vos services, peut-être envisagera-t-il de vous augmenter.

Est-ce que je dois comprendre ce que je crois comprendre ?

J'ai bien envie de mettre les points sur les I tout de suite, mais j'ai peur de me ridiculiser si jamais je me trompe sur son attitude envers moi. Elle est certes ambiguë, mais… je peux tout aussi bien me faire des idées sur le désir que je crois lire en lui.

– Il le devrait ! Je travaille quand même pour deux !

Nous nous sourions et l'atmosphère s'en trouve allégée.

Pour la première fois depuis que je gravite dans son orbite, par obligation, ma respiration est plus aisée.

– Il y pensera. Je vous le promets.

Finalement, contre toute attente, il n'est pas si difficile à amadouer, même s'il reste relativement fermé et sur la réserve…

– Vous m'en voyez ravie. Vous le remercierez pour moi.

– Ce sera fait !

C'est à mon tour de l'observer intensément.

– Merci !

– Je vous en prie, mademoiselle Vargas, répond-il en ouvrant la portière.

Il descend de voiture.

Je fais de même et lui emboîte à nouveau le pas en resserrant mon imperméable autour de moi, le dos rond pour me protéger des bourrasques. Il traverse le trottoir et entre dans le fameux restaurant de la place Vendôme, L'Espadon, au rez-de-chaussée du Ritz, le non moins célèbre palace appartenant au richissime homme d'affaires égyptien, Mohamed Al-Fayed, dont un groom nous tient la porte.

Je suis aussitôt sous le charme de l'endroit.

On le serait à moins, ce lieu est mythique.

Je n'en reviens pas que Trader A puisse se payer le luxe d'avoir une table à l'année dans ce genre d'endroit.

Alors qu'un serveur en costume bleu marine, chemise bleu clair et gants blancs s'empresse de venir nous accueillir pour nous conduire à notre table, j'oublie totalement que je suis vêtue comme une pauvresse dans ce lieu sélect pour regarder autour de moi avec un émerveillement intense à la pensée de mettre mes pas dans ceux de personnes célèbres. De l'or, des moulures, des miroirs immenses, du rose… la grande salle du restaurant fait trop bonbonnière à mon goût, mais lorsque nous pénétrons dans la verrière qui lui fait suite, je ne peux m'empêcher d'ouvrir la bouche de surprise. Ici, le bleu côtoie le blanc des nappes de la multitude de tables rondes, ainsi que le marron clair des rideaux et des sièges et celui, plus foncé, des sous-nappes. La lumière naturelle qui tombe de la verrière embellit l'ensemble.

C'est magnifique.

Je crois que j'ai des étoiles plein les yeux et je continue

de sourire comme une débile en avançant, la tête levée vers le ciel gris qui me semble soudain plus lumineux.

– Je suis ravi que ça vous plaise, dit soudain une voix à mon oreille.

Son intonation me fait frémir.

Nous nous observons encore intensément et je serais, à cet instant, incapable de comprendre la lueur de ses prunelles. Pourtant, je crois… oui, je crois que mon plaisir manifeste lui procure du plaisir à lui aussi.

Je lui souris avec reconnaissance, n'en revenant toujours pas d'être ici. Avec lui.

– C'est superbe ! Si vous avez d'autres lieux comme celui-ci à me faire découvrir, je suis preneuse. Dans le cadre du travail, évidemment, ajouté-je, me rendant compte de ma bévue.

– Évidemment…

Il m'invite à avancer.

Je le devance et frémis de la tête aux pieds en sentant sa main dans le creux de mes reins. Je ne l'évite pas. Comment le pourrais-je ? Nous sommes dans un lieu prestigieux, je ne peux pas lui en faire le reproche en public. Je le laisse donc me guider vers notre table, où nous attend patiemment notre serveur, mais pas notre client, perturbée à l'idée qu'il veuille me revendiquer de cette manière, laissant à penser que nous sommes ensemble. Car c'est clairement le geste qu'un homme a envers la femme qu'il veut mettre dans son lit.

Je me tourne pour le fixer.

J'aime plonger dans ses iris azur.

Hugo a les plus beaux yeux du monde.

– Mademoiselle, puis-je vous débarrasser ? me demande le

serveur en tendant la main, m'interrompant dans le cheminement de mes pensées perturbées et perturbantes.

– Oh, euh… oui, bien sûr, pardon…

J'espère ne pas passer pour une tarte, mais je n'ai pas l'habitude de ce genre d'endroits. Comment ne pas être impressionnée par le lieu et par l'homme qui m'accompagne, beau comme c'est pas permis ? ! Cet homme qui me rend chèvre dès qu'il pose les yeux sur moi et davantage encore lorsqu'il me touche, je viens d'en faire l'expérience.

J'ignore ce que le geste de mon boss a déclenché dans mon corps pour tendre la lanière de mon sac à main au serveur, puis j'empoigne les pans de mon imperméable.

– Attendez, je vais vous aider.

Avant que j'aie la présence d'esprit de réagir, Hugo retire son trench, s'en débarrasse auprès du serveur, puis il m'aide à faire glisser mon imper de mes épaules. Je contiens ma respiration en sentant le dos de ses doigts sur le tissu de ma robe, avant qu'il me le retire pour ensuite le tendre au serveur. Ma peau se couvre de frissons et mon cœur s'emballe tandis qu'une douce et incontrôlable chaleur se répand dans tout mon corps, pour venir se loger dans mon bas-ventre. Mais je m'emballe, c'est certain ! Sans doute que ce ne sont là que des démonstrations d'un homme bien élevé, voilà tout.

Je plonge à nouveau dans ses iris, légèrement assombris.

Leurs lumières me troublent encore bien malgré moi. J'ai le sentiment que soudain, nous sommes seuls au monde. Je ne vois plus rien d'autre que lui. Lui et ses yeux magnifiques à la lueur si envoûtante, lui et son charisme de fou, sa beauté sulfureuse, ses lèvres charnues qui m'attirent irrésistiblement.

Un petit sourire détend ses lèvres.

– Nous prenons place ?

Mes joues virent au rouge.

– Oui, hum… bien sûr !

Bon sang, avec ce genre de réactions, il va me prendre pour une demeurée.

Il me devance pour tirer une chaise et m'aider à m'asseoir. Puis il s'installe à ma gauche. À distance, mais bien trop près quand même. À chacun de ses gestes, son parfum, certainement lui aussi hors de prix, caresse mes narines, achevant de me rendre malade de désir. J'ignore duquel il s'agit, mais il sent bon. Trop bon ! On en mangerait. Je me vois poser mon nez dans le creux de son cou, juste au-dessus du col de sa chemise, humer l'odeur de sa peau.

Stop, Mona ! Ça ne t'avancera à rien, ce genre de pensées !

Je m'empare de la serviette, la pose sur mes genoux, en observant ce qui m'entoure et en forçant mon cerveau à se concentrer sur autre chose que cette trop grande promiscuité avec Hugo. Son genou proche du mien, sa chaleur irradie jusqu'à moi. Je devrais penser à quelqu'un d'autre pour oublier ce qu'il déclenche dans mon corps. Une personne s'impose alors à moi : Barca ! Autant fantasmer sur mon bel inconnu de Trouverlamour.com plutôt que sur mon boss trop attirant pour ma tranquillité d'esprit. Je suis consciente de faire un transfert de mes désirs vers une personne qui peut-être (sûrement même !) ne les mérite pas, mais là, tout de suite, je n'ai trouvé que cette échappatoire pour me sortir de ce pétrin dans lequel l'attitude de plus en plus ambiguë de mon boss me plonge.

Je pense que je pourrais lui envoyer ce message que je n'ai pas pu terminer et l'inviter à nous rencontrer dès ce soir. Pourquoi attendre, puisque nous le voulons tous les deux.

– Zut, je n'ai pas pris mon bloc-notes ! dis-je, en reculant ma chaise. Je reviens, monsieur Capelli.

Je m'enfuis, ravie d'échapper quelques minutes à sa présence érotiquement trop intense pour conserver ma petite culotte intacte.

Après avoir expliqué la situation à notre serveur et l'avoir suivi jusqu'au vestiaire, je récupère mon bloc et rejoins notre table. Je sens le regard de certains hommes sur moi tandis que je traverse la salle de restaurant. Heureusement que j'ai mis ma plus belle robe ! OK, elle n'est pas de première jeunesse, mais elle est relativement habillée. Il faut vraiment que je me décide à m'acheter quelques tenues si je dois dorénavant accompagner mon boss dans ses déplacements. À cette idée, mon corps et mon cœur s'emballent davantage. Comment vais-je réussir à gérer ce stress permanent s'il n'arrête pas de m'allumer ? Car c'est bien ce qu'il fait, le traître ! Il a envie de me mettre dans son lit. Même si je doute encore et douterai toujours – il est impossible qu'il puisse s'intéresser sincèrement à moi –, certains regards ne trompent pas. Demain, il a un autre déjeuner. Me demandera-t-il de revenir ici avec lui ? Je devrais quitter le bureau plus tôt pour me rendre chez le coiffeur et, pourquoi pas, dans la boutique de Carla pour lui acheter quelques vêtements. Elle me conseillera et peut-être qu'elle pourra me faire un prix. Pour la première fois de ma vie, j'ai envie de prendre soin de moi et de me faire belle. Pour Hugo. Pour me sentir mieux et qu'il n'ait pas honte de m'avoir près de lui. Pour mon rendez-vous de ce soir avec Barca, aussi… enfin, si j'arrive à lui envoyer un message pour lui proposer de ne pas attendre demain soir pour nous rencontrer. Je n'en peux plus, il faut que je le voie. Ou je finirai par sauter sur mon boss.

Je m'apprête à lui dire que j'ai décidé de partir plus tôt du bureau pour raison personnelle et urgente lorsque j'en suis empêchée par l'arrivée de notre serveur, accompagné d'un homme d'âge mûr, très distingué, le cheveu gris, habillé avec élégance.

Hugo se lève et ils se serrent la main.

– Monsieur Lafayette, quelle joie de vous revoir.

– Plaisir partagé, mon cher Hugo.

Mon boss se tourne alors vers moi.

– Je vous présente Mona Vargas, mon assistante.

J'empoigne la main que me tend notre client.

L'un des plus anciens et des plus gros.

– Enchantée, monsieur.

– Moi de même, mademoiselle. Moi de même. Vous vous êtes donc séparé de cette chère Annie ? demande le client en s'installant à ma droite, en face de mon boss.

Hugo et moi reprenons nos places.

Pendant que mon boss donne quelques explications sur l'absence de sa secrétaire de direction, je pose le bloc-notes à droite de mon assiette.

Merde, je n'ai pas pris de stylo et je n'en ai pas dans mon sac, merde, merde, merde… où ai-je la tête, nom d'un chien !

Je sais très bien où ! pensé-je aussitôt, *et il faut que ça cesse ou je vais finir par perdre mon job.*

Je fixe mon boss, lui lance un regard désespéré. Se rendant compte de mon insistance et certainement de mon désarroi, sans cesser d'échanger avec son client, il observe ma main au-dessus du bloc, vide de tout stylo et comprend le problème. Il hausse un sourcil, plonge les doigts dans la poche intérieure de sa veste et me donne son stylo. Je m'en empare, surprise de le sentir si chaud. Chaud de sa chaleur. À nouveau, cette tension qui fait maintenant partie de moi m'enveloppe. J'ai le sentiment, encore, d'être dans une bulle. Une bulle qui n'existe que pour nous deux tant sa présence me fait perdre pied.

Je me reprends lorsque le serveur vient nous proposer un apéritif. Les hommes prennent un verre de vin, moi, un Perrier avec une rondelle de citron.

Il nous propose ensuite le menu du jour : tomate cœur-de-bœuf, fraîcheur de tourteau et avocat ; homard rôti aux cèpes avec son coulis orange cardamome ; crémeux chocolat aux éclats d'amandes croquantes.

Je salive, le chocolat est mon péché mignon, j'en raffole. Sous toutes ses formes.

Sitôt le serveur parti, les deux hommes reprennent leur discussion. J'observe mon boss parler et mon esprit s'évade à nouveau. J'entends les mots, mais ne les comprends pas. Je ne suis consciente que des mouvements de ses lèvres, que j'imagine sur ma peau. Je ne peux pas m'en empêcher. Je me sermonne et quitte du regard son visage si attirant pour me concentrer sur ma main et mon bloc.

– Veuillez noter, mademoiselle Vargas, s'il vous plaît.

Hein ?

Je détourne les yeux de mon bloc que je suis en train de gribouiller pour reporter mon attention sur lui.

Quelle quiche !

Je pourrais au moins être attentive et faire mon boulot.

– Pardon, vous disiez ? Je suis désolée, monsieur Capelli, je n'ai pas bien entendu vos dernières paroles, vous pourriez répéter, s'il vous plaît ?

Il me sourit, et une fois de plus je me surprends à trouver ce sourire magnifique ; il transforme son visage, ses traits s'adoucissent, ses yeux perdent de leur froideur. Ce qui le rend, si c'est possible, encore plus irrésistible. Annie me l'avait pourtant dit : ne pas se fier aux apparences en ce qui le concerne. Je crois que je suis sur le point de percer à jour la carapace de ce boss sexy.

Son sourire s'accentue et il répète ce qui vient d'être dit, en prenant tout son temps pour me permettre de transcrire, ce dont je lui suis reconnaissante. Manifestement, il a également décidé de me ménager…

La tension dans ma poitrine se relâche un peu.

Il me dicte ce que je dois marquer, puis continue sa discussion avec M. Lafayette. Il lui expose les rendements de certains produits, éclaircit, à sa demande, certains points. Il est carré, concis, patient, même moi qui n'y connais rien, je comprends, c'est dire. M. Lafayette est visiblement toujours intéressé pour lui confier une petite fortune, Hugo ayant répondu avec efficacité et concision à ses doutes, ses interrogations, voire à ses peurs légitimes. Je manque de m'étouffer avec ma gorgée d'eau pétillante lorsque notre client avance le chiffre de vingt millions d'euros et je bois une autre gorgée pour dissimuler mon trouble. L'énormité de la somme me rappelle que mon boss et moi, nous ne jouons pas dans la même cour. Hugo gravite dans des sphères qui me seront toujours inaccessibles. J'ignore cette pensée dérangeante en me consacrant sur mon futur rendez-vous avec Barca. De toute façon, j'en ai bien conscience, Hugo Capelli est milliardaire, je le sais, et ce n'est pas comme si j'envisageais d'avoir une quelconque relation amoureuse avec lui.

L'arrivée de nos entrées m'empêche de me plonger plus avant dans ces idées confuses où tout se mélange : mon boss, l'inconnu, ce qu'ils m'inspirent, les sensations hautement érotiques qu'ils déclenchent en moi. Je n'ai jamais autant pensé aux hommes qu'en ce moment même. Je plonge ma fourchette dans une rondelle de tomate, la porte à ma bouche. Les saveurs explosent sur mon palais. Ce n'est qu'une simple tomate, mais j'ai la sensation de manger du soleil, de la lumière, de la chaleur, la mer… les senteurs méditerranéennes en potentialisant l'effet et l'évocation. L'avocat et le tourteau sont aussi excellents. Je n'ai jamais rien mangé d'aussi bon et je me retiens de gémir de plaisir. Pour autant, je ne retiens pas mes sourires d'extase et, quand je lève les yeux de mon assiette, je découvre Hugo, le menton crispé, qui me regarde mâcher et avaler, avec une certaine avidité. Il s'est arrêté de manger, tout comme notre client, qui lui aussi me contemple avec amusement. Peut-être que j'ai véritablement gémi, finalement.

Rhooo, la honte !

Ce n'est pas un déjeuner entre amis, mais un repas de travail, Mona, un peu de tenue !

Je me racle la gorge, me redresse et essuie mes lèvres avec ma serviette pour me donner une contenance.

– Et vous, mademoiselle Vargas, que faites-vous dans la vie, hormis être l'assistante personnelle de ce cher Hugo ? demande subitement M. Lafayette, percevant certainement mon trouble et voulant me mettre à l'aise et m'impliquer dans leur conversation.

Ce qui est très sympathique de sa part.

Alors que mon boss, pour une raison que j'ignore, continue de me dévorer des yeux comme s'il était étonné de me voir assise à côté de lui, Lafayette se penche vers moi.

– Ne vous laissez surtout pas faire, il a la réputation d'être un tyran en affaires, alors je suppose qu'au bureau, il en va de même.

Je jette un coup d'œil à mon patron.

Ses sourcils sont froncés, mais une lueur ironique danse dans ses yeux.

– Ne vous inquiétez pas pour elle, Gérald. Elle est de taille à se défendre et elle sait ce qu'elle veut.

Son regard m'enveloppe. Chaud. Bienveillant.

J'incline la tête à son attention, légèrement ironique moi aussi.

– Merci, monsieur Capelli, j'apprécie le compliment à sa juste valeur. Eh bien, pour répondre à votre question, monsieur Lafayette, continué-je en reportant mon attention sur notre client, j'ai créé une boîte pour des corrections de manuscrits d'auteurs indépendants et j'écris aussi, parfois. Quand j'en ai le temps.

Je sens à nouveau le regard insistant de Hugo sur ma petite personne.

– Qu'écrivez-vous en ce moment, si ce n'est pas trop indiscret ? demande encore M. Lafayette. J'ai des amis dans l'édition, je pourrais peut-être vous aider à faire publier votre roman.

– Oh, ce serait merveilleux, m'enthousiasmé-je. J'écris une

romance contemporaine, une… une histoire d'amour compliquée, qui est loin d'être terminée. Mais j'ai au fin fond de mon disque dur trois thrillers psychologiques. Je les ai envoyés à des maisons d'édition spécialisées dans le genre, mais ils ont été refusés.

Lafayette pose sa main sur la mienne, d'un geste paternel.

– Envoyez-les-moi ! Je vous trouverai un éditeur digne de ce nom.

J'ouvre la bouche de surprise, ne sachant plus quoi dire.

Soudain, je panique.

Ça va trop vite, je ne suis pas prête.

– Ce serait vraiment génial, monsieur Lafayette, et je vous remercie de cette attention. J'avais dans l'idée de les reprendre, ils ne sont pas parfaits, mais après, oui, pourquoi pas…

– Très bien, mon petit, ajoute-t-il en tapotant ma main. Nous allons vous rendre célèbre !

– Merci, monsieur Lafayette, ce serait vraiment fabuleux. Je rêve d'être écrivaine depuis que je suis toute petite.

– Je suppose que vous avez toujours écrit ?

– Oui, toujours. J'ai des cahiers remplis d'histoires de fiction ou même de ma propre histoire.

– Oh, voilà qui est intéressant. Et vous n'avez jamais cherché à la faire publier ? Les histoires vraies marchent bien, pourtant.

Je prends le temps de boire un verre d'eau.

Je me recule sur mon assise pour ne pas gêner le serveur venu relever nos assiettes, tout en réfléchissant à la réponse à apporter sur la possible édition de mon histoire personnelle. J'ai eu une enfance heureuse, des parents aimants, une sœur et un frère avec lesquels je me chamaillais, bien sûr, mais nous étions très complices, surtout lorsqu'il s'agissait de faire tourner les parents en bourrique. C'est après que les choses se sont compliquées. Lorsque je suis entrée au collège. Je suis rousse, et j'avais des kilos en trop. Ça a été l'horreur. J'ai beaucoup écrit sur le harcèlement que je subissais de la part des autres élèves, garçons comme filles, pour tenter de mettre des mots sur mes souffrances et mes blessures à l'âme, quotidiennes, mais je n'en parlerai jamais. Si j'ai réussi à oublier en me forgeant une carapace au fil des années, c'est encore douloureux et cette période de ma vie est la plus terrible que j'aie jamais vécue. Je ne souhaite cela à personne, même pas à mon pire ennemi. Je ne savais pas comment m'en sortir. J'avais peur que l'on ne me croie pas, j'avais honte, je n'arrivais même plus à me regarder dans une glace. Je me dégoûtais. Ils ont réussi à détruire toute ma confiance et toute l'estime que j'avais de moi-même alors que j'aurais voulu qu'ils m'acceptent comme l'une des leurs. Peu à peu, je me suis isolée, je suis devenue terne et taciturne, moi qui étais si enjouée et si vive. Ils m'ont démolie et je leur en veux pour ça. Je leur en voudrai toute ma vie. Même Carla ignore ce que j'ai traversé. Lorsque je suis arrivée au lycée, je m'étais endurcie. J'étais devenue méfiante et encore plus solitaire. Je ne m'approchais pas des autres et je les empêchais de venir à moi en affichant en permanence une mine revêche. Carla a réussi, je ne sais comment, à m'aborder et je n'ai jamais regretté de l'avoir laissée entrer dans ma vie. Grâce à elle, je me suis ouverte au monde. Oh, évidemment, ça ne s'est pas fait du jour au lendemain, mais, aidée de Fanny, notre autre amie, elle m'a redonné goût à la vie et, petit à petit, j'ai repris confiance en moi, j'ai fait des connaissances sympas, j'ai eu des aventures, des amants…

– Non, je… un jour, peut-être…

Sentant le regard pesant de mon boss, je tourne la tête vers lui, pour découvrir ses sourcils toujours froncés, son air surpris, voire inquiet. J'ai le sentiment qu'il comprend que le sujet est douloureux pour moi.

– Mais… mangez, mademoiselle Vargas, ajoute Lafayette. Pardonnez-moi, je vous embête avec mes questions et je vous empêche de profiter de cet excellent homard. Bonne continuation.

– Merci, monsieur, vous de même.

Hugo se détourne enfin de moi pour attaquer son plat et poursuivre sa discussion avec Lafayette, qui, après avoir tourné autour des affaires, dérive sur les connaissances qu'ils ont en commun.

Paris est immense, mais la sphère dans laquelle ils gravitent, pas si étendue que ça.

– J'ai appris votre rupture avec Camille Lefebvre, dit soudain Lafayette. Vous m'en voyez désolé, mon cher Hugo. Vous formiez un si beau couple.

Je suis soudain tout ouïe, tout en dégustant mon dessert. Ce fondant est une tuerie, mais il devient en un instant nettement moins intéressant que la réponse que va apporter mon boss à cette remarque, ce qui me permettra d'en apprendre davantage sur lui. Je sais que je ne devrais pas m'intéresser à lui de cette manière, mais je ne peux pas m'en empêcher.

– Merci, Gérald. Mais… de vous à moi, j'ai la ferme intention de la reconquérir. Je compte sur votre discrétion, bien évidemment.

– Bien évidemment !

Lafayette lève son verre dans sa direction pour lui souhaiter bonne chance dans son entreprise. Je crois que toute couleur a déserté mon visage. Je ne m'attendais pas à ça. Quelle idiote ! Comment ai-je pu croire qu'il s'intéressait à moi ? Il ne veut que se divertir en me draguant et en me faisant croire, avec ses petites attentions et ses sourires charmeurs, que je suis devenue importante pour lui, alors qu'il n'attend qu'une chose : pouvoir renouer avec la femme parfaite. Car je suppose que cette Camille l'est. En plus de faire partie de son monde. Le mien vient de s'écrouler. Je me traite mentalement de tous les noms d'être tombée dans le piège de ce si grand séducteur qu'est Hugo Capelli, et de m'être laissé avoir par ses beaux yeux et par ce que je croyais lire en eux. Comment peut-il aussi bien jouer la comédie ? Ça me dépasse !

– Tout va bien, mademoiselle Vargas ?

Je me redresse, le toise, tentant vainement de cacher ce que je pense de lui, alors que je suis dévorée par l'envie subite de lui balancer mon verre d'eau en pleine poire pour lui apprendre à se foutre de ma gueule. Mais encore une fois, peut-être que je n'ai vu dans son comportement que ce que j'ai bien voulu voir. Maintenant, j'ai l'impression d'avoir rêvé ses sourires, ses yeux de braise où flambait le désir, ses doigts caressant mes épaules et mes bras lorsqu'il m'a retiré mon imperméable.

Oui, c'est ça, j'ai dû rêver !

Je me suis monté la tête toute seule et je me suis fait des idées.

– Bien sûr, monsieur Capelli, réponds-je, avec un grand sourire forcé.

Connard !

– … mais si vous le permettez, je vous laisse terminer sans

moi. J'ai une petite course à faire. On se retrouve au bureau, ajouté-je vivement, alors qu'il m'observe me lever et tendre la main à Lafayette, son visage marquant la plus totale surprise.

Je salue notre client, le remercie pour l'attention qu'il a portée à mes romans en lui promettant de les lui envoyer, un jour, puis je prends congé, sans plus accorder un regard à mon boss.

Là, tout de suite, j'ai besoin de m'éloigner de lui pour y voir plus clair et surtout besoin de calmer mes nerfs à vif. Car en cet instant, je le déteste pour ce qu'il m'impose.

Oh oui, je le déteste et je me rends compte avec un certain effroi que je suis jalouse de cette femme que je ne connais même pas. Jalouse de ce qu'elle a représenté et représente encore pour lui.

Je dois vraiment joindre Barca.

J'ai besoin de lui pour tuer dans l'œuf ce que j'éprouve pour mon boss, car je ne peux plus me leurrer : il m'attire plus que de raison. Et si je continue dans cette voie, je vais finir par en perdre la raison, justement. Je ne dois pas m'intéresser à lui, il n'est pas bon pour moi. Même si je le désire plus que tout. Surtout si je le désire plus que tout ! Comme jamais je n'ai désiré aucun autre homme avant lui.

Je dois me protéger de lui, par n'importe quel moyen, alors si je dois coucher avec Barca pour l'oublier, eh bien, je coucherai avec Barca !

8

Hugo

Qu'est-ce qui lui prend, bon Dieu ?!

Je regarde Mona s'éloigner, surpris par son comportement. Je m'en veux d'avoir parlé de Camille, je n'aurais pas dû. Aucune femme n'aime que l'on évoque une autre devant elle. Ma raison me hurle que c'est Camille qu'il me faut, c'est elle qui m'apportera cette légitimité dont j'ai désespérément besoin, mais mon corps continue de désirer ma pétillante secrétaire et ça fout le bordel dans ma tête. Quand je la regarde, ce n'est pas mon esprit que j'écoute, mais la partie de mon anatomie placée sous la ceinture.

Mona ne quitte pas une seule seconde mes pensées alors que je prends le temps de partager un café avec Gérald, avant de regagner le bureau. Je me suis engagé à lui faire parvenir une proposition de placement en accord avec ses attentes avant la fin de la journée, au plus tard demain. Je vais certainement devoir débusquer un nouveau produit, analyser les bénéfices, peser les risques, *prendre* des risques. Les produits les plus osés sont ceux qui offrent le plus de rentabilité, et il ne faut pas se planter. C'est ce que j'aime. J'aime cette prise de risque, j'aime cette excitation exaltante au moment où je mets des sommes colossales dans l'achat d'actions. Et quand je gagne à la revente, engrangeant des millions de bénéfices, j'en éprouve une jouissance presque orgasmique.

Il faut que je vire ma secrétaire et ses courbes si attirantes de mon cerveau si je veux réussir à me concentrer sur mon job ! Je pense trop à elle. Quand je suis proche d'elle, mes hormones prennent le dessus et je me transforme en bête assoiffée de sexe.

Ça ne peut plus durer.

Je n'ai jamais laissé mon désir pour une femme orienter ma vie, ce n'est pas aujourd'hui que ça va commencer !

Je regarde par la vitre, mais Mona s'impose encore à moi. Son corps tout en courbes voluptueuses que je crève d'envie de serrer contre moi, ses fesses que j'aimerais saisir à pleines mains, son bassin que j'aimerais presser contre le mien. J'ai envie d'enfouir mes doigts dans ses cheveux indisciplinés, de les tirer en arrière brutalement pour embrasser la peau de son cou, que j'imagine tendre à souhait. Et ce visage… ces taches de rousseur qui me rendent dingue, ce petit nez qu'elle plisse quand elle est en colère ou lorsqu'elle réfléchit ; ces magnifiques yeux verts en amande. Cette fille a vraiment de jolis yeux, de longs cils, et parfois, un regard de biche aux abois lui échappe, comme tout à l'heure lorsque Gérald a fait référence à sa vie. J'ai eu l'intime conviction que tout comme moi, elle a souffert par le passé. J'en ai été bizarrement ému et ça m'a rapproché d'elle. Je ne comprends pas pourquoi, ni comment c'est possible que je sois autant attiré par elle. Elle n'est pas mon type de femme, elle ne correspond pas le moins du monde à ce que je recherche, mais elle affole mes sens, c'est indéniable. J'ai envie de la toucher. J'en ai eu envie dès que je l'ai vue, hier, à genoux sur la moquette. Cette envie se fait tellement impérieuse que, tout à l'heure, je n'ai pas résisté à la tentation de la toucher en lui retirant son imperméable. Je l'ai juste effleurée alors que j'avais envie de presser ses fesses rebondies contre mon entrejambe pour soulager la tension qui y régnait. Je ne pensais qu'à ça, qu'à ce que je ressentirais en caressant sa peau, et en m'enfonçant en elle. Aucune femme n'a suscité un désir si fulgurant ni si soudain. Pas même Camille. Camille… Camille, avec sa beauté altière un peu froide, sa confiance en elle, les certitudes que lui confère sa haute naissance, cette façon qu'elle a de toiser les gens et de penser que tout lui est dû. Mona est d'apparence fragile, sensible, elle rougit et elle me donne envie de la protéger. C'est plus fort que moi. Quand je la regarde, j'ai envie de l'emmener dans une grotte pour la mettre à l'abri de ce monde de prédateurs dans lequel nous vivons, de prendre soin d'elle et de posséder son corps, inlassablement.

Je crois que je devrais la baiser une bonne fois pour toutes pour la virer de ma tête.

C'est certainement la seule manière pour avancer et me recentrer sur l'objectif que je me suis fixé : reconquérir Camille. La seule manière pour me concentrer sur mon job, mes investissements, mes désirs d'expansion. Je veux encore m'enrichir, je n'en ai pas assez, je n'en aurai jamais assez…

Mon chauffeur gare la voiture le long du trottoir devant l'immeuble de Trader A (A comme Alfonso, le prénom de mon père), qui m'appartient (je ne voulais pas risquer de me retrouver à la rue du jour au lendemain !), et sort pour m'ouvrir la portière.

Je m'extrais de la berline, attache le bouton de ma veste et m'engouffre dans le hall. Je repense à l'imperméable quelque peu défraîchi de Mona, aux frissons que j'ai perçus quand j'ai posé ma main sur son coude pour l'entraîner dans la voiture. Je n'ai jamais eu ce genre de comportement avec une femme. Quand j'étais jeune, je ne pensais qu'à baiser sans m'attarder, et Camille n'avait pas besoin de moi de cette manière ; Camille n'a besoin de personne. De personne d'autre que de son père, qui a toujours fait de sa vie un conte de fées. Je me demande soudain si je pourrai un jour rivaliser avec l'attachement qu'elle lui voue, et si ce n'est pas foutu d'avance.

Lorsque j'atteins le bureau de Mona, je suis surpris de le trouver vide.

Où peut-elle bien être ?

Je me retiens de partir à sa recherche dans toutes les pièces que comptent mes bureaux. Si je la trouve en grande discussion avec Benjamin, l'un de mes traders, comme ils le font habituellement, je ne réponds plus de rien ! Je me rends compte avec stupeur que j'ai été attiré par elle et attentif au moindre de ses faits et gestes bien avant hier.

Qu'est-ce qui ne tourne pas rond chez moi ?

Pourquoi cette fille me hante alors que je devrais me focaliser sur mon objectif : reconquérir Camille !

Je me rends compte également qu'inconsciemment, en parlant de mon ex à table, j'ai voulu faire fuir Mona, parce que je suis incapable de le faire.

Je ne pense qu'à elle, bordel de Dieu, et ça me bouffe, parce qu'elle est ma secrétaire et à ce titre, elle m'est interdite !

J'entre dans mon propre bureau et sors mon portable de ma poche poitrine.

Peut-être Mona m'a-t-elle laissé un message m'informant des raisons de son absence ? Il est quatorze heures, elle devrait être à son poste.

Elle va m'entendre !

Je ne la paie pas pour traîner dans les couloirs ou discuter avec mes autres employés. L'homme des cavernes prend à nouveau possession de mon cerveau. Si je le pouvais, je l'attacherais à mon bureau, pour abuser d'elle, dans tous les sens du terme ; pour qu'elle soit à moi seul, qu'elle ne parle qu'avec moi, qu'elle ne s'intéresse qu'à moi. Je sais, c'est un poil excessif et j'en suis le premier surpris. Je ne comprends pas ce qu'il se passe avec cette fille. Je ne comprends pas ce qu'elle déclenche en moi. Je sais juste qu'elle me fait perdre les pédales.

Je soupire de dépit, balance mon téléphone sur le bureau et prends place devant mon ordinateur. Je dois me recentrer, me motiver et ne pas perdre de vue mes objectifs.

J'ouvre l'application Trouverlamour.com.

Plusieurs nouveaux profils m'ont été proposés. Je les survole, fais mon choix (brune, assez jolie !) et envoie un e-mail via l'appli pour lui proposer une rencontre dès ce soir. J'enrobe le truc, lui dis que son profil m'a séduit, que j'ai hâte de faire sa connaissance.

Ce soir, je vais rencontrer cette autre nana !

Autant ne pas mettre tous mes œufs dans le même panier et prendre les devants si Joconde ne me plaît pas !

– Tenez, monsieur ! lance une voix, en posant avec force le trieur sur mon bureau.

Mon cœur fait un bond dans ma poitrine.

Je change la page de mon écran, me tourne lentement face à elle.

– On ne vous a pas appris à frapper avant d'entrer ? demandé-je sèchement.

– J'ai frappé ! Vous étiez certainement trop absorbé pour entendre ! répond-elle de la même manière.

Elle me désigne le trieur du menton, son si beau regard empli d'une colère légitime – je l'ai accueillie comme de la merde –, et ajoute encore plus froidement :

– Les courriers à signer ! Je prends mon après-midi. À demain, monsieur Capelli.

Sur ces mots, elle fait volte-face et sort de mon bureau.

Je m'attends presque à ce qu'elle claque la porte, mais elle n'en fait rien.

Je me fais violence pour ne pas lui courir après, la charger sur mon épaule et revenir la coucher sur mon bureau. Pour ensuite m'enfoncer en elle jusqu'à la garde. Pour lui faire l'amour sauvagement et lui montrer qui est le maître ici. Je sais qu'elle me fait perdre la tête, jusqu'à cette minute, je n'imaginais pas à quel point.

9

Mona

Quel con !
Je le hais !
Bon sang, comme je le hais !

Il a cette façon de me regarder qui m'exaspère. Comme s'il allait me bouffer ! J'ai encore eu le sentiment qu'il me reprochait quelque chose, et je ne parle pas du fait de ne pas avoir frappé à sa porte avant d'entrer, parce que j'ai frappé ! Ce que visiblement il n'a pas entendu. J'ai eu également la vague impression qu'il était gêné, comme s'il était pris en flagrant délit… Il peut mater un porno, il fait ce qu'il veut, je m'en fous ! Mon bas-ventre réagit à cette pensée. Je me mettrais des baffes d'être si réceptive. Depuis quand ce genre de gars imbu de lui-même, autoritaire et mal embouché me fait mouiller ma petite culotte ?

Bon OK, il est beau comme c'est pas permis, mais quand même !

Il se fout de ma gueule à souffler le chaud et le froid ! J'ai dû me planter et prendre mes désirs pour la réalité, il ne peut pas avoir envie de moi et vouloir reconquérir son ex. Ou alors, c'est juste pour le sexe, il veut me sauter, c'est tout !

Je suis sa secrétaire, bon sang !

Tout en me serinant que je devrais arrêter de penser à mon boss trop sexy pour être honnête, je m'empresse de récupérer mes affaires, avant qu'il ne déboule pour me demander des explications quant à mon absence. J'active le pas en direction de l'ascenseur. Maintenant que j'ai décidé de prendre mon après-midi, je n'ai plus qu'un souhait : me faire dorloter, penser à moi et oublier pendant quelques heures mon patron bien trop présent dans mon esprit pour ma tranquillité. J'ai été folle d'imaginer qu'il s'intéressait à moi. Folle de croire qu'il s'était enfin rendu compte que j'existais et que peut-être… peut-être… il avait su voir au-delà des apparences.

Ça y est, je pense encore à lui !

C'est pas vrai !

Je pensais mes neurones en état de marche, et je me croyais surtout hermétique à ce genre de type. D'autant plus qu'il est mon patron !

L'air frais sur mon visage et mes joues cramoisies me fait un bien fou. Je passe mon temps à flamber de partout lorsque je suis en présence de Hugo, et ça, ça ne va pas du tout ! J'ai beau me sermonner, rien n'y fait, c'est plus fort que moi et indépendant de ma volonté. Quoi qu'il dise, quoi qu'il fasse, et même s'il se comporte comme un gros con, je le désire.

Je m'engouffre dans la station de métro, descends l'escalier comme si j'avais le feu aux fesses. J'avoue que ce petit vent de liberté loin du bureau n'est pas désagréable. J'aurai des tonnes de travail à rattraper demain, mais peu importe, je suis trop heureuse de m'éloigner de ce lieu devenu en quelques heures celui de toutes les tentations. Tentations qui tournent toutes autour de mon sexy-boss ! J'ai le sentiment que nos bureaux sont surchargés de phéromones contre lesquelles j'ai de plus en plus de mal à lutter.

Je me demande encore comment la situation a pu déraper aussi vite !

Ça aussi, c'est à n'y rien comprendre.

Je me force à penser à Barca. Je n'ai encore rien décidé le concernant. Je voulais l'inviter à nous retrouver dès ce soir, mais j'attends de voir si j'en ai vraiment envie après m'être occupée de moi ou si j'en profiterai pour passer une soirée au calme, loin de toute agitation. Pour justement être en forme pour notre rencontre officielle. Si je veux arriver à le séduire, il faut que je sois reposée et en pleine possession de mes moyens.

Je sors du métro et rejoins la rue où travaille Carla. Je pousse la porte du salon de coiffure où elle a l'habitude de se rendre et qu'elle m'a vivement conseillé. Il est sans rendez-vous, c'est idéal, surtout lorsque l'on se décide sur un coup de tête, comme moi, à changer de tête justement. Je demande si Nadège, la coiffeuse de Carla, est libre. La jeune femme de l'accueil me répond de patienter, qu'elle termine une cliente et s'occupera de moi. Elle me tend un carton où est noté ce que propose l'institut de beauté situé juste au-dessus et auquel on accède par un escalier en colimaçon. Génial ! Je vais pouvoir faire d'une pierre deux coups. Voire plus ! Je choisis une épilation des sourcils, ainsi qu'une manucure. Elle m'envoie aussitôt à l'étage pour l'épilation, et me propose la manucure pendant mon coiffage, ce que j'accepte.

Deux bonnes heures plus tard, c'est une femme différente qui pénètre dans la boutique de Carla. Pendant que l'esthéticienne s'occupait de ma manucure, très naturelle, la coiffeuse a coupé et lissé mes cheveux, puis les a légèrement ondulés aux extrémités. Elle m'a ensuite maquillée, en me donnant quelques conseils pour mettre en valeur ma peau et mon regard. Elle m'a même vendu des produits de maquillage correspondant à ma carnation de rousse. C'est incroyable comme une belle coupe de cheveux, une ligne des sourcils affinée, quelques touches de blush, un léger fard à paupières et un gloss brillant peuvent changer une personne. Je ne me reconnais pas. C'est moi, mais en même temps, non. J'avoue que le résultat me satisfait. Je me sens femme, attirante, et bien plus sûre de moi. Je ne sais pas si ça durera, peut-être que ce merveilleux sentiment de confiance fondra comme neige au soleil devant le regard de feu de mon boss demain matin, peut-être que je me sentirai encore insignifiante et godiche, mais qu'importe. Aujourd'hui, comme je me le suis promis, je pro-fi-te, sans me poser de questions.

J'avance jusqu'à la banque d'accueil, derrière laquelle se trouve ma meilleure amie, absorbée par l'écran de son ordinateur.

– Salut !

Elle tourne la tête et met du temps à réaliser qui se tient devant elle.

– Waouh, dis-moi que je rêve !

J'éclate de rire.

– Non, Carla, tu ne rêves pas, c'est bien moi !

– Tu es sublime ! s'écrie-t-elle, en contournant la banque pour venir m'embrasser. Je savais que tu serais à tomber si tu te décidais à prendre un peu soin de toi. Si Barca ne craque pas, je ne sais pas ce qu'il lui faut !

Je lui ai parlé de ce rendez-vous avec l'inconnu de Trouverlamour.com, en gardant sous silence l'attirance que j'ai pour mon boss. Une fois de plus, j'espère que Barca me permettra d'oublier cette trop grande fascination pour Hugo Capelli.

– Alors… plus qu'à espérer qu'il craquera. En tout cas, je suis décidée à profiter de ma soirée et je verrai bien où ça me mène.

– Tu me raconteras, hein ?

– Bien sûr ! Bon, maintenant, à toi de me transformer en bombe !

– Compte sur moi, ma belle !

Elle met son bras sous le mien, m'entraîne vers un premier portant.

Les deux heures suivantes défilent dans un tourbillon de matières, de couleurs et de fous rires. J'ai l'impression d'être Vivian dans *Pretty Woman* quand elle essaie des tas de fringues dans un magasin de luxe. Ce n'est pas le cas de celui de Carla et je suis agréablement surprise par les prix, raisonnables, ainsi que par la qualité. Presque tout ce qu'elle me propose est de confection italienne, y compris les chaussures, là aussi de super qualité ; de vrais chaussons. N'oubliant pas mon objectif de faire honneur à mon boss si je dois encore l'accompagner à des déjeuners d'affaires, j'achète des escarpins, des jeans, un pantalon noir habillé, un tailleur-pantalon, un imperméable et plusieurs robes légères, dont une pour la soirée avec Barca, en dentelle rouge, à petites manches et avec une fermeture Éclair couleur or à l'arrière. Je ne voulais pas l'essayer, je la trouvais trop sexy, trop… osée pour moi, mais finalement, je l'ai passée et adoptée. Elle est magnifique. Elle m'affine et met en valeur ma poitrine, ma peau claire, mes cheveux blond vénitien, éclaircis et ravivés par la coupe.

Mes trois fées ont vraiment fait des merveilles et je ne regrette pas d'avoir dépensé une petite fortune ! Comme certains des auteurs m'avaient fait des avances pour la correction de leur manuscrit, et puisque je suis d'un naturel économe, j'ai pu constater que mon compte en banque se portait plutôt pas mal, ce qui m'a permis de me payer cette folie.

Ce n'est qu'une fois chez moi, après avoir rangé mes merveilles nouvellement acquises dans ma penderie, m'être restaurée d'un léger en-cas tout en travaillant à mes corrections et avoir discuté plus de deux heures avec ma mère et ma sœur, que je craque et envoie un message à Barca, en direct sur l'appli, pour lui proposer de sortir prendre un verre dans le bar de son choix.

J'attends, de longues minutes, mais aucune réponse ne me parvient.

Pas plus l'heure suivante, ni celle encore d'après. Je me rends compte que je déteste ça : attendre. Attendre le bon vouloir d'un homme. En soi, ce n'est pas très grave, notre rendez-vous est toujours d'actualité et programmé à demain, mais je ne peux m'empêcher de penser qu'il n'a peut-être plus envie de me rencontrer, puisqu'il ne répond pas à mon message, alors qu'il a lui-même proposé de se contacter pour discuter. Je me console en me disant qu'il a une vie lui aussi et qu'il n'est pas à ma disposition, mais je ne peux pas m'empêcher d'être déçue, et vaguement anxieuse.

Pour une fois que je sors de ma zone de confort, je me plante.

Je ne sais pas si ce genre d'expérience est pour moi, finalement.

Je rejoins mon lit à vingt-trois heures, dégoûtée : je n'ai eu aucun signe de vie de Barca !

Pour ce soir, c'est mort.

J'espère que notre rendez-vous de demain tient toujours.

N'ayant finalement rien d'autre à faire, mon esprit dérive vers Hugo.

Je me demande à quoi il occupe ses soirées. Il projette de reconquérir son ex, mais en attendant, je suppose qu'avec ce sex-appeal et cette sensualité de malade qui exsude de tout son être, il ne doit avoir aucun mal à rencontrer d'autres femmes. Je voulais ne plus penser à lui, je n'ai fait qu'exacerber mes sentiments à son encontre. La frustration, sans doute ! Je devrais me faire une petite séquence plaisir avec James pour ne pas me retrouver à fleur de peau, demain, en posant les yeux sur lui, mais je n'en ai pas envie. Ce soir, ce n'est pas d'amour virtuel dont j'ai besoin, mais des bras d'un homme. Des bras de Hugo.

10

Hugo

Je souris poliment à la brune assise en face de moi, Christelle, grande, assez jolie, pas mal… que je n'ai eu aucun mal à persuader de venir me retrouver dans mon restaurant favori : le Domenico's, un italien du 9e arrondissement où j'ai mes habitudes. Chaleureux, authentique, tout comme son propriétaire, Domenico justement, devenu au fil des ans un véritable ami. Sa cuisine est de qualité, les produits sont irréprochables, ses pâtes fraîches, un pur régal ! Je prends toujours la même chose et je ne suis jamais déçu : salade de roquette et crudités, pâtes fraîches à la crème de truffe, tiramisu, le tout arrosé d'une bière Peroni.

Je venais peu avec Camille, elle trouvait le lieu quelconque, et la cuisine trop grasse.

Alors que moi, dès que je franchis la porte, j'ai le sentiment de faire un bond dans le temps et de retrouver les saveurs de mon enfance. Je me sens comme à la maison ! Alors, quand j'ai un coup de blues et que la solitude me pèse, je viens ici.

Dans ces moments-là, la musique, l'ambiance générale, l'accueil jovial de Domenico me font du bien et sa cuisine achève de me remonter le moral. La plupart du temps, je fais la fermeture et nous partageons un digestif, voire plusieurs, avant que mon chauffeur me ramène chez moi, légèrement ivre.

Quand j'étais étudiant, ce restaurant était devenu ma cantine et j'y suis très attaché. Alors, lorsque Domenico a eu des difficultés financières, il y a quelques années, je me suis porté garant pour lui car je gagnais déjà bien ma vie. J'ai même réussi à lui obtenir un prêt à un taux défiant toute concurrence. Depuis, il me voue une reconnaissance sans limites, et si je l'écoutais, il ne me ferait jamais payer, mais je refuse, les temps sont durs, la concurrence rude et il a besoin de mon argent. Mais c'est devenu une sorte de rituel entre nous, il ne veut pas que je paie et j'insiste pour le faire, ce qu'il finit par accepter lorsque je le menace de ne plus remettre les pieds chez lui.

C'est donc tout naturellement que j'ai décidé de donner mes rendez-vous de Trouverlamour.com ici. Ce soir, Christelle, demain, Joconde, après-demain, Nathalie. Contrairement à Joconde, je sais absolument tout des deux autres. Leurs profils sont très explicites. Elles cherchent le grand amour et elles vont déchanter dès qu'elles sauront que je ne me suis pas inscrit sur le site pour trouver une compagne, mais pour reconquérir mon ex. Quant à Joconde, elle reste un mystère et j'avoue qu'elle m'intrigue.

J'ai hâte d'être à demain soir pour faire sa connaissance.

J'espère qu'elle me plaira davantage que la femme qui me fait face, que j'écoute avec un certain ennui me parler de son job ; elle est infirmière dans un service de dialyse. Les détails dont elle émaille son récit me foutent la gerbe ; je ne suis pas fan des hôpitaux. J'avais 6 ans quand mon père est tombé d'un échafaudage. Je me souviens peu de cette période, je pense que je l'ai en partie occultée, mais des images restent : mon père, dans ce lit d'hôpital, branché à tout un tas de machines. Ce n'était pas mon papa qui reposait là, je ne comprenais pas. Il n'avait plus ce sourire que j'aimais tant, il ne m'a pas ouvert les bras, il ne m'a même pas regardé. J'ai demandé à ma mère pourquoi papa ne me parlait pas, elle s'est contentée de me serrer contre elle, en pleurs, en me répétant qu'il allait s'en sortir, que ce n'était qu'une question de jours. Il est mort dans la nuit. Et notre vie n'a plus jamais été la même. J'avais perdu mon protecteur, l'homme que j'admirais et que j'aimais le plus au monde. Je le trouvais grand, beau, fort, et il l'était. J'étais très fier de lui, fier d'être son fils et fier d'être italien. Je trouvais notre langue magnifique, jusqu'à ce que j'en aie honte, mes camarades de classe m'ayant bien fait sentir que j'étais et resterais toute ma vie un étranger, une racaille de rital ! Ce temps est révolu, je n'ai plus honte de mes origines, mais les humiliations et les brimades incessantes que j'ai subies durant mes plus jeunes années ont fracassé une partie de mon âme et me poussent à toujours vouloir me surpasser et faire mieux que les autres. Certainement pour trouver une certaine légitimité et démontrer que je vaux quelque chose, même si je suis un étranger.

Tout en dégustant mon tiramisu, j'écoute d'une oreille distraite la brune continuer sur sa lancée et me parler cette fois-ci de ses collègues. Et soudain, je pense à Mona. Mona… Mona que j'imagine toujours offerte, à moitié nue, sur mon bureau. Mona, aux courbes si affriolantes. Mona, que j'ai envie de baiser. Mona, qui me rend complètement fou de désir. C'est elle que je devrais inviter à dîner, mais ce ne serait pas une bonne idée, j'en ai déjà trop fait. J'ai foutu le bordel dans sa tête autant que dans la mienne avec mon comportement borderline. Si elle était en cet instant en face de moi, je n'irais pas par quatre chemins et je lui dirais clairement que j'ai envie d'elle. De plus en plus. Je crois que l'interdit me la rend encore plus désirable.

Cet après-midi a été un vrai calvaire et d'un ennui mortel. Je me suis rendu compte que j'avais besoin d'elle, pas que pour le boulot, et je me suis fait violence pour ne pas la harceler pour qu'elle revienne travailler. Je voulais la voir, la toucher. Je voulais goûter à sa peau, la renverser sur mon bureau et plonger mon nez dans son cou, tout en sachant que je n'en ferais rien, je ne suis pas fou à ce point, mais je me demande, dans un éclair de lucidité, combien de temps je résisterai à son corps si tentant, que j'aimerais sentir gigoter sous moi alors que je serais bien profondément planté dans sa chatte.

– Et toi, tu fais quoi dans la vie ?

Je chasse les pensées pornographiques de mon esprit, si évocatrices que ma queue s'est légèrement tendue, et je reporte mon attention sur la brune.

Je sais qu'il faut en passer par là et répondre à quelques interrogations légitimes pour se connaître un minimum, mais ça me fait chier. De plus, je n'ai plus rien à apprendre d'elle, elle m'a raconté la presque totalité de sa vie sans que je ne lui demande rien.

– Je suis dans la finance, réponds-je laconiquement.

Ses yeux brillent de convoitise.

– Oh, intéressant. Tu travailles où ?

Plutôt que de lui répondre, je l'imagine nue dans mes bras. Non pas que je veuille la baiser, mais je ne peux pas décemment lui demander de jouer à la fausse fiancée si elle ne m'inspire rien. Ce ne serait pas crédible, et Camille risque de se rendre compte de la supercherie. Il faut que ça sonne juste, et avec cette fille on est loin du compte.

Il est grand temps de mettre un terme à cette entrevue.

Je soupire et pose ma serviette à côté de mon assiette.

– Écoute, Christelle, j'ai passé un bon moment, mais je crois que nous allons en rester là, dis-je, en me levant de la banquette. Je vais t'appeler un taxi.

Je me comporte comme un gros con, mais j'en ai rien à foutre.

La patience n'est pas mon fort et je n'ai pas de temps à perdre !

Elle se redresse sur sa chaise, visiblement contrariée de se voir ainsi congédiée, s'essuie la bouche, s'empare de son sac et de son manteau, avant de se lever à son tour.

– OK ! dit-elle sèchement, les lèvres pincées. J'ai compris, je ne t'embêterai pas plus longtemps ! Merci pour le taxi, mais je vais me débrouiller. Salut !

Elle me tourne le dos et s'éloigne.

Bon débarras !

– Si je peux me permettre, ce n'est pas de cette manière que tu vas trouver une femme ! me lance Domenico, ironique, alors que je m'installe sur l'un des tabourets du bar derrière lequel il s'affaire à la préparation de cafés.

Comme j'allais venir dans son restaurant avec mes rencards, je lui ai parlé du site, sans lui avouer mes véritables motivations.

– Je ne cherche pas une femme, Dom, seulement le moyen de reconquérir Camille.

Il pose un café devant moi, me scrute avec attention.

– Comment ça ?

– Je cherche une nana, une « fausse fiancée », pour m'accompagner à une petite sauterie qu'elle a organisée en l'honneur de sa nouvelle histoire d'amour. Je veux la rendre jalouse.

– Tu es vraiment sûr de ton coup ?

– Non, mais quelle femme accepte l'idée que son ex soit plus heureux sans elle ? Et heureux avec une autre femme ! Je la connais, ça va la rendre dingue et peut-être qu'elle se rendra compte qu'elle m'aime encore. Surtout si je lui prouve que j'ai changé. Elle ne m'a pas quitté parce qu'elle ne m'aimait pas, Dom, mais parce que je ne faisais pas assez attention à elle.

– C'est tordu, ton truc ! Et pas très sympa pour la fausse fiancée ! ajoute-t-il en assortissant son propos d'un mouvement de doigts comme s'il ouvrait des guillemets.

C'est ce que j'aime chez lui, il est pragmatique et dit toujours ce qu'il pense. Pragmatique, mais pas forcément objectif, il n'a jamais réellement porté Camille dans son cœur.

– Quant à la pimbêche, tu sais ce que j'en pense.

Oh oui, je le sais, il n'a jamais pu l'encadrer.

Il la trouve, à juste titre, je ne vais pas le nier, froide et hautaine. Mais elle fera une très bonne épouse, en plus de m'ouvrir les portes de la haute société parisienne qui me reste inaccessible de par mes origines étrangères et ma basse extraction. Je suis tellement riche que j'y ai mes entrées, mais je veux plus, je veux réellement faire partie de leur caste et Camille m'apportera cette légitimité que je recherche tant. Avec elle, je ne serai pas seulement toléré, mais accepté.

– Tu n'as pas peur qu'elle y croie vraiment et tombe amoureuse de toi ?

Quoi ? Noooon !

– La nana que je vais trouver ? Enfin… si j'arrive à la trouver.

Je n'ai pas envisagé une seule seconde d'échouer, je vais forcément trouver. Au pire, je me résoudrai à employer une *escort*.

– Oui, la fausse fiancée ! ironise-t-il.

Visiblement, mon truc le dépasse un peu, mais l'amuse.

– Je ne vais pas lui mentir, Dom, je lui dirai d'entrée ce que j'attends d'elle.

– Tu ne lui mentiras peut-être pas, mais tu vas te servir d'elle. Qu'est-ce qu'elle y gagne, elle ?

Putain, ouais, c'est vrai, qu'est-ce qu'elle y gagne ?

– Tu crois qu'elle acceptera pour tes beaux yeux ?

Ben…

– Elle acceptera parce qu'elle aura pitié de moi et fera une bonne action, celle de me rendre heureux. Ce n'est qu'une mascarade, Dom !

– C'est bien ce qui me dérange ! Tu vas leur mentir, quoi que tu en penses. Tu mentiras à cette nana, tu mens à Camille et ce qui me chagrine le plus, Hugo, c'est que tu te mens à toi-même. Tu n'as pas besoin de la pimbêche pour être heureux. C'est ce que tu crois, mais c'est faux ! Je ne comprends pas pourquoi tu t'acharnes à vouloir côtoyer ces faux-culs ! Tu m'as dit que le père de ton ex est un empaffé de première et tu veux quand même entrer dans cette famille ?

– Oui ! Rien ne pourra me convaincre de renoncer.

Il lève les mains.

– OK, tu fais ce que tu veux, mais j'ai l'âge d'être ton père, alors écoute mon conseil. Trouve-toi une gentille petite femme qui te rendra heureux et laisse tomber le reste. Le fric, la puissance, c'est que dalle, Hugo. Ce n'est pas ce qui apporte le bonheur, tu le sais. Tu as eu une enfance pauvre, mais heureuse, non ? Tes parents t'adoraient.

Oui, ils m'adoraient, je le sais et avant que mon père meure, je crois que nous étions heureux. Ensuite… ensuite… c'était compliqué. Je suis devenu le centre de l'univers de ma mère, elle n'avait plus que moi, j'étais tout pour elle. Elle aurait fait n'importe quoi pour moi. Mais « pauvre » est un euphémisme, nous étions quasiment des miséreux. Heureusement que nous étions hébergés gracieusement dans cette loge de gardiennage que le patron de mon père nous avait trouvée, parce que nous n'aurions jamais eu les moyens de nous payer un logement. Quand ma mère acceptait l'aumône des résidents de l'immeuble, qui parfois nous donnaient de la nourriture, elle en était malade. Elle était fière, très fière ; les Siciliens ne badinent pas avec l'honneur. Je voyais la souffrance dans ses yeux et moi, ça me rendait fou. Mon seul regret, c'est qu'elle soit morte à son tour avant que j'aie pu la gâter comme je l'aurais voulu. J'avais hâte de gagner ma vie pour l'installer dans un petit appartement bien à elle. Je me serais occupé d'elle, comme elle s'est occupée de moi. Mais la vie ne nous en a pas laissé le temps et je vais devoir vivre avec ce poids sur la conscience jusqu'à la fin de mes jours.

Cette chienne de vie qui s'amuse à nous prendre tout ce que l'on possède !

– Tu dois rencontrer d'autres femmes ?

Je sors de mes réflexions, trop douloureuses pour une fin de soirée, et rétorque, après avoir bu une gorgée de café :

– Ça t'amuse, hein ?

– Un peu, j'avoue ! répond-il avec son accent italien à couper au couteau.

Parfois, nous communiquons dans cette langue et ça aussi, ça me fait du bien. Je peux vouloir renier mes origines, souvent elles me rattrapent et je me suis fait une raison : je resterai toute ma vie un Italien ! Alors, de plus en plus souvent ces derniers temps, c'est vrai, c'est plus fort que moi, je me rends compte que j'ai besoin de me reconnecter avec cette partie de moi que je m'acharne pourtant à oublier.

– Oui, je reviens demain, Dom, avec Joconde ! Tu me diras ce que tu penses d'elle.

Il se marre.

– Joconde… voyez-vous ça… elle est jolie ?

– Je ne sais pas, il n'y a pas de photo sur son profil. Mais nous avons discuté par message, et c'est étrange, mais je me suis senti en phase avec elle, je ne saurais pas comment te l'expliquer. Je suis sûr qu'elle me plaira. En tout cas, elle m'intrigue. Bon, c'est pas tout ça, mais il faut que je rentre, j'ai encore du boulot.

J'extirpe mon portable de la poche poitrine de ma veste, le déverrouille pour regarder l'heure. Un petit (1) en regard de l'application de Trouverlamour.com m'indique que j'ai un message écrit. Et il n'y a qu'une seule personne avec laquelle je communique via le site : Joconde.

Je n'ai pas entendu la notification !

Je demande à Dom de me préparer ma note, ce qu'il fait en

ronchonnant, pour la forme, et j'appuie sur l'icône de l'application. C'est bien Joconde qui a cherché à me joindre ! J'espère que ce n'est pas pour me dire qu'elle a trouvé mieux et qu'elle annule notre rendez-vous de… ce soir, il est plus de minuit.

Elle m'a écrit vers vingt-deux heures…

Joconde_ Cher Barca, êtes-vous libre, là, maintenant, pour prendre un verre ? Ce sera où vous voulez…

Eh merde !

Évidemment que j'aurais aimé la voir.

Putain, pourquoi j'ai loupé cette notif… ça m'aurait évité de me faire chier comme un rat mort à écouter cette nana inintéressante.

Barca_ Je suis vraiment désolé, Joconde, je n'ai pas vu votre message et maintenant, il est trop tard, mais sachez que ça aurait été avec grand plaisir. C'est toujours bon pour ce soir ? Je passe vous chercher ?

Il faudrait que je lui demande son numéro de portable, j'en ai marre de passer par l'appli.

– Tu as reçu une bonne nouvelle ?

– Pourquoi tu dis ça ?

– Tu souris !

Ah…

– C'est Joconde. Elle a cherché à me joindre pour proposer que l'on se retrouve.

– C'est de bon augure si elle est pressée de te rencontrer ! déclare très justement Dom.

– Je le pense. En tout cas, elle semble aussi impatiente que moi.

– Peut-être que, cette fois-ci, ce sera la bonne !

– J'espère…

En même temps, je ne prévois pas d'en voir des tonnes !

– La pauvre, elle ne sait pas ce qui l'attend. Je n'aimerais pas être à ta place.

– Arrête avec ça ! Ce n'est pas comme si je lui proposais de simplement baiser avec elle !

– Peut-être qu'elle préférerait !

Putain… il a vraiment le don de me mettre le nez dans ma merde !

– Je verrai.

Je sors mon portefeuille, en extrais un billet de cent euros, que je pose sur le bar.

– Garde la monnaie !

– C'est beaucoup trop, Hugo !

Si je lui disais combien je gagne à la minute et le solde de mon compte en banque, il conviendrait comme moi que ce n'est qu'une petite goutte d'eau dans l'océan de ma fortune personnelle.

– Non, ce n'est pas trop ! Tu es un véritable psy pour moi, Dom !

Il rit à ma connerie.

Il sait presque tout de moi, comme je sais quasiment tout de lui. Quand nous sommes seuls, nous nous racontons nos vies, alors il est parfaitement au courant que je n'ai jamais vu de psy. Pourtant, j'en aurais certainement eu besoin, mais l'idée ne m'a jamais effleuré l'esprit, j'ai trouvé mon salut dans le travail. Quant à lui, il est divorcé. Sa femme s'est barrée quand il a commencé à avoir des problèmes d'argent et il ne voit presque jamais ses enfants alors qu'ils vivent ici, à Paris, et il en souffre. Il a eu des aventures, mais rien de sérieux. Aujourd'hui, il ne vit que pour son commerce, il travaille énormément pour se maintenir à flot et sa vie est aussi désertique socialement que la mienne.

Nous ne faisons que travailler. Dur. Sans une seule minute de repos. Tout ça pour engranger de l'argent. C'est… certainement triste et assez pitoyable de résumer sa vie à l'appât du gain, mais nous en avons tellement manqué à un moment de notre vie, justement, que c'est devenu notre principale motivation. Enfin… je parle pour moi, car Dom s'efforce de survivre malgré les difficultés. En tout cas, c'est la réflexion que je me fais lorsque je me laisse aller à comprendre comment je fonctionne.

– Et toi, tu es comme un fils, Hugo.

Je n'ai pas pu aider mes parents, peut-être que c'est une façon de me racheter.

Ses yeux brillent d'émotion.

Le sujet est douloureux ; il a un fils, une fille, des petits-enfants qu'il ne voit jamais.

– Je sais, Dom, et quand je t'ai dit tout à l'heure que tu étais mon psy, j'aurais tout aussi bien pu te dire que tu es comme un père pour moi. Mais tu as déjà un fils, je ne voudrais pas…

– Tu ne lui enlèves rien, m'interrompt-il. Si tu n'étais pas là, je crois que j'aurais raccroché mon tablier depuis longtemps.

Ben merde, alors…

– Ne dis pas ça, Dom, tu adores ton restaurant. C'est toute ta vie.

Il soupire.

– C'est dur quand tu n'as plus personne pour qui te battre, tu sais. Tu es le seul à m'avoir soutenu et à m'avoir tendu la main. Je ne l'oublierai jamais. C'est un peu pour toi que je tiens le coup, je ne voudrais pas que tu regrettes d'avoir cru en moi.

N'importe quoi !

Il va finir par me faire chialer, ce con !

Nous nous observons intensément, aussi émus l'un que l'autre.

– Tu n'as qu'un mot à dire et je rachète ta créance, Dom, j'en ai les moyens aujourd'hui.

– Je sais, Hugo, je sais. Mais…

C'est à mon tour de l'interrompre.

– Ou alors, je te rachète, j'assume tout et je te garde comme gérant, avec un bon salaire. Tu mérites de te la couler douce, non ?

Il me regarde, bouche ouverte.

– Tu ferais ça ?

– Bien sûr ! Tu es comme ma famille, Dom.

C'est vrai ! Je me suis senti proche de lui dès nos premières rencontres. Peut-être parce que, justement, il a l'âge qu'aurait mon père aujourd'hui. Peut-être aussi parce qu'il est jovial, souriant, accueillant et que, malgré ses problèmes personnels, il a toujours eu du temps à m'accorder. Peut-être parce qu'il est entré dans ma vie au moment où j'en avais besoin, peu de temps après le décès de ma mère, et où je me retrouvais seul au monde. Je ne sais pas à quoi ça tient ; ce que je sais, c'est qu'il est, avec Clément, ma seule famille. Moi qui n'en ai jamais eu. À part ma mère, évidemment.

Il contourne le bar et, arrivé à ma hauteur, il tend le bras dans ma direction. Je pose mon portable, que j'étais en train de tripoter, et je descends de mon tabouret pour le prendre contre moi. Ce n'est pas la première fois que nous nous laissons aller à de telles effusions, mais en général, c'est parce que nous sommes légèrement éméchés.

Là, même pas !

Je suis proche des larmes lorsque nous nous tapons dans le dos.

– Tu me promets d'y réfléchir ?

Il se recule, me fixe avec sérieux.

– Oui, Hugo. Je vais y réfléchir.

– Prends ton temps, rien ne presse. Tu sentiras quand le moment sera venu, et quand ce sera le cas, dans cinq, dix ou quinze ans ou même dans quelques mois, je serai là, Dom. Tu peux compter sur moi.

Je suis conscient que ce sera un crève-cœur pour lui de ne plus être propriétaire de son restaurant, mais si je lui fais cette proposition, c'est parce que je le sens fatigué depuis déjà de nombreux mois. Ce que je me garderai bien de lui dire. Si je lui avoue que je le trouve surmené et qu'il me semble qu'il a maigri, il va m'envoyer bouler.

Mon cœur se serre à la pensée qu'il est peut-être malade.

Est-ce qu'il m'en parlerait ?

Je l'inspecte discrètement pendant qu'il me raccompagne à la porte. Son pas est alerte, il sourit et semble avoir retrouvé un peu d'entrain. J'espère que j'y suis pour quelque chose et qu'il réfléchira sincèrement à ma proposition. J'aime l'idée de le rendre heureux. D'autant plus que j'en ai les moyens et qu'il faut bien que tout mon argent serve à quelque chose, en tout cas à quelqu'un.

Nous nous donnons une nouvelle accolade.

Je lui souhaite une bonne nuit, lui donne rendez-vous pour le soir même, accompagné de Joconde, puis je sors du restaurant pour regagner ma voiture garée non loin de là, dans laquelle m'attend mon chauffeur.

Je reprends mon téléphone, le déverrouille, m'attendant à trouver la réponse de Joconde. Je ressens une petite pointe de déception en remarquant qu'elle ne m'a pas écrit.

C'est con !

Il est tard, mais je lui aurais quand même proposé de nous voir et peut-être que, cette fois-ci, elle aurait accepté. J'espère qu'elle ne va pas me faire faux bond !

Je pénètre dans mon appartement. Je devrais me rendre dans mon bureau pour travailler sur le dossier Lafayette, mais je n'en ai aucune envie.

Je me sers un whisky et sors sur la terrasse.

Tout en le sirotant, le regard perdu sur les lumières de la ville, je pense aux deux femmes que je vais retrouver dans quelques heures : Mona et Joconde. Pour me rendre compte que ce n'est pas Joconde que j'ai désespérément envie de retrouver, mais ma secrétaire.

Je devrais vraiment me résoudre à laisser s'exprimer l'envie que j'ai d'elle, pour ensuite pouvoir passer à autre chose.

Je pense trop à elle.

Il faut que ça cesse.

Par un moyen ou par un autre.

Et je pense que le meilleur moyen d'y parvenir, c'est encore de succomber à la tentation et de coucher avec elle.

J'aurai ainsi assouvi mon fantasme et j'aurai enfin l'esprit en paix.

11

Mona

Mercredi matin. Je ronchonne et m'empare de mon portable, dont la musique incessante m'indique qu'il est temps de me lever. Je l'ai programmé une demi-heure plus tôt que d'habitude, pour avoir le temps de me préparer, car je ne sais pas si je pourrai repasser à l'appartement avant mon rendez-vous avec Barca. Tout dépend à quelle heure il veut que nous nous retrouvions.

Si tant est que ce rendez-vous soit toujours d'actualité.

Je coupe la sonnerie et me cale contre mes oreillers.

Mon cœur bat un peu plus vite quand je remarque qu'un message m'attend sur l'application. Et encore un peu plus vite quand je l'ouvre. Mon cœur s'apaise. Il aurait accepté ma proposition et il veut toujours me voir. Je n'en demande pas plus.

J'ai hâte d'être à ce soir pour être fixée.

Joconde_ Bonjour, Barca. Je suis désolée à mon tour de ne pas avoir répondu à votre message, mais j'ai fini par capituler et me coucher. Je suis ravie que notre rendez-vous de ce soir tienne toujours, j'avais peur face à votre absence de réponse qu'il ne soit plus d'actualité. À ce soir, donc. Faites-moi parvenir l'adresse et je vous y rejoindrai. Bonne journée à vous…

Je pousse un « yes ! » de contentement et saute du lit. Direction la salle de bains. Je pose mon téléphone près du lavabo, quitte le tee-shirt qui me sert de vêtement de nuit, remonte mes cheveux en chignon et me colle sous la douche. Quelques minutes plus tard, lorsque je regarde à nouveau mon téléphone, j'ai une réponse.

Barca_ Bonjour, Joconde. Je suis heureux d'avoir enfin votre réponse, j'avais peur de vous avoir déçue et peur que vous ayez trouvé quelqu'un pour me remplacer.

Joconde_ Je ne parle avec personne d'autre. Vous êtes le seul, Barca.

Je me livre. Je lui avoue que j'attends plus de notre rendez-vous qu'il ne le faudrait, mais après tout, autant qu'il sache à quoi s'en tenir avec moi. Et qui sait, peut-être que je lui plairai réellement.

J'attends sa réponse avidement, pour savoir comment je vais m'habiller.

Elle arrive quelques secondes plus tard.

Barca_ Vous m'en voyez ravi. Je vous donne donc rendez-vous au Domenico's, 8, rue Saint-Lazare, dans le 9e. Vingt heures ? Ça vous irait ? Je serai installé à la table tout au fond, sur la gauche.

Joconde_C'est parfait ! J'ai hâte !
Barca_ Moi aussi, j'ai hâte, Joconde. À ce soir.

Mon cerveau s'emballe tandis que je réponds de quelques émojis bisous.

Je devrais m'astreindre à plus de tempérance, mais j'ai trop hâte de rencontrer Barca, et je sais parfaitement pourquoi ! Parce que mon boss occupe un peu trop mes pensées et que je dois avoir un autre homme dans la tête et cet autre homme, c'est Barca.

J'espère qu'il sera intéressant et, si possible, séduisant !

Puisque j'aurai le temps de venir me changer avant mon rendez-vous, je décide d'enfiler l'une de mes nouvelles robes, rouge foncé, imprimée, que je porterai avec une petite veste noire assortie à mes escarpins. Je me maquille légèrement comme me l'a appris l'esthéticienne et, même si le maquillage est discret, il suffit effectivement à faire ressortir le vert de mes yeux. Je me coiffe avec soin, reconstitue les boucles avec mes doigts et je me regarde dans le miroir de la salle de bains, ce que je ne fais jamais. Habituellement, je me contente de la douche, d'un brossage de dents et d'un coup de peigne. Il faut dire que, comme j'attends le dernier moment pour sortir de mon lit, je suis souvent à la bourre !

Aujourd'hui, j'ai le sentiment qu'une énergie nouvelle m'habite.

Et ça, je le dois à Barca…

Même si j'ai décidé de chasser Hugo de mes pensées pour ne me consacrer qu'à lui, j'espère secrètement que mon boss ne viendra pas tout foutre en l'air avec sa mauvaise humeur. S'il m'énerve, je partirai tôt, ça lui fera les pieds ! Comme ça, j'aurai tout le temps de me préparer sereinement.

12

Hugo

J'entre dans mon immeuble. J'aurais voulu arriver plus tôt, mais ma discussion avec Joconde m'a retardé. Qu'elle n'ait pas répondu à mon message m'a perturbé et quasiment empêché de dormir ; je n'ai réussi à trouver le sommeil qu'au petit matin, à l'heure où je me lève habituellement pour faire du sport. Quand, au réveil, j'ai découvert son message, j'ai souri comme un con ; elle était désolée, elle dormait déjà quand je lui ai écrit, et oui, notre rendez-vous de ce soir tient toujours.

Je me suis rendu compte que j'attendais ses réponses avec impatience, et la journée va me sembler interminable jusqu'à l'heure de notre rendez-vous. J'ai confirmé ma réservation auprès de Domenico pour qu'il me garde ma table du fond. Je me mettrai dos à l'entrée et je serai caché en partie par la banquette. Joconde ne verra que mon épaule, mon bras sur la table, ma manche de costume, avec en dessous ma chemise blanche. Ce n'est que quand elle m'aura dépassé que nous nous découvrirons. Je vois d'ici le tableau : je lèverai la tête, nos regards se croiseront, nous nous sourirons avec l'impression de déjà nous connaître… Je n'attends rien de cette fille, et pourtant je ne peux m'empêcher d'être dévoré d'impatience et de curiosité à l'idée de la voir en vrai. Le jeu est vraiment émoustillant et je crois que je suis en train de me laisser prendre au truc.

Mais tout aussi excitante que soit la perspective de découvrir enfin Joconde, je ne peux réprimer un sentiment de colère en découvrant que Mona n'est pas à son poste. Aurait-elle décidé de prendre également sa matinée ? Sans même m'en avertir ? Mon cerveau flambe à cette idée. J'ai besoin de la voir ! J'ai besoin de sa présence et besoin qu'elle fasse son job, bordel de merde ! Je me rends compte avec stupeur que ce n'est pas tant le fait qu'elle ne fasse pas ses tâches qui m'incommode, mais qu'elle me manque et me manquera si elle ne réapparaît pas de la journée.

Je claque la porte de mon bureau et vais me laisser tomber sur mon siège.

Je mets en route mon ordinateur, mais mes pensées s'évadent pour retrouver celle qui les malmène depuis plus de quarante-huit heures : ma secrétaire.

S'il lui prenait l'idée de démissionner ?

Non, je ne peux pas le croire, pourquoi ferait-elle une chose pareille ?

Parce que je lui plais ? Parce qu'elle me désire autant que je la désire et qu'elle se sent en danger ? Donc… je ne me suis pas trompé, elle a envie de moi !

J'en suis là de mes élucubrations lorsqu'un petit bruit contre ma porte me fait quitter mon écran des yeux et tourner la tête.

Nom de Dieu!

Je me force à fermer la bouche. J'aimerais continuer d'être en colère contre elle de m'avoir abandonné hier après-midi, mais j'en suis incapable tant l'apparition me laisse sans voix: légèrement maquillée, sa tignasse de sauvageonne domptée, sa robe imprimée et sa petite veste noire soulignant ses courbes voluptueuses, ses escarpins vernis, elle est sublime. Je ne l'ai jamais vue aussi apprêtée, aussi belle, ni aussi sûre d'elle.

Elle pose devant moi, sur le bureau, un petit plateau avec dessus un gobelet en plastique d'où s'échappe une alléchante odeur de café, et un muffin à la framboise. Le tout du Starbucks du coin de la rue.

– Pour me faire pardonner…

Elle me sourit.

D'un sourire légèrement ironique, qui me bouleverse et m'excite tout autant.

Oui, je suis bouleversé, car la seule personne à avoir cette charmante attention pour moi, c'est Annie (la pauvre est encore tellement malade qu'elle n'a pas pu me parler ce matin!), et excité parce que… cette lueur malicieuse au fond du regard et cette petite moue frondeuse ont fait réagir mes entrailles. Elle me plaisait déjà énormément, mon sexe réagissait dès que je posais les yeux sur elle, là, c'est pire et je ne sais pas comment gérer le désir intense qui me submerge.

Pour la première fois de ma vie, j'ai du mal à trouver mes mots.

Je m'efforce de quitter des yeux ses lèvres rosées.

– Comment savez-vous que c'est ma pâtisserie préférée?

Ma voix est éraillée, j'ai du mal à la reconnaître et j'ai l'impression de manquer d'air.

– Je sais beaucoup de choses sur vous, monsieur Capelli.

Elle a encore ce petit sourire qui me fait littéralement craquer, savant mélange de candeur et d'effronterie. Un mélange qui rend ma queue douloureuse. D'autant plus qu'elle n'a aucune conscience de ce qu'elle dégage. Comme avant-hier lorsqu'elle m'a révélé le haut de sa cuisse gainée de voile, son attitude n'est pas calculée. Mona est sincère dans son comportement avec moi : quand je l'énerve, elle me le fait comprendre et quand elle a envie de prendre soin de moi, comme maintenant, elle le fait. Je me surprends à avoir envie qu'elle le fasse tous les matins, jusqu'à la fin de mes jours.

Elle se penche légèrement pour poser le trieur sur mon sous-main en cuir noir et je ne peux m'empêcher de plonger les yeux dans son décolleté.

Reprends-toi, Hugo, merde ! N'oublie pas qui elle est !

Je les relève, croise les siens. D'un vert intense. Si intense que mon sexe frémit. Je les imagine aussitôt gorgés de plaisir, révulsés au moment de l'orgasme, lui aussi intense, que je lui donnerai.

– Vos courriers. Je… je suis à côté si vous avez besoin de moi.

Elle est surprise par mon comportement, je le vois à son expression. Surprise et vaguement inquiète. Elle va croire qu'elle m'a déplu, qu'elle a peut-être fait quelque chose de mal ou que je lui en veux pour hier après-midi, alors que c'est tout le contraire. Mes rêves érotiques s'envolent, ainsi que les images classées X qui s'y rattachent, générées par mon cerveau en surchauffe et ma queue qui l'est tout autant.

– Vous faites quelque chose ce soir ? demandé-je abruptement, avant qu'elle franchisse le seuil de mon bureau.

C'est sorti tout seul !

Et ça ne me ressemble pas, je n'agis jamais sur un coup de tête. D'autant plus que je ne suis pas libre, j'ai rendez-vous avec Joconde. Mais en cet instant précis, Joconde est à mille lieues de mes pensées, c'est avec Mona que je veux dîner, pour ensuite l'emmener chez moi et lui faire l'amour. Toute la nuit. Pour assouvir le désir que j'ai d'elle.

Elle se retourne.

– Pardon ?

Nos iris se verrouillent, se fouillent, comme bien souvent.

La chaleur, dans mon bas-ventre, augmente.

Il me faut cette fille !

Je n'aurai aucun repos tant que je n'aurai pas possédé son corps. Ensuite, comme prévu, elle sortira de ma tête.

– Êtes-vous libre pour dîner avec moi ce soir ? réitéré-je.

Je suis suspendu à ses lèvres, au joli « O » de surprise qui les habille et me donne l'envie irrésistible de me lever pour aller croquer dedans à pleines dents.

– Non, monsieur Capelli, je ne suis pas libre. Pas ce soir… ni aucun autre, d'ailleurs. Nous ne pouvons pas avoir ce genre de relations vous et moi.

Je la regarde intensément.

Elle a raison, je sais qu'elle a raison, pourtant, je n'accepte pas son refus et je vais devoir trouver le moyen de la faire changer d'avis.

– Très bien, réponds-je sèchement. Vous pouvez disposer, mademoiselle Vargas.

Ma voix claque.

Je la laisse gagner cette bataille, mais elle ne gagnera pas la guerre. Car je sais qu'elle me désire tout autant que je la désire.

Elle me tourne le dos, me laissant admirer la courbe de ses reins, ses fesses bombées. Délicieusement bombées.

– Mademoiselle Vargas ? ajouté-je, avant qu'elle m'échappe.

Elle se retourne à nouveau.

En plus d'être déstabilisée par ma proposition, elle est énervée, je le vois dans ses iris, flamboyants, braqués sur moi.

Oh oui, je l'énerve et elle n'en est que plus bandante.

– Vous m'accompagnerez au Ritz. J'ai besoin de vous…

Je laisse ma phrase en suspens.

Elle fronce ses jolies lèvres.

Je la devance :

– Vous ne pouvez pas refuser, ça fait partie de vos attributions !

Comme tu ne pourras pas te refuser longtemps à moi.

– Bien, monsieur, finit-elle par laisser tomber, avant de faire volte-face.

Je m'adosse, pose les avant-bras sur les accoudoirs.

Je la laisse m'échapper. En me promettant que c'est la dernière fois. Avant la fin de la semaine, cette petite rousse sera à moi.

13

Mona

– J'étais sûr de te trouver là !

Par « là », il entend la salle de repos des traders, où je me suis retranchée pour boire un café et réfléchir sereinement à la situation, évitant celle de mon étage, réservée à la direction. Je ne voulais pas courir le risque d'y croiser mon boss, qui s'est absenté de son bureau pour se rendre je ne sais où, il n'a pas daigné m'en informer. Il s'est contenté de passer devant moi sans un mot et sans un regard.

Ce n'est vraiment qu'un connard s'il me fait payer mon refus de dîner avec lui, mais je ne suis pas surprise, « monsieur big boss » doit avoir du mal à tolérer qu'on lui dise non ! Et vu son physique, ça ne doit pas lui arriver souvent.

Et si… je n'étais pas au courant pour son ex, est-ce que j'aurais accepté ?

Je me le demande…

Abandonnant mes réflexions qui ne font que me mettre le cerveau à l'envers, je lève les yeux en direction de Benjamin, mon trader préféré. Peut-être parce qu'il est le seul à m'adresser la parole, les autres étant toujours focalisés sur leurs écrans et aussi imbuvables que leur patron.

Il dépose un plateau sur la table et s'installe de l'autre côté.

Cafés, muffins, framboise pour moi et pépites de chocolat pour lui…

Je repense aussitôt à celui que j'ai apporté à Hugo.

J'ai été surprise de constater, lorsque j'ai lu la petite note d'Annie où il était fait mention des goûts de notre patron en matière de café et de pâtisserie, que nous avions les mêmes. À mon grand désespoir, plus je le côtoie, plus j'oublie son sale caractère pour ne voir que l'homme et ce qui se cache derrière des dehors bourrus. Je me sens de plus en plus en phase avec lui, de plus en plus proche de lui, et évidemment, de plus en plus attirée.

C'est la merde, mais ça, je le savais déjà !

Je repense à sa proposition et mon cœur s'emballe.

Il m'a invitée à dîner.

Un vrai dîner, pas un dîner de travail !

– Mona ?

Je redescends sur terre.

– Oui, je… merci, Ben, t'es un amour. C'est tout à fait ce dont j'ai besoin.

Je délaisse le jus de chaussette de la machine à café pour m'emparer du gobelet du Starbucks. Les arômes du Single Origin Colombia, mon préféré, caressent agréablement mes narines. J'en bois une gorgée, puis porte le muffin à mes lèvres. Là encore, les arômes de la délicieuse pâtisserie m'enveloppent, me faisant saliver. Je n'ai pas déjeuné ce matin, j'avais l'estomac trop noué par la perspective de mon rendez-vous avec Barca pour avaler quoi que ce soit, mais ce n'était rien en comparaison de ce que j'ai ressenti en entrant dans le bureau de Hugo. Ce type me met vraiment dans tous mes états et ce n'est pas près de s'arranger. Je me demande combien de temps encore j'arriverai à résister à ce qu'il m'inspire, surtout qu'il semble décidé à jouer avec mes nerfs. Je ferais mieux de faire le plein de sucre avant de tomber dans les pommes s'il continue de malmener mes hormones.

– T'as fait quelque chose à tes cheveux, non ? demande Ben, surpris par mon silence.

Habituellement, nous discutons à bâtons rompus de notre boss (notre sujet de prédilection), mais également de ses sorties (Ben sort beaucoup), de ses petits amis (il aime les garçons), de mon second job… Toujours hyper bien sapé, les cheveux courts, de beaux yeux noirs, il est charmant, très érudit et très attachant. Je ne m'ennuie jamais avec lui. Il me fait rire, et au fil des jours il est devenu un véritable ami, même si nous ne nous voyons pas à l'extérieur. Il m'a proposé de sortir avec lui et son groupe de potes, mais j'ai toujours refusé. Par manque de temps. Par manque d'envie, aussi.

Les bars et les boîtes surpeuplés, très peu pour moi !

– Je suis heureuse que tu le remarques.

– C'est pour attirer l'attention de notre boss que tu t'es faite belle ?

Je pique un fard.

– Noonnn ! m'insurgé-je.

– Tu mens ! s'esclaffe-t-il. Tu rougis. Tu es aussi rouge que ta robe !

– Tais-toi ou je t'écrase mon muffin sur le nez ! Et là, c'est toi qui seras tout rouge !

Il pose sa main sur mon poignet, hilare.

– Non, sans façon, mais il n'y a que la vérité qui blesse, chérie.

Il ajoute :

– Allez, dis-moi tout ! Tu craques pour lui, pas vrai ? Tu peux me le dire, je ne le répéterai à personne, je te le promets !

Il a ce petit air fripon que je lui connais.

Ce petit air qui me fait comprendre qu'il ne laissera pas tomber l'affaire tant que je ne lui aurai pas avoué ce que je cache. Il me connaît maintenant suffisamment (nous nous voyons tous les jours !), pour savoir que quelque chose me perturbe.

– Je… je crois qu'il me drague ! lâché-je, dans un souffle.

Je crois aussi que ça me fera du bien de me confier à quelqu'un et de ne plus me débattre seule avec cette situation inextricable, car à moins d'un miracle, Hugo n'est pas pour moi et ne sera jamais à moi.

– Ben merde, alors ! Et… qu'est-ce que ça te fait ?

– Qu'est-ce que tu veux que ça me fasse ? m'énervé-je. Je me sens prise au piège, voilà !

– Il ne te plaît pas ?

– Là n'est pas la question ! C'est mon boss et je ne veux pas perdre mon travail.

– Il te plaît ! assène-t-il.

Je me penche, bien que nous soyons seuls, et murmure :

– Bien sûr qu'il me plaît et ça me fiche la trouille.

– T'as qu'à baiser avec lui !

– Quoi ? T'es fou ! Jamais de la vie ! Si ça vient à mal tourner, j'aurai tout perdu.

– Juste une fois, comme ça, tu sauras !

– Et si c'est génial, qu'est-ce que je fais ?

– Ben… tu seras dans la merde !

Comme si je ne l'étais pas suffisamment !

– Voilà ! T'as tout compris ! Donc… je ne vais rien faire avec lui, point ! D'ailleurs, je ne suis sûre de rien, peut-être que je me fais des idées, ajouté-je. Peut-être que j'interprète mal ses regards, ses gestes, ses paroles.

Je passe sous silence son invitation à dîner.

– De toute façon, j'ai un rencard !

– Non ?

– Si !

– Un homme que tu as rencontré sur Trouverlamour.com ?

Je lui ai parlé du site et nous avons bien ri lorsque je lui ai dit avoir reçu l'e-mail d'un type, avec une photo de lui… à poil ! Enfin, plus exactement de son service trois pièces ! Comme si la photo d'un appareil génital masculin en gros plan pouvait m'exciter… Sur le moment, j'en étais outrée ! Je ne suis pas coincée, loin de là, mais il y a quand même des limites. Un peu de bienséance n'a jamais tué personne. Je n'ai évidemment pas répondu. Quelle réponse apporter à la connerie d'un homme ? C'est certainement pour cette raison que je me sens aussi attirée virtuellement par Barca, il semble différent et lui, au moins, ne m'a pas envoyé une photo de son entrejambe. Nous avons eu de vraies conversations !

– Eh ouais ! Il s'appelle Barca et il a l'air très bien.

– Vous vous êtes déjà vus ?

– Non, ce sera la première fois ce soir. J'ai trop hâte !

– Même pas en vidéo ? Tu as une photo au moins ?

– Non, rien ! Je ne connais même pas le son de sa voix.

Il croque dans sa pâtisserie.

– Tu me raconteras ! lâche-t-il, la bouche pleine, avant de déglutir.

Je croque dans la mienne, laisse échapper un gémissement de plaisir gustatif.

Ces muffins sont vraiment une tuerie !

– Ah… vous êtes là !

Je manque m'étouffer avec ma bouchée, que j'avale avec difficulté, la bouche soudain sèche.

Faut vraiment qu'il arrête d'apparaître devant mes yeux de cette manière !

Son regard se perd sur mes lèvres, certainement rougies par les fruits. Je sens mes joues prendre feu. Si, en plus, il m'a entendue gémir, que va-t-il penser de moi ? Je n'aurais peut-être pas dû lui apporter ce café, en définitive, il va croire que je le drague, mais c'est ce que fait Annie tous les matins. Alors, quand j'ai demandé à Clément si Hugo venait travailler car j'étais étonnée qu'il ne soit pas à son bureau lorsque je suis arrivée et qu'il m'a répondu qu'il était en route, je suis vite descendue lui acheter son péché mignon, et j'avoue que sa réaction m'a fait plaisir. Visiblement, il a apprécié le geste et la façon dont il m'a observée a fait accélérer mon cœur.

Je sais que j'aurais dû garder mes distances et rester froide et inaccessible ; j'ai certainement commis une erreur, puisqu'il m'a invitée à dîner. Il a dû sentir à mon attitude que j'accepterais. Heureusement, j'ai trouvé le courage de refuser.

– Monsieur Capelli, en quoi puis-je vous être utile ? demandé-je, inquiète du regard dont il enveloppe Benjamin, après l'avoir pourtant salué cordialement.

– Vous me seriez très utile en étant à votre poste ! J'ai autre chose à faire que de vous chercher partout lorsque j'ai besoin que vous me tapiez un courrier.

Oh… on va se détendre, OK ?

Je le respecte, mais faut pas qu'il pousse le bouchon trop loin ou ça va pas le faire !

Il assassine Benjamin du regard, qui, lui, un léger sourire aux lèvres, contemple son muffin, conscient que la colère de notre patron n'est pas dirigée contre lui, mais seulement contre moi, et parce que je suis en compagnie d'un homme. En tout cas, je le ressens comme tel et je crois que Benjamin sait également à quoi s'en tenir.

Je reporte mon attention sur mon boss toujours planté à l'entrée de la pièce et me prends son regard de glace en pleine face. Nos iris se happent. Mon souffle s'envole, comme à chaque fois que je pose les yeux sur lui. Dans son costume bleu-gris, qui met en valeur sa peau hâlée et ses incroyables prunelles, il est à tomber.

Il me rend mon regard, se trouble.

– J'ai posé un document sur votre bureau, lâche-t-il finalement d'un ton sec, avant de sortir de la pièce.

Je me disais aussi…

Je soupire de frustration.

J'ai cru qu'il s'était radouci, mais non !

Pour autant, je suis consciente que je ne gagnerai rien à le provoquer. Je dois rester à ma place, même si ça me démange de lui faire remarquer que ce n'est pas de cette manière que l'on traite ses employés. Il a de la chance que tous (et j'en fais partie), nous le respections. Parce que, justement, il force le respect, je dois le reconnaître. Il est arrivé à diriger cette entreprise parce qu'il est un génie des chiffres et des affaires, il a du flair et il sait prendre des risques quand il le faut, sans mettre ses capitaux en péril. Cela demande une parfaite connaissance des marchés et une totale maîtrise, ce dont j'ai pu me rendre compte lorsqu'il a expliqué à Lafayette comment il comptait utiliser son argent. Tous ses traders l'encensent et lui vouent quasiment un culte sans bornes. Il les fait fantasmer, il les motive et, surtout, il leur fait confiance, il est juste et il les paie bien. Malgré son sale caractère, aucun d'eux ne partirait travailler ailleurs, à moins de se faire virer. C'est en tout cas ce que m'a révélé Ben lors de nos premières rencontres, lorsqu'il m'a présenté la boîte, vue de l'intérieur. J'ai compris que Hugo était son modèle et que, quoi qu'il se passe, quoi qu'il fasse et même s'il se fait rabrouer, il l'admirera toujours. Je crois même que son comportement le rend encore plus prestigieux aux yeux de ses traders.

Comme s'il était leur alpha !

Benjamin lève les yeux sur moi sitôt le départ de Capelli.

– Ben dis donc, c'est encore pire que ce que je pensais ! Il te veut, chérie. Son regard sur toi ne trompe pas ! Il te veut et il fera tout pour t'avoir.

C'est bien ce qui me fait peur...

– Peut-être, mais ce n'est pas mon problème. Je ne le laisserai pas s'amuser à mes dépens.

– Qu'est-ce qui te fait croire qu'il s'amuse ? Il a l'air tout à fait sérieux, au contraire. Il avait la même expression que lorsqu'il s'apprête à faire un gros coup en Bourse !

Super...

Je repense à la conversation, au Ritz, avec Lafayette.

– Je le sais, c'est tout.

Il veut reconquérir son ex ! Il n'en a rien à foutre de moi, il cherche seulement à passer le temps, ou… j'en sais rien ! Et je ne veux pas savoir, je m'en moque.

L'appétit coupé, je repousse mon plateau en direction de Ben pour qu'il finisse mon muffin, puis me lève.

– On se voit tout à l'heure, à seize heures, comme d'habitude ?

– Et comment ! Tu manges où ce midi ?

Je grimace.

– Au Ritz, avec Hugo !

Il éclate de rire.

– Eh bien, bon courage, chérie. Quelque chose me dit qu'il aura envie de te dévorer en guise de dessert !

***

Je repense à cette petite phrase anodine lorsque, deux heures plus tard, je me retrouve coincée à nouveau avec mon boss dans sa voiture avec chauffeur. Bien qu'assise à l'autre bout de la banquette, le plus loin possible, j'ai une intime conscience de sa présence et ça me bouleverse. Je me fais l'effet d'être une poussière métallique attirée par une force magnétique. Attirée et écrasée. Depuis que nous sommes entrés dans l'ascenseur, j'ai du mal à respirer. Il faut dire que mon diable de patron fait tout pour porter mes hormones à ébullition : il n'a pas cessé de m'observer tout le temps qu'a duré notre descente vers le rez-de-chaussée. Temps que j'ai passé le nez dans mon portable. J'ai même poussé le vice jusqu'à sourire, lui laissant penser que je discutais avec un homme.

– Vous avez un petit ami ?

Je tourne la tête, plus surprise par la question que par la froideur du ton employé ; je ne pensais pas qu'il s'aventurerait sur ce terrain.

– Vous croyez que je refuse de dîner avec vous parce que j'ai quelqu'un dans ma vie ?

– Bien sûr ! Pourquoi sinon ?

– Peut-être parce que vous êtes mon patron ! asséné-je durement.

Et parce que tu es bien trop dangereux pour moi.

– Donc si je vous demande de m'accompagner à une garden-party dimanche prochain, vous refuserez ?

C'est la meilleure, celle-là !

– Bien sûr je refuserai ! Je n'ai aucune envie de sortir avec vous, monsieur Capelli ! Où que ce soit !

Il me regarde si intensément que mon cœur fait une embardée.

– Si vous n'avez pas de petit ami, c'est donc que vous êtes libre ! insiste-t-il. Et donc libre pour m'accompagner dimanche prochain.

Grrr, personne n'est plus sourd que celui qui ne veut rien entendre.

– Je ne suis pas libre, monsieur Capelli ! soupiré-je, dépitée par son insistance. Comme tous les dimanches midi, je mange chez mes parents, avec ma sœur, mon frère et leurs conjoints.

Et en plus, c'est mon anniversaire…

Il me regarde étrangement, avant de tourner son visage vers la vitre.

– Vous avez raison. C'est important la famille, dit-il, après quelques secondes de silence.

Sa voix, triste, m'alarme aussitôt.

Malgré moi, je me surprends à avoir envie qu'il me confie ses tourments. Alors pourquoi ne pas continuer à me confier, pour qu'il en fasse autant.

– C'est vrai, ils sont envahissants, mais je les adore.

– Vous avez vos deux parents ? demande-t-il encore, toujours sans me regarder.

J'en profite pour admirer son profil.

Il est tellement beau... mais il semble si distant soudain, si... troublé. Là encore pour une raison que j'ignore, mon cœur se serre.

– Oui, ils habitent en banlieue.

– Vous allez souvent leur rendre visite ?

– Dès que je le peux ! Quand ils ne sont pas en voyage. Ils sont à la retraite depuis peu, alors ils profitent.

– Et vos frères et sœurs ?

– Ma sœur a suivi les traces de mes parents, elle est enseignante à l'université, et mon frère est tout juste diplômé des Arts et Métiers, mais il a déjà trouvé du travail. Ils ont de bonnes situations, enfin... ils ont réussi à atteindre leurs objectifs et à faire quelque chose de leur vie.

Il tourne la tête, me fixe encore étrangement.

– Je sens comme une petite note de regret dans votre voix. Sous-entendez-vous que ce n'est pas votre cas ?

Je soupire :

– J'ai du travail, c'est déjà super en soi, ça me permet d'être indépendante financièrement, mais j'avoue que quand j'imaginais ma vie d'adulte lorsque j'étais petite, je me voyais auteure à succès et pas secrétaire.

– Secrétaire de direction ! ajoute-t-il, avec un délicieux petit sourire en coin qui fait à nouveau accélérer mon cœur.

– Oui… secrétaire de direction. Enfin… vous voyez, quoi !

– Je vois très bien, mademoiselle Vargas. Vous vous sentez inférieure, parce que vous avez le sentiment qu'ils ont réussi leur vie et vous non !

– C'est à peu près ça, oui. Ils sont tous parfaits, sauf moi. Moi, je n'aboutis jamais à rien, il en a toujours été ainsi.

Ce n'est pas ma famille, le problème, elle ne m'a jamais reproché quoi que ce soit. C'est moi qui me sens en décalage et indigne d'être dans cette famille, entourée de gens à qui tout réussit. J'aimerais tellement que mes parents soient fiers de moi, autant qu'ils le sont de ma sœur et de mon frère.

– Peut-être parce que vous manquez de confiance en vous.

– Certainement ! réponds-je laconiquement, ne voulant pas m'appesantir sur le sujet. Et vous, vous êtes italien, c'est ça ? enchaîné-je.

– Pourquoi ai-je l'impression que vous éludez la question ?

– Parce que c'est le cas ! Il y a des sujets douloureux dont je ne souhaite pas parler. Et il me semble que vous éludez le sujet, vous aussi.

– C'est vrai, je n'aime pas parler de moi, je crois vous l'avoir déjà dit. Mais vous vous êtes confiée, alors je vais en faire de même.

Mon cœur bat la chamade à la pensée d'en apprendre davantage sur lui.

– Je suis effectivement italien. Sicilien, plus exactement. J'ai de la famille en Sicile, que je ne connais pas. Comme vous le voyez, mademoiselle Vargas, vous avez peut-être une famille trop parfaite, mais elle a le mérite d'exister. Moi, je suis seul au monde, je n'ai personne.

– Je suis désolée, réussis-je à articuler, peinée pour lui. Pourquoi ne pas reprendre contact avec eux ?

– C'est une longue histoire ! Et nous arrivons ! Mais si vous voulez en apprendre plus sur moi, acceptez mon invitation à dîner. Et de sortir avec moi dimanche prochain.

Nos yeux se fouillent.

Une agréable chaleur se répand entre mes cuisses.

– Je ne peux pas. Ce soir, je… je ne suis vraiment pas libre.

– Et pour dimanche ? C'est à partir de quinze heures, vous pourriez aller manger chez vos parents et nous nous retrouverions après ?

Oui, je pourrais, sauf qu'il n'en est pas question.

– Je ne peux pas, monsieur Capelli. Je suis désolée, je ne peux vraiment pas.

– D'accord, je n'insiste pas.

Il se détourne.

Je suis soulagée.

C'est mieux comme ça !

Alors pourquoi je me sens si triste tout à coup ?

Pourquoi ai-je l'impression de passer à côté de la chance de ma vie ? Après tout, pourquoi je ne profite pas de l'opportunité de faire plus ample connaissance avec lui ? Sous des dehors de brute épaisse, j'ai le sentiment que Hugo a un cœur. Un cœur qui, comme le mien, a souffert. J'ai perçu sa détresse lorsqu'il m'a parlé de sa famille. Et j'en ai été bouleversée. Il m'a montré quelques-unes de ses faiblesses et cela me l'a rendu plus proche encore.

La vie n'est faite que d'opportunités, qu'on saisit au vol quand elles se présentent ou qu'on laisse s'échapper. Je suis consciente de faire partie de la seconde catégorie de personnes, de celle qui laisse filer les belles et bonnes choses, pensant que je n'en suis pas digne, pensant ne pas les mériter. Je suis une adepte des coups manqués, parce que quelque chose, au fond de moi, m'empêche de prendre des risques, de me mettre en danger ou peut-être tout simplement de prendre mon envol. J'ai tellement été humiliée quand j'étais jeune que j'ai fini par me persuader que le bonheur n'était pas pour moi et que j'étais sur cette terre uniquement pour en chier.

14

Mona

J'ai quitté le bureau à dix-huit heures, sans avoir revu mon boss qui s'est absenté sitôt notre retour du déjeuner.

Déjeuner qui s'est très bien passé !

J'ai réussi à faire abstraction de sa présence et à rester professionnelle. Je ne vais pas tarder à passer maîtresse dans l'art de la discrétion et de la prise de notes. Il est vrai que notre client, contrairement à Lafayette, ne s'est pas intéressé à moi une seule seconde. J'étais transparente et ça m'allait parfaitement. J'ai pu les écouter tout à loisir et enregistrer des informations sur les Bourses mondiales ainsi que sur la façon de s'y prendre pour gagner beaucoup d'argent. À entendre Hugo, c'est simple, alors que je suis persuadée que ça ne l'est pas. Sinon, tout le monde ferait fortune dans la Bourse, or c'est loin d'être le cas, certains y laissent leur chemise. De toute façon, je n'aurai jamais assez d'argent pour boursicoter, alors la question ne se pose même pas. Si par le plus grand des hasards je gagnais un peu plus d'argent que maintenant, je demanderais à Hugo de le faire fructifier, je ne me risquerais pas à le faire seule.

Et si notre client a demandé à nous rencontrer, c'est qu'il ne veut pas s'y risquer non plus.

Je crois même que je comprenais mieux que lui de quoi il en retournait.

Bref, j'ai fait mon travail et je suis partie.

J'ai bossé sur mes corrections dans le métro, pris une douche bien chaude pour me détendre, puis je me suis préparée minutieusement. J'ai revêtu ma belle robe rouge en dentelle, des bas autofixants, je me suis maquillée avec soin et j'ai même réussi à me faire un brushing et à recréer mes grosses boucles sur les longueurs. Mais j'ai beau faire, plus les minutes s'écoulent et plus je suis nerveuse. Si nerveuse que j'ai presque envie d'annuler.

Pourtant, le miroir de la salle de bains me renvoie un reflet plutôt flatteur.

Je me secoue et me morigène : je n'annulerai pas, il n'en est pas question.

Je suis forte, bon sang !

Je devrais surtout arrêter d'avoir peur de tout !

Forte de cette nouvelle détermination et décidée à être fataliste – arrivera ce qui doit arriver – j'enfile mon imperméable tout neuf et je claque la porte derrière moi. J'ai presque l'impression de voler lorsque je descends l'escalier à toute vitesse, histoire de me défouler un peu et de chasser cette nervosité qui a tendance à me faire perdre mes moyens.

Le restaurant où Barca m'a donné rendez-vous n'est qu'à un quart d'heure de métro.

Je m'active.

Hors de question que je sois en retard à mon premier rendez-vous avec cet homme et à mon premier rendez-vous tout court depuis des lustres. Peu à peu, la nervosité laisse la place à l'excitation. J'ai hâte d'apprendre ce qu'il veut dire par « j'ai besoin de vous… », et ce qu'il attend de moi.

Enfin, j'y suis !

Je sors du métro et appuie sur l'application Google Maps pour me laisser ensuite guider jusqu'au restaurant.

Je pousse la porte.

Les senteurs typiques d'un restaurant italien assaillent aussitôt mes narines. Je reconnais, pour les avoir vus sur le site, l'intérieur à dominante bleue, l'enfilade de tables, les baies donnant sur l'extérieur, l'immense miroir, au fond, qui confère de la profondeur à la pièce, le bar à gauche, en bois foncé. Brillant, très beau. Les colonnes, les murs en pierre. L'atmosphère est agréable, en plus des bonnes odeurs.

Barca m'attend à la dernière table, au fond, sur la gauche.

Comme la pièce est en L, je ne peux pas voir s'il est là ou pas.

– Madame ? s'enquiert le propriétaire des lieux, dont j'ai également vu la photo, en m'accueillant avec effusion.

De plus, sur son tablier immaculé est brodé son prénom : Domenico !

– Bonsoir, monsieur, je suis attendue. Par Barca. Mais peut-être qu'il n'est pas encore là.

Je regarde l'heure sur mon portable.

– Je suis un peu en avance.

Son sourire s'élargit.

– Enchanté, madame. Il est là, il vous attend. Venez, suivez-moi.

Je lui emboîte le pas, le cœur battant la chamade.

Je suis presque aussi fébrile que quand je m'apprête à me retrouver face à mon boss, que je chasse aussitôt de mes pensées.

Il tourne à gauche après le bar, s'arrête, puis me désigne le fond de la salle.

– Il est là-bas, dernière table.

– Merci…

Il s'incline avec un sourire lumineux, puis me laisse avancer seule.

J'arrive, je ne sais comment, à mettre un pied devant l'autre.

Plus que quelques mètres.

J'aperçois des épaules carrées au-dessus du dossier de la banquette, des cheveux foncés et courts, une manche de costume, noire, le poignet d'une chemise blanche. Une main qui me paraît fine et élégante.

Je prends mon courage à deux mains et fais quelques pas supplémentaires.

Je dépasse le dossier.

Au moment où je m'apprête à lui demander s'il est bien Barca, l'homme tourne la tête et lève les yeux. Des yeux d'un bleu azur intense. Plus intense que jamais.

Nom de Dieu…

J'ai l'impression que le ciel vient de me tomber sur la tête.

Mais je peux encore me tromper.

– Barca ?

– Joconde ? demande Hugo, visiblement aussi surpris que moi.

Bon sang !

Hugo est mon inconnu de Trouverlamour.com !

Sur des millions de Parisiens, il a fallu que je tombe sur lui ! Le seul homme que je ne peux et ne veux côtoyer de près.

Je suis maudite, je ne vois que ça !

Je tourne les talons, bien décidée à le fuir. Rester une minute de plus en sa présence ne me mènera à rien. C'est déjà bien assez difficile au bureau.

Je n'ai pas fait dix pas que je sens sa présence dans mon dos.

Puis sa main sur mon poignet.

Je me retourne, bouche bée.

Il me domine. Il est si grand que je dois me dévisser le cou pour le regarder dans les yeux. Il s'est déjà trouvé proche de moi, mais jamais autant.

Mes oreilles bourdonnent.

– Lâchez-moi, grondé-je discrètement.

– Reste. S'il te plaît.

Sa voix n'est qu'un souffle. Son tutoiement inattendu. Mon corps frémit sous son regard insistant. Un regard comme je ne lui en ai jamais connu. Intense. Magnétique. Ses traits, dans les lumières légèrement tamisées de la salle de restaurant, sont encore plus mystérieux, résolument virils et encore plus envoûtants.

J'ai envie de rester.

Foutrement envie.

Juste pour savoir ce qu'il veut.

Du moins, c'est ce dont je veux me persuader en acquiesçant silencieusement.

Il pose une main au creux de mes reins, me reconduit à la table. Il ne me lâche que quand je prends place, comme s'il avait peur que je lui fausse à nouveau compagnie.

Je le regarde s'installer en face de moi.

Je n'en crois toujours pas mes yeux et j'ai presque envie de me pincer pour être sûre de ne pas rêver. Je pourrais rire de ce coup du sort, mais je n'en ai aucune envie. Pas plus que je n'ai envie d'être si réceptive à ce qu'il dégage. Et pourtant, la douce chaleur, que je commence à bien connaître, naît dans mon bas-ventre et se propage insidieusement dans mes muscles intimes, davantage lorsqu'il retire sa veste et roule ses manches de chemise sur ses avant-bras.

– Tu devrais retirer ton imperméable. Tu serais plus à l'aise pour manger.

Pardon ?

– Je n'ai aucune envie de manger avec vous. D'ailleurs, je vais y aller.

Il saisit mon poignet pour m'empêcher de le fuir. C'est une véritable tornade qui prend cette fois-ci naissance dans mon ventre au contact de ses doigts sur ma peau. Je frémis, et si j'en crois son expression, il n'est pas insensible au mien.

– Ne pars pas, s'il te plaît, réitère-t-il, avec un regard dévorant. J'aimerais te parler, mais avant ça, nous allons manger. J'ai faim, pas toi ?

Non, moi j'ai l'appétit coupé, alors que lui semble prendre plaisir à la situation.

Je me rassois, toujours sans enlever mon imperméable.

– Pas du tout ! Mais, puisque vous insistez, allez-y, je vous écoute.

Je suis tellement déçue qu'il soit Barca que je suis en colère. Contre lui et contre moi. Je me sentais si proche de lui, j'avais tellement hâte de le rencontrer. Et il s'avère que je discutais avec mon boss, que je fantasmais sur mon boss, que je pensais à mon boss quand je pensais à lui. Ils se confondent dans ma tête. Ils ne peuvent que se confondre puisqu'ils sont une seule et même personne.

– Moi aussi, je suis surpris, Mona. Mais agréablement. Au moins, je sais…

Il laisse sa phrase en suspens.

Je déteste quand il fait ça !

Ma colère monte encore d'un cran. Il n'y est pour rien, je sais, nous sommes victimes d'un malheureux concours de circonstances, nous avons été réunis par une application : Trouverlamour.com… J'ai presque envie d'en rire. *Trouverlesemmerdes.com, oui !* Nous sommes dans le même bateau, mais la colère est le seul refuge que j'ai trouvé pour me protéger de lui, au bureau et encore plus maintenant.

– Qu'est-ce que vous savez ?

– Je voulais trouver une femme en qui je peux avoir confiance et qui me plaît. C'est important, pour la suite. Pour ce que je vais te proposer.

Je soupire.

Je crois avoir compris ce qu'il attend de moi.

Mon cœur se serre.

– Vous avez besoin d'une femme pour vous aider à reconquérir votre ex-petite amie, c'est bien ça ? C'est ça votre proposition ?

Proposition à la con !

Il hausse un sourcil.

– Je te savais intelligente et intuitive, je ne me suis pas trompé. Oui, j'ai besoin de quelqu'un comme toi, Mona. Je sais qu'avec toi, ça sonnera juste. Parce que tu me plais, je te le répète. Tu m'as plu dès que j'ai posé les yeux sur toi.

Ça me fait une belle jambe !

Je lui plais, il me désire. Mais il ne cherche qu'à m'utiliser. Quelle femme sensée accepterait ce genre de combine ? Pas moi en tout cas ! Néanmoins, je suis curieuse.

– Je vous écoute, faites-moi votre proposition.

– D'accord, mais avant ça, laisse-moi t'offrir une coupe de champagne.

– Pourquoi pas, ça m'aidera peut-être à me détendre.

Ignorant mon ton cassant, il me sourit en coin et apostrophe l'un des serveurs, occupé à desservir une table près de nous.

– Une bouteille de Dom Pérignon, Fabio, s'il te plaît. Avec deux flûtes !

Dom Pérignon ?

Sympa…

– Tout de suite, Hugo.

– Vous avez décidé de me sortir le grand jeu ?

– Tout à fait !

– Ça ne marchera pas, monsieur Capelli.

– Commence par m'appeler Hugo et par me tutoyer et oublie que je suis ton patron. Ici, je ne suis qu'un homme comme les autres, qui a rencard avec une jolie femme. Nous pourrions n'être que Barca et Joconde. Qu'en dis-tu ?

– Je pourrais effectivement me laisser prendre au jeu, mais je vous rappelle que vous ne cherchez qu'à m'utiliser pour arriver à vos fins.

– Ce n'est pas comme si je te demandais de coucher avec moi !

Je rougis jusqu'à la racine des cheveux.

L'arrivée du serveur m'empêche de lui dire qu'il peut aller se faire voir avec sa proposition.

Enflure !

S'il croit qu'il m'amadouera de cette manière pour que je l'aide, il se fourre le doigt dans l'œil. Car je suis bien décidée à refuser, quoi qu'il tente.

Je regarde d'un œil morne le serveur poser nos menus et nos verres sur la table, le seau à champagne sur une petite console prévue à cet effet, puis ouvrir la bouteille. Il remplit le verre de mon boss, pour qu'il le goûte.

– Parfait !

Le serveur termine de remplir son verre, puis le mien.

Sitôt qu'il s'est éloigné, Hugo se saisit de sa flûte et la lève dans ma direction.

– À notre collaboration, Mona.

Je referme mes doigts sur le pied du verre, le porte à ma bouche. S'il croit que je vais partager un toast, là encore il se met le doigt dans l'œil.

Je bois une gorgée.

– C'est un peu tôt pour ça, non ? dis-je, en reposant mon verre. Je ne crois pas avoir accepté ou alors ma mémoire défaille.

Hugo en fait de même, sans me quitter des yeux.

Puis il me tend un menu.

– Mangeons. Ensuite, nous parlerons.

Je lui arrache le carton des mains avec une moue ironique.

– Bien, chef !

Son sourire s'élargit.

– Tu vois, ce n'est pas si compliqué !

Ta gueule !

– Prends ce que tu veux, tu es mon invitée, ajoute-t-il. Mais si je peux me permettre, les crudités, les pâtes fraîches au jus de truffe et le tiramisu sont excellents. C'est ce que je prends toujours.

Je soupire discrètement.

OK... je vais me la jouer cool. Après tout, qu'est-ce que je risque...

– Vous venez souvent ? demandé-je en prenant une nouvelle gorgée de ce si bon champagne, conservant le vouvoiement afin de garder une certaine distance entre nous.

L'alcool réussira peut-être à atténuer cette boule que j'ai dans la gorge.

– Domenico est un ami. Un ami très cher. Alors oui, depuis que je suis seul, je viens plusieurs fois par semaine. Camille... Camille n'aimait pas particulièrement cet endroit.

Qu'il me parle de son ex me rend bizarre.

Bizarre et vaguement nauséeuse.

Irritée aussi.

Bon sang, j'étais déjà jalouse de cette femme, je le suis encore plus !

Cette pensée me bouleverse, en plus d'accentuer ma colère. Il l'aimait ! Il me l'a dit ! Enfin... Barca me l'a dit, pas lui.

– C'est elle qui a rompu, je suppose ?

– Tu supposes bien.

– Pourquoi vouloir la reconquérir ?

Je tressaille lorsqu'il plonge ses iris dans les miens, me laissant entrevoir son âme tourmentée.

– Parce que je déteste les échecs. Que veux-tu manger ?

– Je prendrai comme vous ! réponds-je sèchement. Ne changez pas de sujet, s'il vous plaît. Votre argument n'a rien à voir avec l'amour !

M'aurait-il menti en me disant qu'il l'aimait et en me faisant comprendre qu'il avait le cœur brisé ?

– Peut-être, mais…

Il s'interrompt lorsque Domenico s'approche de notre table pour prendre notre commande si j'en crois le calepin qu'il a dans une main, un stylo dans l'autre.

– Vous avez fait votre choix ? demande-t-il d'un air jovial.

– Oui, répond Hugo. Mais avant ça, laisse-moi te présenter Mona, ma si jolie Joconde.

– Enchanté, Mona la Joconde.

– Moi de même, Domenico. Vous avez un restaurant superbe !

– Oh, merci ! J'espère que vous aimerez tout autant ma cuisine.

– Je n'en doute pas ! Je prendrai la même chose qu'Hugo, s'il vous plaît.

– Pas de problème ! Et toi, Hugo, comme d'habitude ?

– Tout à fait, mon ami.

– Vous continuez au champagne ou vous voulez autre chose ?

– Mona ? me demande mon boss.

– Champagne, ça me va.

– Moi aussi, ça me va. Mets-nous une autre bouteille de côté, Dom, s'il te plaît.

J'attends que Domenico ait noté notre commande et se soit éloigné, avant de remarquer :

– C'est bizarre que vous preniez toujours la même chose.

Il a ce charmant sourire en coin qui me fait frémir.

– Je n'aime pas la nouveauté ni le changement.

– Ça vous fait peur ?

– Je ne me suis jamais posé la question. Peut-être…

– Vous m'avez dit que vous êtes seul au monde, que sont devenus vos parents ?

– Ils sont morts, Mona.

– Oh, je suis désolée. Pardon ! Comme vous pouvez le constater, je suis parfois maladroite, aussi bien en gestes qu'en paroles.

Il a encore ce sourire en coin.

– Je n'ai pas remarqué. Tu me sembles au contraire très sûre de toi.

Ah bon ?

– C'est que je joue bien la comédie, alors… et… vous n'avez pas de frères et sœurs.

– Non, aucun ! Je te l'ai dit, Mona, je suis seul.

Je n'aime pas l'entendre dire ce genre de choses, ça me fait mal. C'est fou, mais j'ai l'impression de ressentir sa détresse. Bien que nos blessures semblent différentes, nous sommes deux écorchés.

– Vous n'êtes pas seul, monsieur Capelli. Nous sommes là, nous, vos employés. Et vous avez Clément et Annie. Elle vous adore, elle ferait n'importe quoi pour vous. Et… Domenico.

– C'est vrai, tu as raison, je suis bien entouré. Mieux vaut quelques amis fidèles sur qui l'on peut compter qu'une famille indifférente.

Je finis par retirer mon imperméable et nous passons le repas à discuter musique, cinéma, lecture… Je ne suis pas surprise d'apprendre qu'il ne lit que des manuels financiers et qu'il s'intéresse au cinéma mais ne prend jamais le temps d'aller voir un film. Il ne fait que travailler, travailler, travailler… comme un acharné. Quant à la musique, idem, il connaît certains groupes, mais il n'en écoute jamais. Je suis consciente que pour arriver à décrocher une situation comme la sienne il faut donner beaucoup de soi-même, il fait vivre des employés, des gens comptent sur lui pour s'enrichir en lui confiant des fortunes, il n'a pas le droit à l'erreur, mais quand même, il n'y a aucune place pour la fantaisie dans sa vie.

Ce n'est qu'à la fin du dessert que j'aborde le sujet qui fâche.

– Vous n'avez pas répondu sincèrement à ma question, tout à l'heure, pourquoi vouloir reconquérir votre ex ?

Il s'adosse, me regarde attentivement, semblant réfléchir à la question.

– Elle fera une épouse parfaite.

– Quoi, c'est tout ?

– Oui. C'est suffisant, non ?

– Je ne trouve pas. Je réitère donc : et l'amour dans tout ça ? Vous n'êtes pas amoureux d'elle ?

– L'amour n'est pas primordial dans une relation ! répond-il sèchement. Il s'étiole. Il n'y a que les mariages d'intérêt qui tiennent sur le long terme. C'est statistique !

– Vous êtes sérieux ? Vous envisageriez de passer votre vie avec une femme que vous n'aimez pas ? Parce que vous avez des intérêts communs ? C'est un peu cynique, non, comme approche ?

– Peut-être, mais c'est une réalité.

C'est à mon tour de prendre du recul et de l'observer avec attention.

Comment peut-il avoir un cœur si dur ? Qu'a-t-il subi pour être à ce point verrouillé niveau sentiments ? Peut-être parce qu'il a perdu ses parents jeune et connu une vie difficile.

Peut-être aussi parce qu'il mise tout sur la réussite et qu'il n'y a aucune place pour le reste ?

– Je ne dis pas que je suis prête à vous aider, hein, attention…, mais expliquez-moi, comment comptez-vous vous y prendre ?

Son regard s'égare sur ma poitrine, mon cou, mes cheveux, pour venir prendre possession de mes iris.

Il est si beau…

Quel gâchis quand même !

– Avec toi à mon bras, je n'aurai aucun mal à la rendre jalouse ! Tu es très belle, Mona.

Oh…

– Merci ! Le problème, c'est que je ne sais jamais si vous êtes sincère ou si vous cherchez juste à m'embobiner.

– Je suis sincère. Et je suis sincère quand je dis que j'ai besoin de toi.

Il se penche, saisit ma main.

– Fais ça pour moi, Mona, s'il te plaît. Je t'en serai éternellement reconnaissant.

– Je ne crois pas que j'en serai capable et je ne trouve pas le procédé correct. Je préfère vous dire non.

Son visage se décompose, ses yeux fouillent les miens.

– Il te suffit de jouer un rôle, le reste me regarde.

– Justement, je n'ai pas envie de jouer.

– Pourquoi ?

Je ne vais certainement pas lui avouer qu'il me plaît trop pour passer plus de temps avec lui.

Toute cette histoire va finir par me rendre dingue.

Je pourrais m'amuser de l'ironie de la situation, mais j'ai plutôt envie de pleurer.

– J'ai mes raisons.

– Il faut juste que tu m'aides à lui faire prendre conscience que j'ai changé, que je peux prendre soin d'une femme, être attentif à son bien-être, attentionné et que je peux la rendre heureuse, c'est tout, je ne t'en demanderai pas davantage. Ce n'est que pour une soirée, Mona.

– Dimanche prochain, le 23 mai ?

– Oui, elle organise une garden-party, avec son nouveau mec !

– En plus ! Il y a vraiment un truc qui tourne pas rond chez vous !

– Je réussirai, Mona. Quand je veux quelque chose, je finis toujours par l'obtenir !

Son outrecuidance et son extrême confiance en lui me coupent le souffle. Mais à mon sens, il se leurre. Si Camille ne veut plus de lui, il aura beau faire, il ne réussira pas. À moins qu'elle l'ait laissé pour qu'il réfléchisse et fasse le point. Pas parce qu'elle ne l'aimait plus, mais parce qu'il l'aimait mal et pas assez. Parce qu'elle attend autre chose de lui. Tout est possible. S'il s'enferre là-dedans, c'est certainement parce qu'il pense avoir toutes ses chances.

– Parfait, alors, vous n'avez pas besoin de moi. Et je suppose que vous avez eu d'autres touches via l'appli.

– J'ai rencontré une autre femme, hier. C'est pour cette raison que je suis passé à côté de ton message. Mais elle ne me convient pas du tout et demain, je dois en voir une autre, mais je n'ai pas envie de perdre mon temps alors que je peux t'avoir, toi...

– Vous pouvez m'avoir... ouais, c'est sûr que ce serait plus simple pour vous ! Je suis votre employée, vous m'avez sous le coude… pas besoin de faire d'efforts. Et la gentille Mona va bien faire ça pour moi ! m'énervé-je. La gentille Mona aura peut-être pitié de son connard de patron !

Je me lève, lance ma serviette sur la table, récupère mes affaires et le toise avec hauteur.

– Je vous souhaite une bonne fin de soirée, monsieur Capelli. Je ne vous dis pas à demain, je ne suis pas sûre d'avoir encore envie de travailler pour vous.

Je m'enfuis avant de lui balancer mon verre de champagne à la figure.

Non mais… pour qui il se prend !

Qu'il aille se faire foutre, je n'aurais même pas dû perdre mon temps à l'écouter, c'était une erreur ! Il ne s'est même pas excusé de ne pas m'avoir contactée alors qu'il m'avait donné rendez-vous pour discuter. Si ça se trouve, il ne s'en souvient même pas ! Néanmoins, pendant quelques secondes, j'ai failli me laisser attendrir. Je ne commettrai pas deux fois la même erreur.

15

Hugo

– Tu as fait quoi ?

Je prends le temps de boire une gorgée de whisky avant de répondre à mon meilleur ami.

– J'ai demandé à Mona de jouer à la fausse fiancée pour la garden-party de Camille, réitéré-je.

– Attends, attends, recommence depuis le début ! Tu n'avais pas rendez-vous avec la fille du site de rencontre ?

– Si !

– Mona, c'est la fameuse Joconde ?

Putain, ouais, je n'en reviens toujours pas…

Ça aurait pu être un atout, ce n'est pas le cas, c'est même plutôt l'inverse.

J'enrage de devoir recommencer à zéro avec une autre femme.

Je n'en ai pas le temps, bordel !

– C'est ça ! Quand je l'ai vue debout à côté de moi, j'ai cru halluciner. Elle a fini par m'envoyer chier quand je lui ai expliqué ce que j'attendais d'elle.

J'ai pourtant cru qu'elle allait accepter. Parce que je l'ai touchée, je crois. Puis ça a dérapé et je n'ai rien pu faire pour rattraper le coup. Même Domenico était désolé pour moi, Mona lui plaît. Elle me plaît à moi aussi ! Trop ! Dans cette petite robe rouge qui dessinait ses formes à merveille, je l'ai trouvée super sexy et super bandante. J'ai passé le repas à la désirer. Un comble, alors que nous parlions d'une autre femme. Quand elle m'a planté à la fin du repas, je n'ai pas pu m'empêcher de me retourner pour admirer la cambrure de ses reins et son déhanché, en me faisant violence pour ne pas lui courir après pour, peut-être, réussir à la convaincre de changer d'avis. Quand bien même elle m'attire, je ne dois pas perdre de vue mon objectif. Et je me fais fort de persuader Mona de m'aider. Je vais la travailler au corps jusqu'à ce qu'elle cède. Je le lui ai dit, quand je veux quelque chose, je fais tout pour arriver à mes fins et elle fait partie du plan. J'espère juste qu'elle ne mettra pas sa menace à exécution de ne plus travailler pour moi.

– Hugo ? Tu es toujours là ?

Je reviens au temps présent.

– Oui, Clément, je suis là ! J'espère juste une chose, c'est qu'elle vienne bosser demain. Elle est celle qu'il me faut, j'en suis persuadé.

– Qui ? Mona ou Camille ? Je ne comprends plus rien à ton histoire, mec !

– Mona ! Clément, suis un peu !

– Oui, ben, excuse-moi, mais avoue que c'est un peu le bordel, ton histoire ! Tu rencontres Joconde, qui s'avère être Mona, ta secrétaire, et tu lui demandes de t'aider à reconquérir ton ex. Tu veux la convaincre de convaincre Camille. C'est cornélien ton truc !

C'est rien de le dire...

– J'espère que tu n'as pas tout foutu en l'air avec Mona, c'est une fille super, je serais déçu si elle nous quittait.

– Elle ne le fera pas, elle a besoin de bosser.

– Je n'en serais pas si sûr, si j'étais toi. Elle a aussi du caractère...

– J'arriverai à la persuader !

– Je te souhaite bien du courage ! Je vais devoir te laisser, Hugo, ma femme m'attend, si tu vois ce que je veux dire.

– Je vois très bien... À demain, Clément. Et merci de m'avoir écouté.

– Je t'en prie, c'est avec plaisir. À demain... Essaie de dormir un peu.

Je raccroche.

Il sait que le sommeil et moi, c'est compliqué. En tant qu'hyperactif, j'ai beaucoup de mal à trouver le sommeil et si j'arrive à dormir cinq heures d'affilée, c'est déjà pas mal.

Je termine mon whisky, pensif, puis je me connecte à un site de livraison en ligne pour faire parvenir à Mona des fleurs et des chocolats de grande marque. Au bureau. Comme ça, je serai là lorsqu'elle les recevra. Comme je l'ai dit à Clément, je suis sûr qu'elle viendra travailler, elle n'est pas du genre à s'avouer vaincue pour si peu. Elle est en colère, mais ça ne durera pas. Bon... elle m'enverra encore sur les roses deux ou trois fois, mais je serai tellement adorable avec elle qu'elle finira par accepter de m'aider. Elle a bon fond, elle est sensible, dévouée, empathique, il faut juste que j'arrive à trouver les mots.

D'autres mots…

Je vais également lui apporter un muffin et un café tous les matins… si avec tout ça elle continue de me résister, je ne m'appelle plus Hugo Capelli.

16

Mona

– Tu vas vraiment démissionner ? demande Carla en reposant lentement sa tasse à café sur la soucoupe.

Je n'ai quasiment pas fermé l'œil de la nuit, je l'ai passée à retourner la situation dans tous les sens. J'ai fini par me lever, au petit matin, pour aller bosser mes corrections. Ça a au moins eu l'avantage de me permettre d'avancer dans mon boulot et de me détendre. Un peu. Mais quand je pense à mon boss, j'ai des envies de meurtre. Je sais, c'est exagéré, mais il veut m'utiliser ! Il veut se servir de l'attirance que j'ai pour lui pour me faire faire ses quatre volontés, car il ne peut pas ne pas s'être rendu compte qu'il m'attire. Et je reste persuadée que je l'attire aussi ! Je l'attire, mais il a une autre femme en tête !

Quelle merde !

Je ne peux pas vivre une histoire d'amour simple, comme tout le monde ?

Faire une belle rencontre, nous découvrir… Je vais contacter Trouverlamour.com pour me faire rembourser, c'est des conneries leur site, de la publicité mensongère ! *On vous promet de trouver l'amour de votre vie…* j't'en foutrais !

Je suis perdue.

C'est pour cette raison que j'ai demandé à Carla de venir me retrouver pour débriefer, dans un bar près de son boulot. Elle est toujours de bon conseil et j'ai confiance en son jugement.

Elle a été estomaquée lorsque je lui ai révélé que Barca, c'est Hugo, mon boss ! Davantage lorsque je lui ai dit ce qu'il attend de moi. Quant à moi, j'en suis encore toute retournée, je n'ai pas réussi à digérer le truc.

Je soupire.

– Je ne sais pas, Carla. J'ai envie de démissionner, mais…

Je ne peux me résoudre à quitter mon poste pour ce genre de broutilles. J'ai besoin de ce travail, que j'ai appris à apprécier, et après tout, il n'y a pas mort d'homme.

– Pourquoi tu ne le fais pas, ça pourrait être marrant !

Pardon ?

– Tu plaisantes, j'espère !

– Nooonnn ! Tu pourrais passer du temps avec lui, le connaître mieux… Vous pourriez vous rapprocher. Il pourrait tomber amoureux de toi et renoncer à sa Camille !

– Carla…

– C'est possible ! Les contes de fées et les belles histoires d'amour, ça existe. Il te plaît, oui ou non ?

– Oui, il me plaît. Un peu trop, même !

Elle frappe dans ses mains, s'exclame :

– J'en étais sûre ! C'est pour ça que tu refuses de l'aider.

Je me penche, siffle entre mes dents :

– Je te rappelle qu'il veut se servir de moi pour reconquérir une autre femme ! Une femme dont il m'a dit être amoureux ! Tu comprends ce que ça veut dire ? Il ne sera jamais à moi ! C'est Camille qu'il veut, il veut faire sa vie avec elle. Pas avec moi !

– Pourtant, vous avez discuté via le site ? Vous avez fait connaissance.

– C'est vrai et je me suis sentie proche de Barca. Il… il se passait un truc. Et je crois qu'il a envie de me sauter ! En vrai, je veux dire ! Hugo, pas Barca. Et moi, pas Joconde. Bon sang, quel bordel !

Elle éclate de rire.

Elle a raison, il vaut mieux en rire.

– C'est clair ! Plus sérieusement, tu devrais quand même envisager de t'envoyer en l'air avec lui. Comme ça, tu n'auras pas tout perdu.

Peut-être…

Elle serre mes doigts.

– Pour une fois dans ta vie, prends des risques, bordel ! Lance-toi, aie confiance ! Tu es une fille géniale, tu es belle, forte, volontaire, travailleuse, tu peux être heureuse, Mona, il suffit que tu le veuilles vraiment. Trouverlamour.com vous a réunis, c'est un signe du destin, j'en suis persuadée, alors à toi d'en profiter.

Ces phrases ne cessent de tourner en boucle dans ma tête alors que je regagne les bureaux de Trader A. Carla a peut-être raison, je n'en sais rien. J'ignore si je suis capable d'accepter la proposition de Hugo sans m'attacher davantage à lui et sans me mettre en danger. Je suis déjà dans tous mes états lorsqu'il me regarde, ce sera pire si je passe du temps avec lui, si je l'écoute et le laisse se confier à moi, encore pire si je le laisse me toucher.

Parce que j'en ai envie.

Terriblement envie.

J'ai envie qu'il me touche, j'ai envie de sentir sa peau contre la mienne, mais à quoi bon puisqu'il sortira de ma vie aussi vite qu'il y est entré ?

Pour autant, il ne m'a rien dissimulé, il m'a dit ce qu'il attend de moi. Enfin… c'est un peu ambigu quand même, puisqu'il a reconnu que je lui plaisais. Il me désire, je le sais, je le sens et il me désirait bien avant de savoir que j'étais Joconde. Bien avant de prendre la décision de se servir de moi.

Si Carla avait raison ?

S'il ne tenait qu'à moi de changer le cours de ma vie et de profiter de l'opportunité qu'il m'offre ?

Pff, j'en sais rien.

Je ne sais pas si j'ai envie de prendre de tels risques. Ce que je ressens pour lui est trop fort, c'est pour cette raison que je suis tant en colère. Contre lui, mais surtout contre moi. Il m'est interdit, il en veut une autre, il ne sera jamais à moi… Je suis folle d'imaginer que quelque chose est possible entre nous.

Folle et à côté de la plaque !

Les contes de fées, ce n'est pas pour moi, quoi qu'en dise Carla. Hugo Capelli est et restera mon boss, aussi séduisant et attirant soit-il. Le mieux que je puisse faire, c'est oublier que derrière le boss il y a un homme sensible. Un homme qui a su me séduire par sa personnalité complexe et m'attirer charnellement comme jamais aucun homme avant lui.

Ouais, je vais l'oublier !

C'est ce que j'ai de mieux à faire. En tout cas, c'est le plus raisonnable. Si j'accepte sa proposition, je ne peux que m'attacher davantage à lui et lorsqu'il sortira de ma vie, j'aurai si mal que j'aurai des difficultés à m'en relever.

17

Hugo

Qu'est-ce qu'elle fout, bordel ?

Il est plus de neuf heures et Mona n'est toujours pas à son poste. Elle n'est jamais en retard, le plus souvent en avance, alors… qu'est-ce qu'elle fout ?

A-t-elle décidé de ne pas remettre les pieds ici ?

A-t-elle décidé de ne plus travailler pour son « connard de patron » ?

Si c'est le cas, elle ne m'en a rien dit. Je n'ai eu ni message ni e-mail. J'avoue que j'avais tellement peur de trouver sa lettre de démission sur mon bureau en arrivant ce matin que je suis venu aux aurores. À six heures trente pétantes, j'étais là ! Je ne voulais pas risquer de la louper si jamais elle avait décidé de venir en catimini déposer sa dem.

J'aurais même pu venir plus tôt, mais j'ai préféré aller courir, me dépenser dans la salle de sport de mon appartement et faire redescendre la pression avant de venir bosser.

Mona n'a pas quitté une seule seconde mes pensées.

Mona !

Pas Joconde ou Camille.

Non… Mona… ma secrétaire !

Que je suis toujours résolu à faire changer d'avis, même si, au fond de moi, je me demande toujours si c'est une bonne idée. Comment vouloir encore reconquérir mon ex si j'en désire une autre ? Mais après tout, physique et psychique sont deux choses différentes. Mon corps peut désirer ma secrétaire, alors que mon mental maintient que c'est Camille qu'il me faut. C'est Camille que je dois prendre pour femme, c'est elle qui m'apportera la réussite dont j'ai toujours rêvé. Et l'attirance n'a rien à voir là-dedans ! Encore moins l'amour. On ne parle que d'intérêts, d'échange de bons procédés. Camille m'ouvre les portes de la haute société et je m'engage à lui donner une vie plus que confortable.

Appuyé contre le chambranle de la porte entre mon bureau et l'*open space* de mes secrétaires, je contemple le bouquet et les chocolats qu'un livreur est venu déposer à huit heures. Le bouquet est superbe, les chocolats, de chez Fauchon. Je voulais qu'elle ait la surprise de les découvrir en arrivant.

Je m'empare de mon téléphone, le corps soudain tendu à l'idée d'avoir un message de Mona sur l'appli de rencontre, mais non… rien ! Aucun signe de vie depuis hier soir. Je voulais lui écrire pour discuter avec elle, mais je m'en suis abstenu. Je veux l'avoir en face de moi pour lui dire ce que j'ai à lui dire.

Il faut que je sois convaincant.

J'appuie sur le contact d'Annie.

– Allô ?

– Annie ! Ça fait du bien d'entendre votre voix ! Vous allez mieux ?

– Mieux, oui. J'ai encore un peu de fièvre, mais ça va. Et vous ? Tout se passe bien avec Mona ?

– Ne vous faites pas de souci pour moi, Annie, ni pour la boîte. Mona fait du bon boulot.

Elle se met à tousser.

Une toux grasse qui doit lui arracher les bronches.

– C'est une bonne petite, enchaîne-t-elle, après avoir repris son souffle. Je savais que je pouvais compter sur elle.

Je m'apprête à lui répondre qu'effectivement, moi aussi je la trouve « bonne », lorsque ma voix, soudain, refuse de sortir. J'ai un coup au cœur. Ou à l'estomac, j'en sais rien… puis plus bas, en voyant apparaître Mona. Très élégante en tailleur-pantalon noir et hauts talons, son imperméable sur son avant-bras replié. Elle est sublime. Je ne l'ai jamais vue aussi belle.

Elle m'ignore.

Je réponds avec un certain détachement aux questions d'Annie, tout en observant chacun de ses gestes, lents, harmonieux. Elle continue comme si je n'étais pas à quelques mètres d'elle en train de l'observer et j'avoue que son attitude m'excite. Je me réjouis de me bagarrer contre elle, avec elle, comme je me réjouissais de l'emmener déjeuner, de l'avoir près de moi dans la voiture, comme je me suis réjoui de l'avoir en face de moi, hier, chez Domenico.

Mona est devenue mon challenge du moment, avant celui pour le reste de ma vie.

Je coupe ma communication avec Annie, après l'avoir assurée de tout mon attachement et lui avoir expressément permis de prendre tout le temps qu'il lui faut pour guérir. Rien ne presse. Rien ne presse, puisque Mona est là. Si elle avait dans l'idée de démissionner, elle n'aurait pas posé son imperméable sur le dossier de son siège de bureau, elle ne serait pas si détendue.

Enfin, elle daigne s'emparer du petit mot du bouquet, que j'ai fait livrer avec un vase.

Elle ouvre l'enveloppe, en sort la carte ivoire où sont inscrits ces mots :

Pour me faire pardonner…
Hugo

Elle lève les yeux vers moi.

– Il est magnifique et merci aussi pour les chocolats, j'adore le chocolat. Vous n'étiez pas obligé, monsieur Capelli, ajoute-t-elle avec un petit sourire, en usant de mon nom pour que je comprenne bien que je reste son boss ! Il n'y a rien à pardonner, ou plutôt si, c'est à vous de me pardonner, je vous ai quand même traité de connard ! Je n'aurais pas dû, c'était déplacé.

Merci de le rappeler et de le répéter… comme si la première fois n'avait pas suffi !

– Je vous pardonne et ça me fait plaisir. Mais…

Je lève le doigt, me décolle de la porte.

– Ne bougez surtout pas, j'en ai pour deux minutes !

Je remarque ses yeux ronds avant de m'éclipser à grands pas.

Quand je reviens avec un plateau du Starbucks entre les mains – avec un muffin framboise et un café, son café préféré (la serveuse s'est souvenue de qui elle est lorsque je l'ai décrite) – que je pose devant elle, sur son bureau, ses yeux s'agrandissent et, malgré elle, malgré la colère à mon encontre que je perçois encore dans ses prunelles, elle me gratifie d'un sourire. Un sourire si doux que mon ventre s'enflamme. J'aime son corps, il m'envoûte, j'aime… ce qu'elle dégage, surtout dans ce petit tailleur-pantalon qui lui fait une silhouette d'enfer, mais j'aime avant tout sa fraîcheur, sa franchise, sa spontanéité. Elle est vraie, nature, elle ne triche pas, ne calcule rien et c'est… rafraîchissant, autant que déstabilisant. Je me surprends à avoir envie de découvrir ce sourire tous les matins. Et même plusieurs fois dans la journée. J'aimerais vraiment qu'elle me voie autrement que comme un connard égocentrique.

– Vous pouvez me couvrir de cadeaux, Hugo, je n'accepterai pas de jouer la fausse fiancée pour vous.

Elle me fixe, se recule contre le dossier de sa chaise de bureau et croque dans son muffin, en fermant à demi les paupières. Ma queue se tend quand elle gémit de plaisir. J'aurais dû me prendre un muffin framboise pour apaiser ma faim, mais je prends conscience que ce n'est pas d'un muffin que j'ai envie, mais de son corps. Je la désire, aujourd'hui encore plus qu'hier, et je prends conscience également que le fait de ne pas arriver à mes fins avec elle et qu'elle me résiste la rend encore plus désirable.

À vaincre sans péril, on triomphe sans gloire…

J'aurais pu faire de cette phrase de Corneille mon credo, car elle me correspond. J'ai toujours lutté pour obtenir ce que je voulais, lutté bec et ongles, lutté dans la douleur, lutté dans la peine et le chagrin, lutté avec la peine et le chagrin.

Quand bien même je la désire à en crever, je ne dois pas

oublier mon objectif. Je réussirai, je m'en fais la promesse ! Je réussirai à lui faire jouer ce rôle que je veux lui faire endosser, je n'en démordrai pas. Et si… pour la faire sortir de ma tête il faut que je baise avec elle, eh bien je baiserai avec elle !

Je pose une main sur le plateau du bureau, me penche et saisis son poignet. Elle ne résiste pas quand, verrouillant mes pupilles aux siennes, j'approche le muffin de mes lèvres et croque dedans.

– Délicieux ! susurré-je, après avoir dégluti. Ne bouge pas…

Ses pupilles s'agrandissent démesurément et son souffle se fait court quand je passe mon pouce sur sa lèvre inférieure. Je récupère la miette qui y était collée et la mets dans ma bouche. Je peux percevoir le goût de ses lèvres sur ma peau, fruité, terriblement addictif.

– Ça aussi, c'est délicieux. Dis-moi oui, Mona… oui, et je te donne tout ce que tu veux !

– C'est non, je vous l'ai déjà dit. N'insistez pas !

– Tu ne me connais pas, je ne renonce pas facilement.

Elle me répond d'une adorable petite moue.

Peut-être est-elle un peu espiègle, finalement, et ça me plaît.

– Si j'ai un petit déjeuner comme celui-ci tous les matins, je pourrai peut-être accepter d'y réfléchir plus sérieusement.

Je saute sur l'occasion :

– Tout ce que tu veux ! Petits déjeuners, déjeuners au Ritz, dîners chez Domenico… bijoux, vêtements, tu n'as qu'à demander.

Elle rit, ajoute :

– Je n'en souhaite pas tant.

Je sais qu'elle n'est pas vénale.

En vérité, elle est différente de Camille.

Si différente…

– Je dois m'absenter, j'ai des rendez-vous à l'extérieur.

– Je sais, c'est moi qui fais votre planning, monsieur Capelli, et si je peux me permettre, vous êtes en retard.

– Prévenez-le, dites-lui que je suis en route, j'ai un truc à faire avant.

– Bien, monsieur, répond-elle, en s'emparant du téléphone et en se concentrant sur l'écran.

J'entre dans mon bureau et me rends directement dans mon cabinet de toilette personnel. Je referme la porte à clé derrière moi. Le velouté de sa lèvre sous mon pouce, sa petite moue mutine un peu boudeuse, le balconnet de dentelle noire que j'ai aperçu dans l'échancrure de sa veste ont mis le feu à mon corps et il faut que je soulage la pression de mon bas-ventre ou je serai incapable de penser à autre chose. Je l'imagine sous moi lorsque je referme mon poing sur ma queue douloureuse. Et ce sont ses magnifiques yeux verts et son si doux visage que je vois au moment de la jouissance.

18

Mona

– Tenez !

Je regarde le plateau que mon boss vient de poser à ma gauche, comportant muffin framboise et café, et lève les yeux sur lui.

– Encore ? Je pourrais effectivement m'y habituer !

– Dis-moi oui, Mona !

– Non, Hugo !

Il me fait une petite moue adorable. Sexy et adorable. Rétorque « d'accord » avant de me tourner le dos et d'entrer dans son bureau dont il laisse la porte ouverte. J'aime ce petit jeu entre nous et j'aime qu'il me gâte, je ne vais pas le nier. J'aime aussi qu'il soit beau joueur, qu'il y mette les formes, qu'il cherche à me convaincre… Bon, OK, il y va un peu avec de gros sabots, mais je le trouve craquant !

Je fonds… encore et toujours, même si je n'en ai pas le droit, c'est plus fort que moi.

Le reste de la journée se passe en accueil de nouveaux

clients, réunions au sommet avec les collaborateurs, puis Hugo s'entretient encore une bonne heure avec Clément. Ce n'est que vers dix-neuf heures que je peux enfin entrer dans son bureau pour lui faire signer les courriers en attente et valider les résultats à envoyer aux clients. Je ne sais pas comment il fait pour avoir tout son fichier clients en tête ainsi que les produits qui y sont rattachés, il a vraiment une mémoire d'éléphant ! Plus je passe de temps en sa compagnie et plus je suis subjuguée par sa personnalité, son professionnalisme et ses capacités cognitives. Il est positivement brillant. Oui, je suis totalement subjuguée et totalement séduite. Trop, évidemment, pour ma tranquillité d'esprit ; mon boss ne sort plus une seule seconde de mes pensées. Je pense à lui sans cesse, je crois que j'en suis raide dingue !

Je ne peux m'empêcher de l'admirer tandis que j'attends ses directives, assise en face de lui de l'autre côté du bureau, jambes croisées, en griffonnant sur mon petit calepin de notes posé sur ma cuisse. J'esquisse sa mâchoire carrée ombrée d'une légère barbe impeccablement taillée (il va chez un coiffeur-barbier du quartier plusieurs fois par semaine), son nez fin, ses pommettes saillantes… Il se dégage de son visage une réelle harmonie, en plus d'une remarquable détermination, qui le rend indubitablement attirant. Il est sans conteste le plus bel homme que j'aie jamais approché. Le plus beau et le plus énigmatique.

– Mona ?

Je change aussitôt de page, lève les yeux.

– Oui, monsieur Capelli ?

– Allons dîner ! Je t'emmène chez Domenico.

Je décroise les jambes, me redresse.

– C'est gentil, mais je ne crois pas que ce soit une bonne idée.

– Je te promets de ne pas chercher à te faire changer d'avis, je n'aborderai même pas le sujet. Je veux juste manger, je suis affamé.

La façon dont il prononce ces derniers mots achève de me consumer sur place. Mon bas-ventre se serre et s'enflamme d'une agréable tension qui deviendra, je le sais, de plus en plus douloureuse.

Je le désire.

Bon Dieu, comme je le désire.

– Ce n'est qu'un dîner, Mona, rien de plus.

Nos iris ne se quittent plus.

– Je ne t'embêterai pas avec mon histoire, promis.

– Vous ne m'embêtez pas, c'est juste que… j'ai mes raisons, éludé-je.

Je ne suis toujours pas prête à lui avouer que j'ai bien trop peur de me prendre au jeu, justement, et d'en souffrir quand il s'arrêtera.

Il se lève, me présente son bras comme le ferait un parfait gentleman.

– Nous y allons ?

Je lève les yeux.

Mon Dieu, ce regard, ces prunelles ardentes… je fonds !

– Je n'ai pas dit oui.

– Ce n'est qu'un dîner, Mona, réitère-t-il. Juste un dîner, rien de plus.

Pour lui peut-être, mais pour moi, c'est bien plus que ça. Pour moi, cela veut dire du temps passé avec lui, ses yeux soudés aux miens, ses lèvres qui me parleront, qui me souriront, les mots qu'il prononcera, sa voix, ses mains qu'il passera sur son menton ou dans ses cheveux, son corps si tentant…

Oh non, ce n'est pas seulement un dîner, mais je suis incapable de lui résister, pour ça en tout cas. Surtout lorsqu'il me regarde avec cet air-là.

– D'accord, mais au premier dérapage, je vous abandonne à votre triste sort.

Il a un sourire en coin, si sexy que mon ventre réagit immédiatement.

– D'accord. Je serai sage, je te le promets…

Pourquoi je ne le crois pas une seule seconde ?

Certainement parce qu'il a constamment une idée derrière la tête en ce qui me concerne et cette idée n'est pas celle que j'aimerais. Je voudrais qu'il s'intéresse à moi réellement et non qu'il fomente un plan pour récupérer son ex ou qu'il ne pense qu'à me sauter pour passer le temps.

Je me mets debout et garde une certaine distance. Par prudence.

– Ça ne change rien, hein ?

– Non, Mona, ça ne change rien. J'ai compris le message.

***

Domenico nous accueille à bras ouverts. Il m'embrasse sur les joues, me dit qu'il est ravi de me revoir et ravi de nous voir ensemble. Je ne sais pas s'il fait partie du complot « amadouer Mona », mais j'avoue que sa jovialité et son accueil me mettent du baume au cœur. Tout comme le regard de Hugo sur moi pendant le repas ; il a pris ses sempiternelles pâtes fraîches au jus de truffe et moi, j'ai demandé au maître des lieux de me faire découvrir une autre de ses spécialités et de m'étonner. J'ai quand même opté pour son tiramisu en dessert, une merveille ! Même notre conversation est légère. Nous faisons connaissance, nous nous racontons notre scolarité, sans aborder les sujets qui fâchent. J'apprends ainsi que son amitié avec Clément remonte à sa première année postbac, et qu'il est parrain de son fils, âgé de 5 ans, dont il est dingue. Je comprends dans sa façon de parler de son filleul qu'il aime les enfants, et qu'il en veut. Je suppose qu'il juge Camille digne de lui en faire, puisqu'elle est la femme idéale et celle qu'il désire. Mon estomac se transforme soudain en pierre à cette pensée et je délaisse mon tiramisu, après en avoir fait de la purée.

– Quelque chose te tracasse ?

Je ne sais même pas de quoi il parlait, j'ai perdu le fil.

– J'aimerais rentrer, s'il vous plaît.

Il soupire.

– Quand est-ce que tu vas te décider à me tutoyer ? Nous ne sommes pas au bureau !

– Je préfère !

Il saisit soudain mes doigts entre les siens.

– Accepte, Mona. Pour moi…

J'écarquille les yeux, le cœur douloureux, l'intonation de ses paroles le transperçant de mille flèches. Ça semble tellement important pour lui que ça me fait mal.

– Vous aviez promis ! me rebellé-je en retirant ma main, me retranchant une fois de plus derrière la colère pour ne pas souffrir davantage.

– Je t'ai dit que je ne chercherais pas à te faire changer d'avis pendant le repas, mais nous avons fini.

– Je ne sais pas pourquoi je continue de discuter avec vous, m'emporté-je, vous vous arrangez toujours pour avoir le dernier mot !

– C'est effectivement l'une de mes qualités.

En plus, il se fout de ma gueule.

Voyant que je m'apprête à me lever, il s'empare à nouveau de ma main.

– Ceci dit, je te demande pardon.

Nous nous observons, ardemment.

Je soupire.

Je suis faible face à cet homme.

– Je sais que c'est important pour vous, Hugo, et je… je vous promets d'y réfléchir. Vraiment.

Son visage s'illumine.

J'ai le sentiment de lui avoir décroché la lune et qu'il en soit si heureux me fait encore plus mal. Un mal si insoutenable que j'ai soudain envie de me terrer au fond de mon lit et de pleurer sur cette putain de destinée qui s'amuse à me faire souffrir.

19

Mona

Dimanche. Dans une semaine, c'est mon anniversaire et c'est ce jour, très exactement, où aura lieu cette fameuse garden-party organisée par l'ex de mon boss et je n'ai toujours pas pris de décision. Malgré l'insistance discrète de Hugo, qui s'est contenté, vendredi, de m'apporter mes café et pâtisserie préférés. Il faut dire que nous avons croulé sous le travail et les appels de nouveaux clients, la renommée de Trader A ayant manifestement traversé les frontières.

Il a compris que me forcer la main ne servira à rien.

Il voulait encore m'inviter chez Domenico, mais j'ai refusé. J'ai envie de passer du temps avec lui, Dieu sait que j'en ai envie, et j'ai également envie de l'aider parce qu'il me touche et a su faire vibrer une petite corde sensible dans mon âme, ce qui implique me faire passer au second plan pour ne penser qu'à lui. Je crois que c'est ce que je vais finir par faire. Je vais l'aider à reconquérir Camille, puis je démissionnerai.

Je ne pourrai plus travailler pour lui.

J'en suis encore là de mes réflexions inextricables pour savoir si oui ou non j'accède à la demande de mon boss de jouer la fausse fiancée pour l'aider à récupérer son ex (l'ironie du sort ne m'échappe pas !), lorsque je sonne à la porte de la maison de mes parents, située dans le quartier résidentiel du Plateau, à Palaiseau. Une maison mitoyenne comme il en existe tant, un peu défraîchie (mes parents n'avaient pas beaucoup de moyens et, aujourd'hui, ils préfèrent utiliser leur argent pour voyager), avec des volets bleus, de la même couleur que le portail en fer. Elle a beau être moche, c'est ma maison, et j'y ai de bons souvenirs. Elle était en tout cas mon havre de paix lorsque je me faisais malmener à l'école.

Je n'ai jamais avoué à mes parents ce que je subissais quotidiennement, encore moins à ma sœur, Florence, de trois ans mon aînée, qui, elle, est parfaite : intelligente, douée à l'école, douée en tout à vrai dire. C'est une tronche ! Mon frère, Maxime, et ma sœur sont tous les deux des tronches, alors que moi, moi... j'avais des difficultés en tout, sauf en rédaction. Ce qui fait qu'à ce jour ils ont des métiers qui paient bien et moi, je ne suis qu'une petite secrétaire qui tape des rapports toute la journée. Même si c'est dans une boîte dirigée par un dieu vivant, ce n'est pas ça qui fait la différence sur un CV.

Bref, encore aujourd'hui je ne comprends pas comment j'ai pu me laisser malmener à ce point au collège. Peut-être qu'inconsciemment je voulais que l'on fasse attention à moi, même si cela supposait de subir les brimades et les moqueries sur mon poids et mes cheveux poil-de-carotte ; en vieillissant, ils ont pris cette teinte plus particulière qu'est le blond vénitien, mais petite, j'étais vraiment rousse. Je pense aussi que j'espérais, au bout du compte, me faire accepter et que ça leur passerait, mais chaque année c'était la même chose, j'étais le bouc émissaire de la classe.

Heureusement que les choses se sont améliorées au lycée !

Il y avait beaucoup trop de monde pour que l'on fasse attention à moi, puis Carla, l'une des stars du lycée, m'a prise sous son aile. Même si je restais un peu en retrait, j'ai réussi à m'accepter et à assumer mes différences. Je poussais même le vice jusqu'à porter des couleurs improbables ; je n'en avais plus rien à foutre. Ce que l'on pensait de moi ne m'importait plus. Il m'a fallu du temps et de l'énergie pour en arriver là, des larmes aussi, mais Carla et mes nombreuses lectures m'ont aidée. De là est née l'envie d'écrire, pour nettoyer mon âme de ces souffrances et de ces humiliations.

– C'est moi ! clamé-je en pénétrant dans le vestibule, chassant d'un mouvement de tête les douloureux événements du passé, qui ont fait de moi celle que je suis aujourd'hui.

Comme chacun de nous.

Le passé nous modèle et forge notre caractère. Ma vie a changé quand j'ai décidé de m'accepter et de ne plus me laisser marcher sur les pieds, mais sous certains aspects, je reste cette petite fille qui a terriblement besoin de reconnaissance et terriblement besoin d'amour.

– Mona, entre, ma puce ! s'exclame ma mère depuis les fourneaux.

Je pends ma veste à la place qui est la sienne à l'une des patères (mes parents sont très exigeants sur l'ordre et le placement des choses !), mon sac à main, puis je pénètre dans la cuisine, qu'ils ont quand même restaurée récemment et qui, aujourd'hui, avec son îlot central et ses ustensiles et appareils en Inox, est relativement moderne. Deux portes-fenêtres donnent sur une grande terrasse en L et une ouverture permet d'accéder à la grande pièce salle à manger-salon, sur la gauche.

Je contourne l'îlot et vais me positionner dans le dos de ma mère, la tête par-dessus son épaule droite, pour regarder dans les casseroles et me délecter, comme je le fais toujours, des bonnes odeurs de nourriture. Ma mère étant un véritable cordon-bleu, notre repas dominical est toujours festif.

J'enroule mes bras autour d'elle et je l'embrasse sur la joue.

– Bonjour, maman.

Elle me rend mon baiser.

– Bonjour, ma puce, tu vas bien ?

Je chipe un morceau de pain, le mets dans ma bouche. Les bonnes odeurs m'ont mise en appétit. Je me fais rarement à manger, pour moi, aujourd'hui, c'est une perte de temps, mais je sais cuisiner, et j'aime bien, seulement… hormis Carla, je n'ai pas d'amis à qui faire goûter les bons petits plats que m'a appris ma mère.

– Ça va et toi ?

– Bien… ton nouveau travail te plaît toujours ?

Mes parents et le travail… il n'y a que ça dans la vie.

En même temps, travailler nous permet d'être libres, de nous épanouir et d'assumer nos besoins. Encore faut-il que ce soit un travail épanouissant… Ils ne demandent jamais où j'en suis de mon écriture. Pour eux, écrire n'est pas un vrai métier. Peut-être que leur vision changera le jour où je serai éditée. Si j'arrive à me faire éditer un jour. Peut-être que, ce jour-là, ils me prendront au sérieux et seront enfin fiers de moi.

– Ça va, je remplace la secrétaire de direction qui est malade, c'est un peu plus intéressant que ce que je fais d'habitude.

Je dois reconnaître que ça l'est, vraiment, d'autant plus que, en prime, je suis proche du boss, ce qui est plutôt agréable, très agréable, même, malgré... malgré la situation.

– Oh, c'est bien, ça ! Tu auras de l'avancement, alors ?

– Je ne sais pas, maman, peut-être... je verrai ça sur ma prochaine paie. Sinon, tu nous as fait quoi de bon à manger ?

– Crudités, gigot avec des haricots verts et des flageolets, plateau de fromages et tarte aux pommes. Et j'ai déjà mon menu de la semaine prochaine.

Nous y voilà !

Je me demandais quand elle allait aborder la question...

– Maman... j'espère que tu n'as invité personne !

Elle se retourne, sa cuillère en bois en l'air.

– Si, j'ai convié Lucas, le fils de mon amie Micheline, à venir partager notre repas. Il paraît très bien ce garçon, il est sportif, gentil, il a une bonne situation... Je suis sûre que tu vas l'adorer.

– Maman, répliqué-je en soupirant, c'est ce que tu dis à chaque fois ! Combien de fois faudra-t-il que je te répète que je n'ai pas besoin que tu me trouves des hommes, je peux très bien me débrouiller toute seule ! Et je ne suis pas pressée. Ça arrivera quand ça arrivera !

– Et si ça n'arrive jamais ? Si tu finissais vieille fille ?

– Et alors ? m'enflammé-je. Il y a plein de femmes célibataires qui sont très heureuses. Je vais avoir 27 ans, maman, j'ai encore le temps.

– Regarde ta sœur et ton frère, ils ont bien trouvé, eux !

– Oui, ils ont trouvé et j'en suis très heureuse pour eux, mais moi, non ! C'est comme ça, je n'y peux rien !

– Est-ce qu'au moins tu sors ? Est-ce que tu rencontres des garçons ?

C'est pas vrai... elle ne peut pas me lâcher avec ça ?

Je vais l'enlacer.

La tête au creux de son épaule, j'enchaîne :

– Oui, maman, je sors. Pas souvent, mais je sors et peut-être...

Une idée, soudain, germe dans ma tête :

– Peut-être que la semaine prochaine, je viendrai avec quelqu'un.

Elle me prend par les bras, me fait reculer pour m'observer intensément.

– Tu as rencontré quelqu'un ? demande-t-elle, des larmes plein les yeux.

– Oui, maman, j'ai rencontré quelqu'un.

Elle me serre vigoureusement contre elle, s'écrie :

– Rhooo que je suis contente !

Punaise, elle est prête à chialer toutes les larmes de son corps. Je savais que c'était important pour elle, mais pas à ce point. Pourquoi met-elle tant d'espoir dans ma vie amoureuse ? Ça me dépasse.

– Je suis désolée, maman, dis-je dans son cou, proche des larmes moi aussi.

Elle me repousse à bout de bras.

– Mais de quoi, grands dieux ?

– D'avoir été une constante source de déception pour papa et toi.

– C'est vraiment ce que tu penses ? Que tu nous déçois ?

Une larme roule sur ma joue.

Incapable de parler, je secoue la tête.

Elle m'attire à nouveau contre elle, me caresse les cheveux.

– Oh, ma puce, c'est moi qui suis désolée que notre comportement t'ait amenée à penser une telle chose de nous, parce que c'est faux. Nous ne voulons que ton bonheur, c'est tout. Nous voulons que tu aies une vie heureuse, épanouie, auprès d'un homme qui t'aime, que tu aimes et qui prendrait soin de toi. C'est peut-être un peu vieux jeu, mais nous avons du mal à supporter le fait que tu sois seule, c'est vrai. Et c'est vrai également que nous nous sommes toujours fait du souci pour toi, je ne peux le nier, continue-t-elle, après avoir reniflé. Parce que… parce que j'avais l'impression que tu peinais à trouver ta place, mais jamais, jamais tu entends, tu ne nous as déçus ! Bien au contraire, nous sommes fiers de ce que tu as accompli et des études que tu as faites. Nous aurions juste préféré que tu choisisses l'enseignement, mais ce n'est pas trop tard.

Je souris à travers mes larmes.

Quand elle a un truc en tête, ce n'est pas ailleurs !

Oui, j'aurais pu être enseignante et j'aurais pu, sur leur insistance, le devenir, mais je n'en ai pas la vocation, c'est comme ça, je ne suis pas comme eux, ça ne m'intéresse pas. Je n'aurais jamais eu la patience d'enseigner à des enfants, ni les épaules ; je me sens moi-même encore si paumée. Comment donner confiance à des enfants si j'en manque autant moi-même ?

– Tu serais mieux payée, tu aurais des vacances dignes de ce nom.

Je m'écarte, essuie mes joues.

– Je sais, maman, mais je ne suis pas intéressée par ce métier.

– Tu ne veux pas essayer ? Juste quelques mois ?

– Non ! Ce que je veux, c'est écrire. Tout en travaillant à côté si je ne peux pas en vivre, mais écrire. Il n'y a que ça qui me rend heureuse, tu comprends ?

Elle pose sa main sur ma joue.

– Je comprends et je te promets que je ne t'embêterai plus. Ni pour ton travail ni en ce qui concerne les petits amis, tu as ma parole ! Surtout que tu as enfin trouvé quelqu'un ! s'exclame-t-elle. Viens, on va l'annoncer au reste de la famille !

Elle me prend par la main et j'ai juste le temps d'essuyer mes yeux avant qu'elle m'entraîne dans la salle à manger.

– Devinez quoi ? Mona a enfin un amoureux ! Et il sera avec nous la semaine prochaine pour son anniversaire ! N'est-ce pas merveilleux ?

Elle pourrait battre des mains comme une enfant tellement elle est contente.

Ma sœur bondit sur ses pieds avec un cri de joie et me saute dessus pour me claquer des baisers retentissants sur les joues. Suivie de près par Clarisse, la femme de mon frère, mon frère lui-même, mon beau-frère Quentin et enfin mon père, tout sourire.

On dirait que je viens de leur annoncer que je vais me marier !

C'est incroyable l'effet que ça leur fait, et pour la première fois de ma vie, je me sens en phase avec eux, je n'ai plus l'impression d'être le vilain petit canard de la couvée. Ils sont tous si heureux pour moi et moi, si satisfaite que pour une fois ils aient quelque chose à fêter me concernant, que je ne regrette pas une seconde mon mensonge : si Hugo veut que je joue à la fausse fiancée, il devra endosser le rôle du charmant petit ami devant ma famille dimanche prochain, histoire d'apaiser les esprits, de leur montrer que ma vie est épanouie et que je peux moi aussi rencontrer des hommes intéressants.

Ensuite, eh bien… je leur dirai que nous nous sommes séparés.

J'arguerai que nous étions trop dissemblables pour que ça fonctionne, en plus d'être issus de deux mondes différents.

– Et comment s'appelle cet homme incroyable qui a réussi à séduire ma fille au point qu'elle veuille nous le présenter ? s'enquiert mon père après avoir réclamé le silence en levant la main.

J'attends que les acclamations de joie s'éteignent.

– Hugo, papa. Hugo Capelli et c'est mon patron.

Les cris de joie et d'émerveillement fusent à nouveau.

Plus qu'à espérer qu'il accepte pour que perdure cet état de grâce.

20

Mona

– Accepte, Mona… me prie Hugo, en posant le petit plateau contenant un café et un muffin framboise à côté de ma main gauche.

Je soupire et lève les yeux.

J'ai un choc.

Habituellement, ses costumes sont de couleurs claires, gris ou bleus, aujourd'hui, il porte un trois-pièces anthracite, presque noir, qui rehausse davantage son teint parfait ainsi que les traits anguleux de son visage et il est à tomber.

J'avoue également que cette petite attention du matin me charme, même si c'est intéressé.

Je désigne le plateau.

– Merci pour ça, vous n'êtes pas obligé.

– Je sais, mais ça me fait plaisir ! Tu as pris une décision ?

Il me regarde toujours avec tellement d'insistance que j'ai l'impression qu'il s'apprête à me dévorer. Et je ne comprends pas pourquoi il me mate comme ça. Dire que j'ai cru que je l'intéressais. Mais ça faisait partie de son plan !

– Qu'est-ce que tu risques après tout ? ajoute-t-il sans attendre ma réponse, avec son sempiternel petit sourire qui fait accélérer mon cœur. Rien ! Seulement de passer du temps avec moi !

Oui et c'est bien là le problème !

Je prends une gorgée de café et croque dans le muffin, que je tends vers lui.

– Hum… vous en voulez ? Ce sont aussi vos préférés, non ?

Je cherche à gagner du temps.

Pourtant, ce matin, devant le miroir de la salle de bains, c'était facile de lui faire ma proposition. Là, tout de suite, c'est une autre paire de manches et j'ai l'impression que toute couleur a quitté mon visage tellement je flippe.

Il approche, sans un mot, pose sa main sur la mienne, se penche et croque dans la pâtisserie. Je le regarde déglutir, passer sa langue sur ses lèvres. Mon cœur manque un battement. Puis plusieurs. Je fonds et refoule l'envie irrésistible de me ruer sur sa bouche pour sentir le goût du muffin sur ses lèvres.

– Quelque chose ne va pas ? demande-t-il en lâchant ma main et en m'observant avec attention, une petite lueur d'ironie dans le regard.

Connard !

Je sais qu'il sait.

Il ne peut en être autrement, mon désir pour lui doit être marqué en toutes lettres sur mon visage et il en profite pour s'amuser à mes dépens.

Tant pis, après tout, ça ne change rien ! Ce n'est qu'un

échange de bons procédés, dans l'intérêt de chacun ; il veut se servir de moi, alors je me sers de lui ! Rien de plus logique.

Je pose le muffin sur le plateau, m'éclaircis la gorge.

– J'ai pris une décision !

Son expression devient plus tendue, plus sombre.

Voyant que je ne dis rien de plus, il insiste :

– Et ?

– Et quoi ?

Moi aussi, j'ai bien envie de jouer avec ses nerfs. J'adore ça, en fait.

– Ta décision ! Ne me fais pas languir plus longtemps, Mona…

Son impatience me fait sourire.

Il n'est pas dans ses habitudes de dépendre de quelqu'un et il doit détester ça !

– D'accord ! Mais pas ici ! N'importe qui pourrait surprendre notre conversation.

Je suis d'ailleurs étonnée que personne ne se soit rendu compte qu'il allait lui-même chercher son café tous les matins… mais manifestement, nul ne se doute que ce café et ce qui va avec sont pour moi, Ben m'en aurait parlé. Curieux comme il est, il m'aurait cuisinée pour savoir si oui ou non il se passe quelque chose avec Hugo.

– Très bien, allons dans mon bureau, acquiesce-t-il.

Je me lève, le suis.

Il ferme la porte derrière nous et va poser ses fesses sur le plateau du bureau, tandis que je reste à distance raisonnable.

Il me désigne la chaise où j'ai l'habitude de m'installer pour prendre des notes.

– Je t'en prie, assieds-toi.

– Je préfère rester debout.

Je croise les doigts devant moi pour empêcher mes mains de trembler.

Pourquoi je me mets dans un tel état ?

C'est qu'un mec, après tout !

Et c'est lui qui a commencé !

Encore une fois, devant mon miroir, c'était facile. Je n'avais pas sa plastique de rêve sous les yeux, ni ses mains si parfaites aux longs doigts effilés de part et d'autre de son bassin ni son regard dévorant sur moi.

Mes jambes frémissent et pas uniquement mes jambes.

J'aurais dû m'asseoir !

– Je t'écoute, Mona.

Ses sourcils sont froncés.

Il se maîtrise, mais je vois qu'il est impatient et une lueur d'inquiétude finit par danser dans ses magnifiques yeux bleus. Ils sont si clairs, si purs. Leur limpidité me happe, me coupe quasiment la respiration.

Je me reprends avant de me laisser engloutir par mon désir, de plus en plus irrépressible.

– J'ai décidé d'accepter votre proposition !

Son visage s'éclaire.

Voyant qu'il est sur le point de laisser s'exprimer sa satisfaction et son contentement, je m'empresse d'ajouter :

– Mais à une condition !

– Acceptée ! déclare-t-il, sans se départir de son sourire.

Sourire que je lui rends.

Finalement, ça m'amuse de le prendre à son propre jeu !

– Vous ne savez même pas ce que je vais vous demander !

– Je m'en fiche, c'est oui !

– OK... alors je veux que vous m'accompagniez chez mes parents dimanche prochain, c'est... c'est mon anniversaire et je veux que vous vous fassiez passer pour mon petit ami. C'est à prendre ou à laisser.

Il me scrute avec une telle insistance que je suis prête à défaillir. Et à cet instant précis, je suis bien incapable de comprendre ses pensées.

– Alors, je prends ! Mais j'ai moi aussi une exigence, ajoute-t-il avec un sourire carnassier. Je veux que tu m'accompagnes à Rome.

Eh merde...

– Si nous voulons être crédibles, réagit-il aussitôt devant mon air certainement hagard, nous devons tout connaître l'un de l'autre. Et pour nous connaître, nous devons passer du temps ensemble. Donc j'exige que tu m'accompagnes à Rome.

Je lève une main, un peu paniquée.

– Ce n'est que pour une journée, ce n'est pas la peine de sortir le grand jeu.

– Trop tard ! Un deal est un deal !

– Mais, monsieur Capelli...

Il m'interrompt :

– Je ne veux rien entendre. Je te l'ai dit, un deal est un deal, Mona !

Je suis tellement abasourdie par la tournure des événements que je ne peux que le regarder, les yeux ronds, contourner son bureau, s'emparer de son trench et l'enfiler. Il met une écharpe en soie autour de son cou. Bleue. De la même couleur que ses prunelles intenses. Comme d'habitude, il est à tomber.

– J'ai des rendez-vous à l'extérieur, je serai absent toute la journée. Je t'attendrai devant chez toi demain matin à neuf heures. Prends des vêtements légers, il va faire chaud à Rome, et d'autres… plus confortables !

– Je n'ai pas accepté !

– Non, mais tu le feras. C'est aussi important pour toi que ça l'est pour moi, non ? Ah et… prends également ton maillot de bain !

Il me fait un clin d'œil et, dépitée, je le regarde sortir du bureau.

Je crois qu'il va finir par me rendre complètement dingue.

Je me laisse tomber sur la chaise, les jambes coupées.

C'est la merde !

À quoi je pensais en lui faisant cette proposition ?

À dire vrai, je n'ai pas franchement réfléchi. Il me semblait que c'était la solution idéale pour combler ma famille et être comme eux ! Pour rentrer dans le moule ! Je… je voulais qu'ils se réjouissent pour moi. Je voulais perpétuer la tradition familiale et leur montrer que moi aussi je peux être en couple et heureuse de l'être. Que je n'ai aucun problème avec les hommes ! Que moi aussi je suis capable de séduire quelqu'un ; quelqu'un qui m'aimera comme je suis ! J'espérais ne plus me sentir en décalage. J'espérais ne plus être un ovni dans cette famille si parfaite ! Je vis plutôt bien mon célibat, ce sont leurs regards de compassion envers la pauvre célibataire que je suis que je ne supporte plus.

Oui, je pensais l'idée lumineuse, mais ça, c'était avant qu'il me propose de partir avec lui en voyage d'affaires ! En soi, ce n'est pas une si mauvaise idée et il a raison, nous devons peaufiner nos rôles pour être crédibles, mais comment faire pour ne pas craquer alors que j'ai envie de lui sauter dessus dès que je pose les yeux sur lui ?

Je rejoins mon bureau et reprends ma place face à l'écran. Incapable de me concentrer, alors que j'ai du travail par-dessus les oreilles, comme d'habitude, je m'empare de mon téléphone.

Mon cœur s'emballe quand je remarque un petit (1) au-dessus de l'icône de Trouverlamour.com.

Barca...

Barca qui me plaisait tellement. Barca qui est non seulement mon boss, mais qui s'apprête à endosser le rôle du parfait fiancé. J'ai fantasmé sur lui dès le début. Je crois même que j'ai fait l'amour avec lui plusieurs nuits de suite, en rêve... sans savoir qui il était réellement, évidemment.

Si j'avais su...

Quelle merde !

Barca_J'ai hâte ! Passe une bonne journée. À demain...

Je ne réponds rien.

Il n'y a rien à dire.

Nous sommes lundi... six jours nous séparent du jour J.

Une éternité !

***

– Il peut se passer énormément de choses en six jours ! déclare d'un ton docte Carla qui m'a rejointe pour déjeuner après que je lui ai dévoilé les derniers événements.

J'avais besoin de parler à quelqu'un.

– Vous serez loin du bureau, ajoute-t-elle, pensive, un sourire aux lèvres. Tu n'as plus qu'à lui sortir le grand jeu et hop… emballé, c'est pesé ! La Camille, elle n'aura plus qu'à aller se rhabiller. Tu m'as bien dit qu'il s'intéressait à toi !

– Je l'ai cru, oui, mais maintenant, j'en doute ! réponds-je en soupirant, un peu dépitée par la situation.

Ça va trop vite !

Je ne suis plus très sûre de vouloir ce que j'ai déclenché.

– Il m'a fait du charme pour s'amuser, parce que… j'en sais rien, parce que j'étais là et qu'il se sent certainement seul depuis que son ex l'a quitté.

– Qu'est-ce qui t'empêche de profiter de la situation ? Et qui sait, il pourrait changer d'avis à propos de Camille.

– Je ne crois pas, avoué-je. Elle est la femme idéale selon lui.

Je ne suis même pas allée voir sur le Net à quoi elle ressemble. Je n'en ai pas le courage. Mais je suppose qu'elle est très belle, très distinguée, intelligente et qu'elle s'habille bien.

– Bah… au moins tu auras pris du bon temps, ajoute Carla. Fais-le raquer ! Tu n'auras pas tout perdu !

– Ce n'est pas dans ma nature de profiter des gens, Carla. C'est déjà bien assez difficile pour moi de me servir de lui pour jouer le rôle de petit ami…

Je mets ma tête entre mes mains.

– Pourquoi je lui ai demandé une chose pareille, tu peux me le dire ?

– Parce que tu veux que tes parents soient fiers de toi. Parce que tu veux que ta vie soit parfaite, comme celles de ton frère et de ta sœur qui ont trouvé leur âme sœur. Mais tu sais, si ça se trouve, ils vont divorcer dans deux ans.

– Je ne crois pas. Ma sœur parle d'avoir un bébé.

– Ah… ouais, ben, grand bien lui fasse ! Pour ma part, je ne suis pas pressée d'avoir des gosses.

– Est-ce qu'au fond de toi tu n'as pas envie de rencontrer quelqu'un ? Honnêtement ?

– Honnêtement, je ne suis pas prête à renoncer à ma liberté, mais si j'étais à ta place, je ne réfléchirais pas deux fois et je me taperais ce si séduisant spécimen qu'est ton boss. Je crois qu'il faut apprendre à vivre au jour le jour et à profiter de toutes les opportunités qui s'offrent à nous ! Même si elles doivent être éphémères. Et encore une fois, ce sera peut-être le début d'une belle histoire.

Je ne crois pas, non !

C'est surtout le début des emmerdes.

Mais après tout, qu'est-ce que je risque ? C'est la question que m'a posée Hugo tout à l'heure. Lui, il ne risque rien, son intérêt est ailleurs et il n'en a rien à foutre de moi, mais moi… moi… je joue gros. Moi, je serai incapable de le côtoyer pendant des jours sans me retrouver complètement sous son charme. Et quand cette histoire sera finie, quand il n'aura plus besoin de moi, il sortira de ma vie sans aucun scrupule.

Et alors, qu'adviendra-t-il de moi ?

J'ai vraiment été insouciante et je suis terrifiée à l'idée de le regretter.

D'ailleurs, je le regrette déjà.

21

Hugo

Germain a trouvé une place devant chez Mona, de l'autre côté du trottoir. J'inspecte son immeuble, un peu vétuste. Bon, ce n'est pas la zone, la façade est juste un peu défraîchie, mais ce n'est pas folichon ! Je devrais lui trouver un autre endroit où vivre ! Cette idée me percute de plein fouet. Encore une fois, c'est décalé, complètement incongru, mais je ne peux m'en empêcher : je veux prendre soin d'elle, je veux la protéger, je voudrais ce qu'il y a de plus beau pour elle.

Je ne peux m'empêcher de faire la comparaison avec Camille, et à vrai dire, je le fais de plus en plus souvent. Camille est habituée au luxe, elle est blasée et malgré le confort de vie que je lui offrais, malgré les lieux de vacances paradisiaques, les grands restaurants, ce n'était jamais assez ; rien ne réussissait à trouver grâce à ses yeux et elle en voulait toujours plus.

Alors que Mona, Mona…

Je revois son regard étincelant, presque émerveillé, quand

nous sommes entrés à l'Espadon, le restaurant du Ritz, son sourire d'extase quand elle a goûté à son plat, cette façon qu'elle avait de regarder partout et de sourire en permanence. Je crois que c'est à cet instant que j'ai compris qu'elle est différente. Et que je me suis surpris à avoir envie de la gâter, juste pour la faire sourire…

Je suis presque sûr que j'ai encore rêvé d'elle la nuit dernière et ça m'emmerde !

Je ne devrais pas penser à elle comme je le fais, mais à Camille ! Camille que je me suis mis en tête de reconquérir. Pourtant, je dois me rendre à l'évidence, ce n'est pas mon ex qui emplit toutes mes pensées aujourd'hui et me fait bander, mais ma secrétaire.

Je connais la solution, baiser avec elle pour taire ce besoin que j'ai de son corps, c'est ce que j'avais décidé, seulement… ce ne serait pas juste pour elle. Je ne veux pas lui faire de mal ni me servir d'elle, du moins pas de cette façon. Notre relation sera purement platonique et doit le rester, même si j'en crève.

Je prends des risques, je sais.

L'emmener avec moi à Rome n'est pas l'idée la plus lumineuse qui soit, mais c'est l'idéal pour faire plus ample connaissance et que notre couple paraisse crédible. Je ne peux pas m'empêcher de penser que je vais l'avoir sous les yeux vingt-quatre heures sur vingt-quatre. Elle dormira dans une chambre proche de la mienne. Comment je vais faire pour ne pas craquer ? Comment je vais faire pour ne pas succomber à ce qu'elle m'inspire, pour ne pas avoir envie de l'embrasser…

Bon, qu'est-ce qu'elle fout ?

Je regarde ma montre.

Elle a cinq minutes de retard !

Je suis impatient de la voir. Impatient d'avoir son si joli minois et ses courbes affriolantes sous les yeux. Ce n'est pas parce que je me suis juré de ne pas la toucher que je ne peux pas me rincer l'œil !

Enfin, la voilà !

Mon cœur bondit dans ma poitrine alors que je la vois traverser la rue, une petite valise cabine à bout de bras.

Je bondis hors de la voiture, la contourne pour me retrouver face à elle.

Bon Dieu, qu'elle est belle !

Ses joues sont toutes roses, ses yeux cernés comme si elle avait passé une nuit blanche. J'enrage aussitôt à l'idée qu'elle ait pu la passer avec un mec. Qu'est-ce qui m'arrive ? ! Cette fille fait ressortir en moi un instinct animal de possession que je ne me connais pas, alors même qu'elle ne m'appartient pas. Alors même que je ne l'ai même pas embrassée.

Je me rends compte que je fixe ses lèvres.

Je me reprends.

– Bonjour, mademoiselle Vargas ! Vous êtes en retard ! Vous savez pourtant que je déteste attendre !

J'ai laissé transpirer ma mauvaise humeur, malgré moi. Et pourquoi je la vouvoie à nouveau, bon Dieu ? !

Est-ce que je pense sérieusement que ça m'évitera d'avoir une terrible envie de la sauter ?

Bon sang… j'en ai envie ! Maintenant ! Tout de suite ! Sur la banquette arrière !

D'autant plus envie qu'elle retire sa veste, avec une petite moue qui me donne également envie de sauter sur ses lèvres. J'admire son corps moulé dans cette petite robe noire toute simple que j'ai appris à aimer. J'imagine ses jambes gainées de bas et ses escarpins à hauts talons autour de mes hanches pendant que je m'enfoncerai en elle, et mon membre se tend douloureusement.

– Bien le bonjour à vous aussi, monsieur Capelli, dit-elle en me tendant sa valise.

Elle me prend pour son valet ou quoi ?

Je suis tellement surpris par son assurance, tellement séduit aussi par sa petite moue taquine, il faut bien le dire, que je m'en empare. Sans que j'y prenne garde, ma main frôle la sienne. Au contact de sa peau, la mienne s'enflamme, mon membre se tend davantage. Je devrais encore aller me soulager avant de m'envoler avec elle ou je vais devenir dingue. Je sais que le soulagement ne sera que de courte durée (j'ai beau me branler souvent, je pense à elle… souvent !), l'avoir sous les yeux sera une véritable torture.

Je lui tourne le dos pour mettre la valise dans le coffre pendant que Germain lui ouvre la portière arrière pour qu'elle s'installe.

Je prends place à ses côtés.

Son parfum, aussitôt, m'environne, mêlé à l'odeur de son gel douche et de son shampoing. Elle sent bon. Divinement bon ! Manifestement, tout se lie contre moi pour que je la désire comme un fou.

– La nuit a été compliquée, visiblement ! Vous avez mal dormi ? Ou peut-être pas assez ?

Je tourne la tête vers elle.

Nos regards se happent et se verrouillent l'un à l'autre.

Comme bien souvent. Je ne sais pas à quoi elle pense, mais la lueur frondeuse de ses prunelles me plaît infiniment et m'excite. Est-ce que l'idée que j'ai pu passer la nuit à m'envoyer en l'air lui déplaît ? Comme je déteste l'imaginer avec un autre homme.

– Qu'est-ce qui vous fait penser ça ?

Effectivement, ma nuit a été désastreuse.

J'ai bossé sur les dossiers des clients que je dois rencontrer, puis je me suis couché, mais j'ai été incapable de trouver le sommeil. Je ne pensais qu'à elle ! Qu'à son corps sur le mien… qu'à la chaleur et au velouté de sa peau… Je me suis donné du plaisir et j'ai joui en pensant à elle, comme à chaque fois ces dernières heures.

Je sors de mes pensées classées X en entendant sa voix mélodieuse.

– Votre humeur de chien ! Vous me paraissiez plus détendu ces derniers jours. Mais peut-être que maintenant que vous avez obtenu ce que vous désirez le naturel revient au galop.

Quoi ?

Elle se fout de ma gueule ?

Sa voix a beau être mélodieuse, ses mots n'en sont que plus caustiques. Dits d'une voix si douce, ils me donnent des frissons, même si l'idée qu'elle me voie encore comme un connard arrogant et mal embouché ne me fait pas plaisir. Mais après tout, je l'ai reçue comme un chien (justement !) dans un jeu de quilles, soyons honnêtes. Uniquement parce que je la désire ! Et elle n'y est pour rien, ce n'est pas sa faute si son petit corps tout en courbes me fait un effet de folie. Malgré mes bonnes résolutions de ne pas la toucher, je ne suis plus très sûr de réussir à me contenir. Je pense même que plus je tente de rester loin d'elle, plus elle m'attire. Ce dont je m'étais déjà rendu compte.

Je récupère le paquet que j'ai laissé à mes pieds et le lui tends.

– Qu'est-ce que c'est ? demande-t-elle, tout en dénouant le cordon argenté entourant la boîte du Starbucks.

– Quelque chose pour occuper ta bouche ! Ne vois rien d'inconvenant dans mes paroles ! me reprends-je aussitôt en voyant ses yeux s'ouvrir démesurément.

C'est vrai que ça prête à confusion et j'avoue que j'aimerais occuper ses douces lèvres à autre chose qu'à siroter son café et à croquer dans son muffin.

Elle ouvre la boîte et me sourit après avoir découvert ce qu'elle renferme.

– C'est très gentil, monsieur Capelli, je n'ai pas eu le temps de prendre mon petit déjeuner.

Son sourire fait accélérer mon rythme cardiaque.

Mon corps se tend à nouveau. Si je dois bander à chaque fois qu'elle me regarde, je suis mal.

Elle s'empare d'un des gobelets de café, me le tend.

Je m'en saisis, tout en la regardant mordre dans son muffin.

Elle gémit de plaisir et ma queue se tend davantage.

– C'est tout à fait ce dont j'avais besoin, merci, monsieur Capelli.

Je prends mon muffin, croque dedans et bois une gorgée de café.

C'est vrai que c'est délicieux, mais bien moins que ses lèvres brillantes de sucre que je meurs d'envie de lécher.

Je plonge au fond de ses prunelles, retenant moi aussi

un gémissement, en rien lié à la pâtisserie, mais à la vision de sa langue, qu'elle promène sur sa lèvre inférieure.

– Hugo… s'il te plaît. À partir de maintenant, nous sommes intimes, Mona, nous avons fait un deal, souviens-toi.

Elle me sourit à nouveau, avec cette petite pointe d'amusement dans l'œil toute récente qui met le feu à mon corps. Si elle m'allume, je ne réponds plus de rien et mes belles résolutions de ne pas céder à ce qu'elle m'inspire partiront en fumée en un rien de temps.

– Nous ne serons jamais intimes, monsieur Capelli. Mais je suis d'accord pour vous appeler Hugo et vous tutoyer dans la sphère privée. Pour faire plus vrai ! ajoute-t-elle, sans se départir de son sourire.

C'est ça… pour faire plus vrai… C'est exactement ce que je veux…

Nous nous dévisageons ardemment, conscients, l'un comme l'autre, que nous jouons un dangereux petit jeu, avant la représentation finale. Un dangereux petit jeu que nous n'arrêterions pour rien au monde. Ses jolies lèvres roses m'attirent comme un aimant. Tout comme la peau de son décolleté, diaphane, piquetée de taches de rousseur.

Un vrai régal.

Je suis ravi de la voir s'empourprer.

Elle n'est pas aussi insensible qu'elle veut bien le laisser paraître ! Elle peut dire ce qu'elle veut, me résister autant qu'elle le veut, elle me désire autant que je la désire.

Je retiens in extremis l'envie qui me ronge de tout envoyer balader et de l'attirer sur mes genoux.

Je finis mon café et me penche pour reposer le gobelet vide ainsi que le muffin à peine entamé dans le carton qu'elle tient sur ses genoux. Je n'ai plus faim. En tout cas, pas de nourritures terrestres.

Je regarde au-dehors.

Nous ne sommes pas encore sortis de Paris. La circulation est dense. Même à cette heure. Je refais le planning dans ma tête : décollage à dix heures trente maxi, mon jet nous attend à l'aéroport privé en périphérie, une voiture de location sera là à la descente de l'avion, arrivée à l'hôtel avant midi, treize heures… rendez-vous avec mon premier client pour le déjeuner, au restaurant gastronomique de l'hôtel. Idem ce soir et idem les deux jours suivants. Je verrai en tout six clients potentiels, quatre Italiens et deux Russes. Annie a veillé à ce que l'hôtel possède une piscine, pour que je puisse me détendre avant chaque rendez-vous ; ce sont des durs à cuire et je vais devoir être convaincant. Si j'obtiens ne serait-ce qu'une confirmation de placement, je n'aurai pas fait le déplacement pour rien, mais si je peux tous les convaincre de me faire confiance, c'est encore mieux. S'ils signent, d'autres suivront et ma carrière internationale sera lancée.

Je reporte mon attention sur Mona.

Elle a fini son muffin et, son gobelet de café dans la main gauche, la droite sagement posée le long de sa cuisse, elle semble comme moi plongée dans ses pensées, le regard perdu sur l'extérieur. J'observe intensément son profil, la masse de ses cheveux ramenée sur l'une de ses épaules, le renflement de ses seins, avant de demander :

– J'espère ne pas t'avoir prise au dépourvu avec cette invitation. Si tu as besoin de quelque chose, nous trouverons sur place.

Elle tourne la tête vers moi.

– Je pense que ça ira, merci, monsieur…

– Hugo ! l'interromps-je.

J'ai peur que si elle ne se déride pas un peu et n'y met pas du sien, nous frôlions la catastrophe quand le moment sera venu, faute de crédibilité.

– D'accord… Hugo… excuse-moi, c'est… c'est compliqué ! Je ne me suis pas encore faite à l'idée de jouer cette comédie, alors pour ce qui est de te tutoyer…

– Tu regrettes ?

– Non, mais… tu es mon patron, alors…

– Dis-toi que je suis Barca et oublie que je suis ton boss !

– Ça paraît tellement simple quand je t'écoute. J'ai l'impression que tu as déjà tout planifié, que tu maîtrises tout, alors que moi, je suis morte de trouille.

Non, pas tout… je ne pensais pas être autant attiré par toi !

Je serre sa main une fraction de seconde.

– Tout va très bien se passer, je te le promets.

Elle me dévisage intensément, souffle :

– Tu es tellement persuasif. Mes parents vont t'adorer, j'en suis sûre.

Je repense au père de Camille, qui m'avait en horreur.

– Tu crois ?

Elle hausse un sourcil, surprise.

– Bien sûr ! Pourquoi ne t'aimeraient-ils pas ? Les parents de Camille ne t'appréciaient pas, c'est ça ? demande-t-elle encore face à mon mutisme.

– Exact !

– Pourquoi ? Je ne comprends pas.

Je soupire :

– Je sors de la rue, Mona, ma mère était concierge, et même si je suis né en France, à leurs yeux, je resterai toujours un étranger. Un parvenu.

– Et alors ? Tu es quelqu'un de bien, tu as réussi, où est le problème ?

– Dans la haute société parisienne, seule la naissance compte.

– Je ne comprends toujours pas pourquoi tu veux tant entrer dans ce milieu que tu as l'air de détester, en plus, mais bon… je suppose que ça ne me regarde pas.

– C'est tout à fait ça, ça ne te regarde pas ! répliqué-je sèchement.

Elle me dévisage, bouche bée, puis elle tourne la tête, mais j'ai eu le temps de remarquer ses yeux humides.

Je lui ai fait de la peine et je m'en veux.

Je m'en veux d'autant plus qu'elle a raison : ma fierté me perdra…

22

Mona

Je referme mon ordinateur portable pour regarder Hugo, assis en face de moi. J'ai bossé pendant une heure (je me suis transféré du travail du bureau) et j'en ai marre. De toute façon, je n'arrive pas à me concentrer, je suis trop excitée. Depuis que j'ai pénétré dans sa voiture, il y a de cela deux heures, j'ai le sentiment de vivre un rêve étrange. Un rêve, en même temps qu'un cauchemar. Car il n'arrête pas de souffler le chaud et le froid, comme à son habitude. Il m'a regardée venir à lui, debout à côté de sa voiture, avec cette expression si caractéristique qui lui échappe souvent quand il m'observe, comme s'il allait me dévorer toute crue, puis il m'a reproché mon retard. Il a été ensuite à nouveau charmant, jusqu'à ce qu'il se referme comme une huître lorsque j'ai cherché à comprendre ses motivations en ce qui concerne Camille. Je ne peux m'empêcher de penser qu'il fait une grave erreur, mais comme je le lui ai dit… c'est lui que ça regarde !

Donc… depuis que nous sommes installés dans le jet, il

n'a plus desserré les dents, il fait la gueule ! Et semble parfaitement concentré sur son écran.

Je soupire et regarde partout autour de moi.

Le jet est superbe, un vrai bijou ! Spacieux, élégant, des sièges en cuir, du bois précieux… et les pilotes et les hôtesses d'un professionnalisme irréprochable, bien que l'une d'elles ait dévisagé Hugo un peu plus longtemps que le voudrait la bienséance, mais je ne peux l'en blâmer, il me fait le même effet. Ce qui me console, c'est qu'il ne s'est pas intéressé à elle, pas une seule seconde, comme si elle était transparente, alors qu'elle est très jolie. En vérité, depuis que nous sommes descendus de voiture, il paraît complètement ailleurs, et je donnerais beaucoup pour savoir ce qui le perturbe à ce point.

– Bon, Hugo… quelle est ta couleur préférée ?

Il lève les yeux.

– Pardon ?

Je fonds face à son regard brumeux, comme s'il sortait d'un rêve, à cette voix légèrement éraillée. Ma petite culotte s'enflamme, mes parties intimes deviennent pesantes, se gorgent de quelque chose que je sais être du désir. Un désir violent. Qui me surprend une fois de plus. Heureusement que j'ai emporté James, mon vibro, que je me suis décidée à appeler Hugo. Je n'ai jamais autant ni aussi intensément joui que depuis que j'ai donné le prénom de mon boss à mon jouet.

– Puisque nous devons nous connaître mieux, selon tes propres mots, je commence par cette question toute simple, quelle est ta couleur préférée ?

Il referme l'écran de son ordinateur et un léger sourire illumine son visage.

– Le bleu. Et toi ?

– Le rouge ! Thé ou café ?

– Café !

– Moi aussi ! Ta pâtisserie préférée, je sais, c'est muffin framboise, enchaîné-je en lui souriant avec connivence, puisque nous avons le même péché pignon. Ta boisson préférée ?

– Le whisky, mais j'aime aussi la bière.

– Moi aussi, j'aime la bière ! Avec Carla, ma meilleure amie, nous allions souvent dans des pubs.

– Tu as fait lettres modernes, c'est ça ?

– Tout à fait ! À la Sorbonne. Tu as relu mon dossier d'embauche ?

– Oui ! La semaine dernière déjà, quand j'ai su que tu remplacerais Annie.

– D'ailleurs, comment va-t-elle ?

– Mieux ! Elle reprend lundi.

Ah...

Je tourne la tête vers le hublot. Je ne m'attendais pas à ça et j'avoue que l'information me déstabilise. Bien sûr, je le verrai toujours passer devant mon bureau plusieurs fois par jour, mais ce ne sera plus pareil, je ne serai plus directement en lien avec lui, il y aura Annie entre nous. Je savais que je ne serais qu'une secrétaire de substitution, mais là, tout de suite, ça me bouleverse. Parce que... parce que mes journées n'ont jamais été aussi intenses, ni mes nuits, depuis que je suis proche de lui.

– Mona ?

Je me mets une baffe virtuelle et reporte mon attention sur lui après m'être composé un visage impassible.

– Hmm ?

– Ça va ?

– Bien sûr ! Tu disais ?

– Tu parais ailleurs ! Tout va bien ? réitère-t-il.

Je me cale au fond de mon siège et croise les jambes.

Le bout de mon escarpin touche son mollet et une intense chaleur rampe le long de ma jambe, pour se loger entre mes cuisses. C'est tellement fort que j'en ai quasiment le souffle coupé.

– Donc… si j'ai bien compris, tu aurais souhaité être romancière si tu ne travaillais pas pour moi ?

Je me racle la gorge.

– Oui, c'est mon rêve depuis toujours, mais c'est un milieu compliqué et j'ai très peu de chances d'être éditée un jour ! Donc je m'étais résolue à travailler dans une maison d'édition, mais comme je n'ai pas trouvé de poste, eh bien, j'ai fait des petits boulots et aujourd'hui j'effectue des corrections en free-lance pour des auteurs autoédités et je continue d'écrire. Enfin… là, je n'écris plus ! Et j'ai pris du retard dans mes corrections. Je pensais boucler cette nuit, mais je me suis endormie sur mon PC. Et toi, tu as bossé sur tes dossiers ?

– Quasiment toute la nuit ! Ces rendez-vous sont importants pour moi !

Il semble inquiet, alors qu'il n'y a pas lieu, Trader A a les reins solides ! Plus que ça même, ses affaires sont florissantes.

– Tu penses que ça ne va pas le faire ? Tu as des soucis ?

– Non, mais on n'a jamais assez de clients.

– Ni assez d'argent, ajouté-je.

– Ni assez d'argent…

Je médite ces dernières paroles.

– Quand tu dis que tu viens de la rue, tu veux dire que tu étais très pauvre ?

Il me regarde ardemment.

Si ardemment que mon cœur se serre. Il a souffert par le passé, j'en suis persuadée et je me demande jusqu'à quel point. Il paraît pourtant si fort et si déterminé aujourd'hui. Rien ne semble capable de l'atteindre ; sa carapace est parfaitement au point.

– Je… je suis désolée, je ne voulais pas raviver de douloureux souvenirs…

– Je suppose qu'il faut bien que je me livre… si je veux tout savoir de toi.

Il me sourit en coin.

Sale gosse !

– Pas de problème, je n'ai rien à cacher ! répliqué-je sans me laisser démonter. Donc, continuons… tu veux bien me dire ce qui est arrivé à tes parents ? soufflé-je d'une voix douce pour l'inciter à la confidence.

Je suis curieuse de connaître son histoire, mais je respecterai son choix s'il ne veut rien me dire.

– Promis, je ne révélerai jamais rien à personne, ça restera entre nous. C'est juste… pour… pour mieux te connaître.

Nos iris ne se lâchent plus.

Je crois n'avoir jamais été aussi intime avec un homme.

– J'ai confiance en toi, Mona. Sinon, tu ne serais pas là. Avec moi…

Ses mots, la façon dont il les prononce, se fraient un passage jusqu'à mon cœur, qui bondit.

Je l'entends prendre une petite inspiration.

– Ils sont morts. Tous les deux. Mon père quand j'avais 6 ans et ma mère, il y a huit ans, d'un cancer du sein. Les médecins n'ont pas pu la sauver. Toute ma famille est en Sicile et je n'ai de contact avec personne.

– Ce n'est pas important pour toi, la famille ?

– Je ne dirais pas ça ; je suppose que si j'avais une famille aimante je les aimerais en retour, mais dans certains cas, la famille peut être davantage un poids qu'une aide. Tu n'es pas d'accord ?

– Si, bien sûr ! C'est parfois… compliqué, je l'avoue.

– C'est ton cas ?

C'est à mon tour de prendre une grande inspiration.

– J'ai toujours eu la sensation d'être le vilain petit canard de la famille et d'être une source de déception pour mes parents. C'est mon ressenti, parce que je ne crois pas qu'ils faisaient de réelle différence entre ma sœur, mon frère et moi. C'est moi qui me sentais inférieure, différente. C'est moi qui pensais que je ne valais rien. J'avais… j'avais des difficultés à l'école. En plus du harcèlement que je vivais au quotidien, les brimades, les moqueries sur ma couleur de cheveux et mes kilos en trop, ou à cause de ça, je ne sais pas, je n'avais aucune confiance en moi et je n'apprenais pas facilement. Il fallait que je passe des heures sur mes leçons et je me payais des sales notes, sauf en français, là, ça allait tout seul, mais les maths et les sciences étaient une catastrophe, alors que ma sœur et mon frère étaient hyper doués. Ma sœur est enseignante à l'université, en biologie appliquée, c'est une tronche, et mon frère est ingénieur. Lui aussi c'est une tronche. Ils sont mariés. Alors que moi… moi…

Je tourne le visage vers le hublot, les yeux pleins de larmes.

Je ne veux pas me montrer faible devant lui, mais j'ai les nerfs à fleur de peau. Et c'est sa faute, aussi ! Notre faute à tous les deux, parce que je suis maintenant partie prenante de la situation, j'ai cautionné cette comédie, qui, j'en suis persuadée, me fera plus de mal que de bien.

– Un homme t'a fait souffrir ? entends-je.

J'essuie mes yeux, reporte mon attention sur lui.

Ses sourcils sont froncés et une étrange lueur, indéfinissable, erre dans son regard braqué sur moi.

– Non, même pas ! réponds-je avec un petit rire. Ma vie sentimentale est un vrai désert. Mais quoi de plus normal, je ne sors pas, ou très peu.

– Tu n'as jamais été amoureuse ?

– Euh... si je réponds non, tu vas penser que j'ai un problème ?

– Non, absolument pas. Je penserai que tu n'as pas rencontré la bonne personne.

– Voilà, c'est ça !

– D'où... Trouverlamour.com ?

– Ce n'était pas mon idée, mais celle de Carla, ma meilleure amie.

– C'est ce qu'ils disent tous, s'esclaffe-t-il. Tu n'as pas à en avoir honte, Mona.

– Dit le gars qui cherche désespérément une fausse fiancée pour une journée ! Moi, au moins, je ne trompe pas mon monde, même si j'ai renoncé assez rapidement à mettre des espoirs dans cette application pour rencontrer des gens intéressants. Tu étais le seul profil convenable depuis des mois, c'est ce qui m'a séduite et m'a donné envie de discuter avec toi.

Son regard se fait encore plus ardent.

S'il me dit que je trouverai un jour quelqu'un fait pour moi, je saute de l'avion, ou… plus raisonnablement, je change de place et je ne lui adresse plus la parole du séjour.

– Moi aussi, j'ai adoré discuter avec toi, Mona…

Sa voix, rauque, fait accélérer mon cœur.

– … et j'apprécie toujours autant. Donc tu veux me faire passer pour ton petit ami auprès de ta famille pour rentrer dans le moule familial.

– C'est un peu ça, oui ! C'est ridicule, je sais, je suis adulte, je devrais m'en foutre et assumer ma vie telle quelle est, en tout cas, l'accepter, mais je ne sais pas… je voulais… les satisfaire, leur donner une raison de se réjouir pour moi et qu'ils soient fiers de moi. Je voulais…

Je soupire :

– Je voulais surtout que ma mère arrête de me présenter des hommes à chacun de mes anniversaires !

– Parce que c'est ce qu'elle fait ? s'esclaffe-t-il, une nouvelle fois.

– Ouiiii ! Elle n'arrête pas ! Elle veut à tout prix me trouver un mec.

– Et aucun ne t'a plu ?

Non, aucun, il n'y a que toi…

– Aucun ! Ils sont sympas, mais ça me déprime, je ne sais jamais comment réagir. Ceci dit, je devrais arrêter Trouverlamour.com, ma mère est plus efficace.

– Je vois que tu n'as pas perdu ton sens de l'humour pour autant.

– Il ne manquerait plus que ça ! Je suis célibataire et seule dans la vie, il ne manquerait plus que je me morfonde à longueur de temps. Mais j'avoue qu'à la longue le comportement de mes parents est pesant. Parce que ma mère n'est pas seule dans le coup, je suis sûre que mon père me cherche également un prétendant de son côté. Je dois vraiment leur faire pitié.

– Tu as besoin que l'on s'intéresse à toi pour te prouver à toi-même que tu mérites d'être aimée. Il n'y a rien de plus légitime.

Je plonge mon regard dans le sien et mon souffle se bloque un instant.

– C'est ce que tu ressens toi aussi ? demandé-je, la gorge soudain serrée.

– Non, moi, ça n'a rien à voir avec l'amour ! assène-t-il. Je veux juste de la reconnaissance, mais je suppose que ça fonctionne un peu pareil.

– Tu n'as pas besoin de prouver quoi que ce soit à qui que ce soit, Hugo, tu as tout.

Il hausse un sourcil.

– Comment ça, tout ?

– Tu es beau, séduisant, intelligent, riche, énuméré-je sans réfléchir. Très intelligent, même, et très riche.

– Je suis ravi que tu me trouves très beau et très séduisant, ça me touche, Mona.

Eh merde...

Son petit sourire en coin me fait prendre conscience que je me suis piégée toute seule comme une débutante. Encore une fois, j'aurais dû tourner mille fois ma langue dans ma bouche avant de parler.

– Non ! J'ai dit ce que d'autres pourraient penser de toi, ce que tu inspires... Je n'ai pas dit que c'était mon cas !

– C'est vrai, j'oubliais, je ne suis pas ton genre.

– Tout à fait !

– Ça tombe bien, tu n'es pas mon genre non plus, réplique-t-il, ses iris verrouillés aux miens.

Alors pourquoi sommes-nous prêts à nous sauter dessus ? Plus prêts que nous ne l'avons jamais été ?

Mon cœur s'emballe, mais la descente soudaine de l'avion, ainsi que la voix de l'hôtesse de l'air dans les haut-parleurs m'empêchent de me plonger plus avant dans une rêverie délicieuse, peuplée d'images érotiques.

– À quoi penses-tu ?

À toi, nu, dans mon lit…

Sa voix, chaude, vibrante, pénètre mon corps, mon âme… tout !

Il est diabolique, tout chez lui pousse au vice.

Ma respiration accélère, mes mains deviennent moites.

– Je pense que j'ai hâte d'être à l'hôtel, je suis affamée, dis-je, avec un grand sourire, en faisant abstraction des désirs surréalistes et irréalistes de mon corps.

Affamée de sexe pour être plus précise et j'ai besoin d'un tête-à-tête avec mon sextoy préféré pour faire redescendre la tension qui règne entre mes cuisses depuis que je me suis assise face à mon trop séduisant boss.

Il ne répond rien, il se contente de m'observer, avec encore cette petite lueur indéfinissable dans le regard, tandis que l'avion roule sur la piste, puis s'arrête.

Je détache ma ceinture, range mon ordinateur portable dans mon sac, qui fait aussi office de sac à main, et me lève.

Je me raidis en sentant Hugo tout près de moi, dans mon dos. Trop près, bien trop près. Mon souffle s'emballe. Et soudain, le sien est dans mon cou, sur ma peau, qui se hérisse.

– Je sais ce qu'est la faim, je souffre du même mal.

Quoi ?

Je tourne la tête et sonde ses merveilleuses pupilles.

Son regard, habituellement glacé, est étonnamment doux, mais comme je ne veux pas me planter et qu'il est hors de question que je lui révèle que je me consume de désir pour lui, je l'ignore et regarde ma montre.

– Midi ! Il n'y a plus longtemps à attendre. Ça va aller ou tu veux qu'on s'arrête t'acheter un sandwich ?

– Tout dépend de toi, Mona...

– Comment ça ?

– Si tu arrives suffisamment à me divertir pour que j'oublie ma faim.

Pourquoi ai-je l'impression que, comme moi, c'est d'une autre faim qu'il souffre ? D'une faim plus... charnelle ! Pourquoi il ne tente rien, alors ? Je sais pourquoi ! C'est parce que son esprit est entièrement tourné vers son objectif de reconquérir son ex et que je suis encore en train d'imaginer n'importe quoi ! Mes hormones me jouent des tours, comme d'habitude dès que je suis en sa présence. Je dois oublier ce désir et oublier que je le veux comme une folle !

– Te divertir ? Voyez-vous ça... Faut que je me mette une plume dans le cul pour faire plus vrai ?

Il éclate de rire.

– Oui, ce serait un bon début !

– Dans tes rêves, Capelli !

Il se rapproche davantage de moi, souffle :

– À partir de maintenant, je suis sûr qu'ils seront encore plus intenses, parce que je ne me contenterai pas de t'imaginer nue, mais avec une plume entre les fesses. Tout un programme.

– Grrr… très drôle ! répliqué-je, en prenant de la distance, plus perturbée que je ne saurais le dire par le fait qu'il rêve de moi ou qu'il puisse rêver de moi.

Car encore une fois, je ne sais que penser de ses paroles.

Je suis peut-être bouchée, mais ses signaux sont plus qu'ambigus !

Son comportement n'est pas clair et je pense que c'est le bordel dans sa tête comme ça l'est dans la mienne.

Quand bien même, je dois l'ignorer et ne pas me laisser prendre au piège de ses beaux yeux, c'est mieux ! Il n'y a pas de place pour moi dans sa vie. C'est une autre qu'il désire et je serais bien folle de succomber à ce qu'il m'inspire, c'est bien assez la merde comme ça.

Je dois continuer à garder mes distances ou je suis foutue.

23

Hugo

Je suis Mona à travers notre suite de luxe, en m'efforçant de ne pas me focaliser sur son déhanché et de contenir cette envie irrépressible qui me déchire les entrailles de la kidnapper pour aller m'enfermer avec elle dans ma chambre à coucher. Et abuser de son corps. Encore et encore.

Je n'en peux plus, il me faut cette fille.

Il faut que je la baise ou je vais finir par péter un câble.

Même si je m'étais convaincu que c'était une mauvaise idée, même si je pensais m'être fait une raison, même si ce n'est pas raisonnable, même si je risque de lui faire du mal, et peut-être de m'en faire aussi, je la veux. C'est devenu plus fort que moi. Plus fort que tout le reste et je sais que, tant que je ne l'aurai pas possédée, tant que je ne me serai pas perdu en elle, je n'arriverai pas à penser à autre chose et c'est mauvais pour les affaires.

Juste une fois.

Ensuite, je la ferai sortir de ma tête, je me le suis promis !

Oui… juste une fois… une seule et unique fois…

Elle se retourne et je me retrouve en plein flag de matage, passant en une fraction de seconde de son cul si tentant à sa paire de seins, non moins tentante, que j'imagine aussitôt sous mes doigts. Ce qui ne m'aide pas à prendre un air détaché, je dois l'avouer. La tension augmente dans mon boxer et je vais devoir aller me soulager *rapidos* si je ne veux pas finir par éjaculer comme un puceau. Sans même l'avoir touchée, un comble ! Mais je suis habitué maintenant à ce que ma charmante petite secrétaire brise tous mes codes.

– J'avais vu des photos sur le Net, mais je ne m'attendais pas à ce que ce soit si beau ! dit-elle, en faisant un tour sur elle-même, les bras écartés.

Moi, c'est toi que je regarde, et…

Je tourne la tête en sentant une présence dans mon dos… Germain aussi ! La valise de Mona à bout de bras, nos sacs de voyage sur les épaules, il n'en loupe pas une miette. Nos regards se croisent et il hausse un sourcil.

Je suis d'accord avec lui !

Mona est irrésistible.

Il y a quelque chose de fragile en elle, quelque chose qui m'émeut et me pousse à avoir envie de prendre soin d'elle, de lui faire plaisir et de la combler. Ça aussi, c'est plus fort que moi et c'est la première fois que je ressens ça pour une femme.

Je la regarde, conquis, évoluer dans la pièce, toucher le canapé, les meubles, les rideaux…

– Regarde un peu ces matières… et… bon sang, il y a même un jacuzzi dehors, sous une tonnelle.

Je sais…

Lorsque j'ai regardé les photos hier, après avoir appelé

pour réserver une suite avec deux chambres, je me suis vu dans ce jacuzzi avec elle… Je crois même que j'en ai rêvé. Dans mes rêves, nos séquences de baise sont mémorables. Et je devrais m'en contenter et continuer de fantasmer, mais maintenant qu'elle est avec moi, ici, c'est de plus en plus difficile.

Sans un mot, je vais me poster devant l'un des immenses tableaux ornant les murs, au-dessus de l'écran plat. Abstrait (ce n'est pas ma tasse de thé !), mais très beau.

Elle vient se poster à mes côtés, demande :

– Qu'est-ce que ça t'inspire ?

– Rien et toi ?

– Rien non plus. En revanche, celui-ci…

Elle me fait signe de la suivre au pied d'un autre.

Un paysage méditerranéen.

– Il me parle davantage. Mes grands-parents paternels nous emmenaient tous les étés dans le Sud et j'adorais ! C'était les seuls moments où je me sentais libre, libre d'être moi-même et pleinement heureuse. Loin de l'école, loin de ceux qui me faisaient du mal.

Elle est si proche que je peux sentir la chaleur de sa main.

Mes doigts frémissent et soudain, l'envie de sentir sa peau sur la mienne me terrasse. Mon cœur s'emballe. Je tourne la tête pour l'observer alors qu'elle semble perdue dans ses souvenirs d'enfance. Perdue, mais le sourire aux lèvres.

– Tu aimes la mer, aussi, je crois ? me demande-t-elle à brûle-pourpoint, tout en continuant à admirer le tableau, comme moi j'admire son profil.

Je cligne plusieurs fois des paupières, ému.

Finalement, nos souffrances passées sont assez semblables ;

tout comme elle, j'ai souffert de la différence, elle à cause de son physique, moi, de mes origines. Nous avons souffert de choses dont nous ne sommes pas responsables et ça me rend triste. Triste et en colère. J'aimerais frapper tous ces connards qui s'en prenaient à elle, comme je frappais ceux qui s'en prenaient à moi. Je réglais mes différends avec mes poings, et c'était très bien comme ça. Je ne suis pas un tendre, je ne l'ai jamais été, alors pourquoi elle m'émeut autant ? Pourquoi je me sens si proche d'elle ?

Je reporte mon regard sur le tableau.

– Oui, j'aime la mer, avoué-je. Je suis sicilien, je suppose qu'elle coule dans mes veines.

– D'où le bateau…

– J'ai acheté un voilier il y a quelques années, mais comme tu t'en doutes, je ne trouve pas le temps de naviguer. D'ailleurs, si tu veux prendre un après-midi pour aller jusqu'à Ostie ou Fiumicino, tu peux. Même une journée entière, si tu veux.

– Oh, génial ! J'ai bien fait de venir, finalement ! Bon, je suppose qu'il y a deux chambres, tu prends laquelle ?

– Oui, Mona, il y a deux chambres. Comme tu veux, choisis, je m'en moque !

– OK, alors je prends la plus grande ! Tant pis pour toi ! réplique-t-elle, avec un grand sourire.

Sur ces mots, elle s'éloigne, Germain dans son sillage, me laissant comme un con devant cette croûte, dont le paysage gorgé de soleil et de lumière, soudain, me glace jusqu'à l'os tant je me sens seul sans sa présence à mes côtés. Une présence que j'apprécie de plus en plus. Je cligne plusieurs fois des paupières et me perds, cette fois-ci, dans les méandres de mes désirs enfouis, qui pourtant, n'ont pas lieu d'être.

24

Mona

Je fouille dans mon sac, en sors le bloc-notes que je pose à droite de mon assiette, puis je replonge la main dans mon bordel, à la recherche d'un stylo. Je suis sûre que j'en ai un, seulement... il a dû se cacher quelque part. Du coin de l'œil, je vois Hugo porter les doigts à la poche intérieure de sa veste et me tendre le sien, son très beau Montblanc, qu'il m'avait déjà prêté au Ritz.

– Merci, murmuré-je discrètement.

Il me répond d'un sourire et reprend, l'air de rien (je suis toujours sidérée par sa capacité à faire et à être attentif à plusieurs choses en même temps), sa conversation avec notre premier client italien, qui a eu la délicatesse d'attendre la fin du repas pour parler gros sous. Et quel repas ! Une tuerie ! Le restaurant de notre hôtel, situé non loin de la fontaine de Trevi, est visiblement une valeur sûre et Annie a visé juste. Tout comme pour l'appartement de plus de cent mètres carrés, qui est juste... génial !

Nous avons donc pu déguster tranquillement notre menu

et j'ai choisi la même chose que Hugo. Ce n'est pas ma faute, je n'y suis pour rien, nous avons les mêmes goûts ! Mais tout paraît tellement succulent que nous avons eu du mal à faire notre choix ! De toute façon, comme nous restons trois jours, nous avons le temps de goûter à tout.

Bref, j'ai mangé des Saint-Jacques poêlées au citron vert sur purée de céleri, un dos de turbot grillé, crème au yuzu et limette, ainsi qu'un moelleux au chocolat et glace Piña Colada. Je n'ai pas pu résister au chocolat.

Ce soir, je prendrai juste un plat et un café. Pas de dessert. Faut pas abuser ou je ne rentrerai plus dans mes nouvelles fringues.

J'écoute la conversation des deux hommes, conversation qu'ils ont en italien, tout en m'apprêtant à prendre des notes dès que Hugo m'en donnera l'ordre, bien que j'aie pu constater qu'il n'en avait pas vraiment besoin, puisqu'il arrive à tout enregistrer des désirs du client ; son cerveau est aussi performant qu'un ordinateur !

Je l'admire discrètement. C'est fou l'effet qu'il me fait ! Je n'ai jamais ressenti ça ! Et l'entendre parler dans sa langue natale m'émeut au plus haut point. Quand je le regarde, mon cœur s'emballe et j'ai le sentiment que je vais finir par m'évanouir. Remarque, ce serait le bon moyen pour qu'il me réanime en me faisant du bouche-à-bouche !

Je vire cette idée de ma tête.

Je me fais du mal, j'en ai conscience, mais je n'y peux rien, c'est trop bon et c'est la seule chose qu'il me reste.

Enfin, le client prend congé, après que Hugo l'a assuré de lui envoyer des propositions de placements avant ce soir. Ceci veut dire qu'il travaillera une bonne partie de l'après-midi. Voire tout l'après-midi et une partie de la soirée, puisque nous n'avons rendez-vous avec le client suivant qu'à vingt heures. Je pourrais aller me promener dans le centre, mais je n'ai aucune envie de le laisser seul. Je veux passer tout mon temps avec lui, même si je dois pour cela malmener mon cerveau et même si tous mes neurones risquent de griller à force de devoir brider ces pensées interdites aux moins de 18 ans !

Le retour à notre étage et à notre suite par l'ascenseur est, comme à l'aller, un calvaire, même si j'arrive à faire bonne figure et à répondre aux questions de Hugo sur mes impressions quant aux plats que nous venons de déguster. Il aime la gastronomie, et là encore, nous nous rejoignons.

– Merci de me faire découvrir toutes ces bonnes choses et ces lieux d'exception ! J'apprécie énormément.

J'apprécie d'autant plus que je sais que ça ne durera pas.

– Je t'en prie… Bon, où en étions-nous ?

Je m'éclaircis la voix, demande :

– À quel propos ?

– Dans notre découverte l'un de l'autre.

Je déteste quand il dit ce genre de choses.

Je déteste, et en même temps, je ne peux m'empêcher d'adorer.

– Oh… eh bien… je ne sais pas. Si tu as encore des questions, n'hésite pas.

Il me dévisage si intensément que je me liquéfie.

– Je n'ai pas de questions particulières, je préfère te regarder vivre.

Oh…

On ne m'a jamais rien dit d'aussi beau.

Je ne sais pas quoi répondre, alors je ne dis rien !

Ou plutôt, si… je sais très bien quoi dire, mais je ne peux pas. Je ne veux pas me laisser entraîner sur ce terrain au risque de tout foutre en l'air. Je ne peux pas le laisser me toucher ou m'embrasser, puis le repousser, j'en serais incapable. Si on s'embrasse, on met le feu aux poudres et on va finir dans un lit, à faire l'amour comme des fous sans pouvoir nous arrêter. C'est du moins ce dont j'ai envie, et ce sur quoi je fantasme depuis des jours. C'est ce dont il a envie lui aussi, si j'en crois son regard ardent sur moi. Mais sans doute est-il arrivé à la même conclusion, puisqu'il ne tente rien et se contente de me dévisager. À chaque fois qu'il pose les yeux sur moi, j'ai le sentiment qu'il me découvre et qu'il se demande encore ce que je fais là ! Puis il se souvient et ses mâchoires se contractent, comme s'il souffrait et luttait. Alors, je ne sais qu'en penser, mais j'ai si peur de me planter et de me mettre en danger que je ne fais rien non plus de mon côté. J'avoue que ce jeu du chat et de la souris commence à me taper sur le système, pour autant, je n'aurais pas envie d'être ailleurs qu'ici, avec lui. Même si sa présence et ce que je ressens pour lui me torturent.

Je fais abstraction de mes désirs intimes, demande :

– Tu es vraiment obligé de travailler ? Nous pourrions aller nous promener ?

Pour digérer !

Et pour qu'il se détende un peu…

– Oui, Mona, je n'ai pas le choix, mais nous irons nous promener ce soir, après le repas, promis.

– Génial ! Nous pourrons découvrir le quartier et aller

jusqu'à la fontaine de Trevi, il y aura certainement beaucoup de monde, mais…

Je m'interromps en le voyant faire une grimace, au moment même où les portes de l'ascenseur s'ouvrent à notre étage.

Il me laisse passer devant lui, mais je l'attends pour rester à sa hauteur.

– Ne me dis pas que tu es agoraphobe ?

– Je n'aime pas particulièrement les gens ni la foule, avoue-t-il avec ce petit sourire en coin que j'aime tant.

Là encore, nous nous ressemblons, comme lui, j'apprécie la solitude, certainement parce que des gens nous ont fait du mal, mais j'ai quand même envie de découvrir les trésors de Rome, et surtout de contempler de plus près cette fameuse fontaine.

– T'inquiète pas, je te protégerai, il ne t'arrivera rien.

– Je ne crois pas que tu sois de taille à me protéger, mais j'apprécie le geste.

Nous nous sourions.

Sa bonne humeur me fait plaisir. J'aime l'idée qu'il se laisse aller en ma présence et qu'il perde cet air renfrogné qu'il traîne en permanence.

À dire vrai, j'aimerais voir la mer qui me rappellera les bons moments de mon enfance. J'aimais beaucoup mes grands-parents paternels, ils étaient très proches de nous, au contraire des parents de ma mère qui habitaient loin et qui n'en avaient rien à foutre de nous. Nous pouvions être malades, ils ne prenaient jamais de nos nouvelles. J'ai eu beaucoup de peine lorsque mes grands-parents sont morts.

– Tu parais bien soucieuse, remarque Hugo, en glissant la carte dans la fente magnétique de la porte de la suite.

J'en franchis le seuil.

– Je pensais à mes grands-parents. Tu sais, ceux qui nous emmenaient dans le Sud pour les grandes vacances. Je les aimais beaucoup. Mon grand-père a fait un infarctus foudroyant il y a cinq ans et ma grand-mère est morte quelques mois plus tard. De chagrin, je crois. Elle s'est laissée mourir. Tu crois que l'on peut aimer la même personne toute sa vie ?

Il referme la porte derrière nous.

– Je ne sais pas, Mona, je ne me suis jamais posé la question.

OK…

– Je suppose que les hommes ne se posent pas ce genre de questions.

– Les hommes en général, je ne sais pas, mais moi, non.

– Tu n'es pas romantique ?

– Pas le moins du monde !

– Oh… pourtant, j'avais l'impression que tu l'étais un peu. Tu m'as quand même apporté le petit déjeuner au bureau pendant plusieurs jours. Mais je suppose que c'était purement intéressé et parce que tu attendais quelque chose de moi.

Il ouvre la bouche, la referme, ne trouvant manifestement rien pour sa défense.

J'ai raison, et il le sait !

Je lui désigne ma chambre, dans mon dos, avec mes pouces.

– Je… je vais me changer.

Lorsque je réapparais, quelques minutes plus tard, après avoir revêtu des vêtements confortables, un pantalon noir ample et un débardeur, mon ordinateur portable sous le bras, je le trouve installé au petit bureau devant la baie, dont il a ouvert les rideaux.

Il a retiré sa veste, son gilet, remonté ses manches et largement ouvert sa chemise.

Je ne l'ai jamais vu si… peu vêtu ni si attirant.

Avec ce soleil qui entre à flots dans la pièce et joue avec les reflets de ses cheveux, le spectacle est fascinant. *Il* est fascinant. J'entre dans son intimité, pas à pas, il me livre à chaque instant des bribes de lui et si maintenant il me dévoile des parties de son corps, je suis foutue !

Définitivement foutue !

Il lève les yeux de son écran d'ordinateur et me regarde m'installer en face de lui, sur le canapé, puis, après quelques secondes, il retourne à son travail.

Nous restons ainsi pendant au moins une heure, sans dire le moindre mot, concentrés sur nos tâches. Nous ne parlons pas, mais pour autant l'atmosphère n'est pas pesante, bien au contraire, et quand je lève la tête, je surprends son regard sur moi, un peu perdu. J'ai l'impression que me regarder l'aide à réfléchir, à moins qu'il se demande encore ce que je fais ici, avec lui.

– Hugo ?

– Mmm ?

– Ça t'embête si je travaille à mes corrections ? J'ai fini ce que j'avais à faire pour le bureau.

Il se concentre sur moi.

– Non, bien sûr, pas de problème ! Tu peux t'organiser comme bon te semble. Le principal, c'est que tu fasses ce pour quoi je te paie.

Son sourire en coin atténue la causticité de ses paroles.

– Tu sais que tu n'es pas obligé de faire ça.

– Quoi donc ?

– Jouer les gros durs alors que tu es finalement quelqu'un de gentil.

L'un de ses sourcils se relève.

– Je ne suis pas gentil, Mona.

– Si, tu es gentil, je maintiens.

– Je suis un gros connard et un manipulateur, tu te souviens.

– Oui, hum… peut-être… nous le sommes tous un peu, après tout. Manipulateur, je veux dire. Nous faisons tout ce qui est en notre pouvoir pour arriver à nos fins. Et je ne vaux pas mieux que toi, en définitive.

Il laisse fuser un petit rire.

– C'est vrai ! Encore quelque chose que nous avons en commun. Je crois que finalement nous nous ressemblons beaucoup, mademoiselle Vargas, ajoute-t-il, avant de replonger la tête dans son écran.

Pourquoi et comment de simples petits mots réussissent-ils à me mettre du baume au cœur ?

Je souris comme une débile et m'allonge, les jambes pliées, l'ordi sur mon ventre, pour entreprendre la suite des corrections du manuscrit en cours. Un nouveau. Un thriller fantastique qui est loin de me passionner. Au bout de quelques minutes à peine, mes paupières deviennent lourdes.

Lorsque je me réveille, il fait quasiment nuit à l'extérieur et une petite lumière d'appoint, sur pied, éclaire la pièce. Ceci me permet de constater que je suis seule et qu'une âme charitable a posé mon ordinateur sur le sol et m'a recouverte d'un plaid.

Je m'étire et récupère mon téléphone, au sol lui aussi.

Je déverrouille l'écran.

J'ai un message.

De Barca !

Mon cœur s'emballe. C'est marrant qu'il passe par ce biais, alors qu'il a certainement mon numéro de téléphone. Veut-il me faire passer un message ? Ça fait légèrement dédoublement de la personnalité, notre histoire.

Barca_ Je suis allé faire quelques longueurs. Rejoins-moi !

Quoi ?

Il n'en est pas question !

Je ne vais certainement pas aller nager avec lui, à moitié nue ! Même si j'en meurs d'envie. Même si je meurs d'envie de lui, tout simplement.

Joconde_ Non, merci ! Je suis un peu fatiguée.

C'est faux, mais je ne peux pas prendre le risque de me retrouver dans l'eau avec lui, avec seulement mon maillot de bain pour me protéger. Ce ne serait pas raisonnable.

Je n'ai aucune réponse, mais quoi de plus surprenant, il doit être occupé à nager, à moins qu'il soit passé boire un verre au bar. Je l'imagine aussitôt entouré de femmes, toutes plus belles les unes que les autres, et cette vision cauchemardesque fait flamber mon cerveau.

Qu'est-ce que ce serait s'il était à moi !

Hugo est-il du genre fidèle ou saute-t-il sur tout ce qui bouge ?

Je n'ai jamais été possessive ni jalouse, mais aucun des mecs avec lesquels je suis sortie ne m'inspirait autant de sentiments contradictoires. Avec Hugo, je crois que je serais jalouse comme une louve.

Jalouse et… insatiable.

Je glisse ma main jusqu'à mon entrejambe, me caresse. Je gémis. J'ai envie de plus. De mille fois plus. J'ai envie de Hugo… là… juste là… je remonte ma main, franchis l'élastique de mon pantalon, puis de ma culotte. Mes doigts trouvent immédiatement ma fente, trempée. Là encore je veux plus, j'ai besoin de plus. Succombant à une fièvre charnelle irrépressible, je retire mon pantalon, ma culotte et mon débardeur, puis je dégrafe mon soutien-gorge. Je pourrais aller dans ma chambre et continuer avec mon joujou, mais je ne peux plus m'arrêter. Je veux jouir, ici, maintenant. Je veux jouir en imaginant Hugo en moi. Je plonge deux doigts dans mon sexe, les fais aller et venir tandis que mon majeur torture mon clitoris. Pour deux fois plus de plaisir. Un plaisir qui monte et monte encore. Je me cambre, me mords la lèvre et gémis de plus en plus fort tandis que mes doigts me fouillent, de plus en plus vite, de plus en plus loin. J'y suis presque. C'est bon… j'imagine Hugo en moi, j'imagine sa peau contre la mienne, son sexe dans le mien. Et c'est si fort, si intense, si merveilleux de sensations que je jouis instantanément, le corps tendu comme un arc, en laissant échapper une longue plainte de plaisir, quand soudain j'entends la serrure magnétique se déclencher.

Je pousse un petit cri, m'empare de mon débardeur pour cacher ma nudité et bondis du canapé, pour me réfugier dans ma chambre dont je ferme un peu trop vigoureusement la porte, qui m'échappe par mégarde et claque derrière moi.

Super pour la discrétion, je repasserai !

Je cours ensuite dans ma salle de bains pour, cette fois-ci, refermer ma porte un peu plus doucement, bien que précipitamment.

Ce n'est que sous les jets bouillants de la douche que je laisse couler mon plaisir après m'être encore doigtée avec frénésie (je n'en avais pas assez et la peur, rétrospective, que Hugo m'ait surprise en plein acte d'autosatisfaction m'a excitée au plus haut point), pour ensuite me rendre compte que j'ai laissé le reste de mes vêtements sur le canapé et qu'il comprendra aisément ce que j'étais en train de faire pendant son absence. Je m'en moque. Je ne regrette rien, j'en avais besoin. Je pourrai ainsi être un peu plus sereine lorsque je me retrouverai à nouveau face à lui.

Ou pas…

Je pouffe.

J'espère qu'il ne m'a pas vue m'enfuir, sinon ce n'est pas qu'une culotte sur un canapé qu'il aura vu, mais mes fesses !

25

Hugo

Lorsque j'ai ouvert la porte de la suite, mon regard a été attiré par un mouvement au fond de la pièce, ainsi que par un éclair de peau blanche, et j'ai encore du mal à réaliser que c'est Mona que j'avais en ligne de mire. Elle et ses fesses magnifiquement rebondies. Elle, intégralement nue… avant qu'elle ne s'enfuie et claque la porte de sa chambre dans son dos.

Putain de bordel de merde !

J'avance dans la pièce et quand j'aperçois sa petite culotte sur le canapé, ainsi que ses autres fringues, hormis son débardeur, et qu'une odeur capiteuse titille agréablement mes narines, une odeur de sexe, une intense chaleur envahit mon corps et enflamme ma queue.

Nom de Dieu, elle s'est donné du plaisir ici !

Puis j'entends les jets de sa douche et je n'ai plus qu'une envie, la rejoindre pour m'enfoncer en elle et lui faire l'amour comme elle le mérite, avec passion et dévotion. Pourquoi se masturber alors que je suis là, à son service !

Il n'y a qu'à demander…

Je m'empare de sa petite culotte, une mignonne petite chose en dentelle noire, et la porte à mes lèvres. Ses effluves intimes excitent mes sens et déclenchent des fourmillements sur tout mon corps. Ma queue devient douloureuse. Je referme ma main dessus par-dessus mon peignoir, la presse. Je ferme les yeux, la culotte de Mona sous mon nez. Je pourrais en frotter mon membre prêt à imploser, mais je n'en ai pas besoin, son odeur me suffit. C'est tellement intense, tellement suggestif, que du liquide pré-éjaculatoire s'échappe de mon sexe, me faisant quasiment gémir. En entendant le bruit de l'eau s'arrêter, je reprends pied dans la réalité et retrouve une totale maîtrise de mon corps, au prix pourtant d'un effort surhumain. Je pourrais aller me branler sous la douche, mais je ne le ferai pas. J'ai envie de la désirer comme un fou et je ne veux pas que ce désir s'amoindrisse. Je veux au contraire me torturer, encore et encore, et si elle me laisse lui faire l'amour, alors ce sera l'apothéose et je serai satisfait d'avoir attendu. Si nous ne devons faire l'amour qu'une seule et unique fois, je voudrais que ce soit mémorable.

Et intense.

Plus intense qu'avec n'importe qui d'autre.

Je mets la culotte dans ma poche.

Elle n'osera pas me la réclamer, j'en suis sûr. Elle aura trop honte, ou… non, elle n'osera pas… point. Je pourrai la renifler tout à loisir, me gorger de son odeur jusqu'à m'en faire péter la tête, jusqu'à la posséder.

Je me sers un whisky et vais me poster devant la baie pour admirer les lumières de la ville. Le jacuzzi me fait de l'œil et me tend les bras. Peut-être après le repas et après notre balade au centre, au clair de lune. J'ai nagé une bonne heure, mais malgré ça, je suis à cran, mon corps est tendu. Je l'étais et je le suis à nouveau, nager n'a servi à rien. Quand je l'ai couverte du plaid, je l'ai regardée dormir et quelque chose s'est insidieusement lové dans ma poitrine. Quelque chose que je cherche désespérément à oublier depuis.

Je regarde ma montre.

Mon prochain rendez-vous est dans moins d'une heure.

Suffisant pour entraîner Mona dans une ronde charnelle, non ?

En sentant une présence dans mon dos, je me retourne. Maquillée, coiffée, vêtue d'une jolie robe noire très ajustée, ses longs cheveux entre blond et roux torsadés sur une épaule, elle est superbe. Ses yeux verts brillent d'un éclat sans pareil, ses joues sont roses. Le plaisir, sans doute. Je ne peux pas en dire autant.

La frustration me fait quasiment grincer des dents.

Elle va s'emparer de ses vêtements, sans un mot, les balance sur son lit et referme la porte de sa chambre. Elle semble parfaitement sereine. Très sereine même. Ce qui me laisse à penser qu'elle est parfaitement à l'aise avec le sexe. Ce dont je ne me serais pas douté avant de comprendre qu'elle s'était donné du plaisir, ici, dans cette pièce, profitant d'un moment de solitude.

Ici, putain ! Sur ce canapé !

J'imagine son corps nu, offert, ses cuisses écartées, ses doigts au creux de son intimité. Mon sexe se rappelle à mon bon souvenir.

– Ça va mieux ? réussis-je à articuler, la voix éraillée.

– Parfaitement ! Rien de tel qu'une bonne douche ! Tu

devrais en faire de même. Tu sens le chlore.

Je pose mon verre sur la console et m'approche d'elle, pas à pas, lentement, sans cesser de l'observer.

Ses yeux balaient mon corps, ma peau dans l'échancrure du peignoir, mes jambes nues…

Son souffle accélère à mesure que la distance qui nous sépare diminue.

Je glisse une mèche derrière son oreille.

– Et toi, tu sens très bon.

Ses lèvres s'entrouvrent, pour former un très joli interstice, dans lequel je me verrais bien m'enfoncer.

– Merci… répond-elle, en plongeant au fond de mes iris.

Nous nous regardons ardemment. Si ardemment que nos souffles s'envolent, à l'unisson. Si ardemment que je dois me faire violence pour ne pas me jeter sur ses lèvres, dont elle mordille l'inférieure, mettant encore plus le feu à mon corps. Sa poitrine monte et descend au rythme de sa respiration, devenue anarchique.

– Je vais me doucher, finis-je par articuler difficilement. J'en ai pour cinq minutes.

– Je… pas de problème, prends tout ton temps.

J'entre dans ma chambre, referme la porte et m'appuie contre, à bout de souffle.

J'ai pu vaincre mon désir, mais le sang tambourine tellement fort dans mes tempes que je retire le peignoir fébrilement, puis mon caleçon de bain pour me ruer dans la salle de bains, puis sous les jets glacials. Le front contre la faïence, je referme mon poing sur mon membre, à la recherche d'un apaisement que je sais éphémère et que je ne souhaitais pas, mais j'en ai besoin si je ne veux pas devenir fou.

26

Mona

Le repas est une torture. Tout en prenant des notes, comme le veut mon rôle de parfaite secrétaire, je ne peux m'empêcher de penser à Hugo, à la façon dont il me regardait, tout à l'heure dans la chambre. Il avait envie de m'embrasser, je l'ai vu dans ses yeux, et j'en avais envie aussi. Tellement envie…

Aurais-je ensuite été capable de le repousser ? Je n'en sais rien, mais dans le doute, je dois me montrer forte. Je reprends le fil.

Le client, italien, n'est pas venu seul, mais accompagné de sa femme, très élégante et charmante. C'est elle qui possède la fortune ! Et son assurance force mon admiration. Un petit sourire lui échappe lorsque Hugo me présente comme sa secrétaire. Elle n'est certainement pas dupe, son mari non plus, mais je m'en fiche, je ne les reverrai jamais de ma vie. De toute façon, je n'ai rien à me reprocher, enfin… pas encore.

Enfin, nos invités se lèvent, s'apprêtant à prendre congé.

Nous en faisons de même. Hugo leur donne une poignée de main, leur promettant de leur envoyer leurs propositions par e-mail, demain à la première heure.

Ce qui veut dire qu'il va devoir travailler une partie de la nuit.

– Oh non… tu m'avais promis que nous irions nous promener après le dîner. Tu pourras travailler après, non ?

– Je ne sais pas, Mona, je n'aime pas prendre du retard et risquer de ne pas pouvoir honorer mes engagements.

– Je sais, mais…

J'enfile ma veste, continue :

– Juste une petite heure, promis. Ensuite nous rentrons et je te laisserai travailler. S'il te plaît, insisté-je face à son léger sourire, profitant de sa bonne humeur manifeste. Tu as beaucoup donné de ta personne aujourd'hui, tu as droit à un petit moment de détente, non ? On pourrait s'installer à la terrasse d'un bar, boire un café ou un cocktail, ou… ce que tu veux…

Je m'enflamme, en parlant avec les mains.

C'est ce que je fais toujours quand je suis stressée ou énervée ou… excitée… Hugo m'excite au plus haut point et j'ai besoin d'un bon bol d'air pour m'éclaircir les idées.

– OK ! Va pour une petite heure…

– Super !

J'ignore les regards dévorants des femmes sur lui pour me concentrer sur mes pas et sur sa présence à mes côtés.

Nous franchissons les portes de l'hôtel et je ne suis pas loin de regretter ma décision, parce qu'il y a foule, mais pour rien au monde je ne ferais demi-tour. Je veux faire cette promenade avec lui.

Après avoir déambulé dans les rues sans but précis et nous être arrêtés pour admirer les vitrines des grands joailliers, nous atteignons la fontaine de Trevi. Accolée à un palais orné de colonnes monumentales et illuminée, elle est superbe. Je n'en crois pas mes yeux tellement elle est belle et je crois qu'ils reflètent mon émerveillement.

Évidemment, là aussi il y a foule.

Je jette un coup d'œil discret à Hugo pour voir l'expression de son visage et je croise son regard. Depuis que nous avons quitté l'hôtel, il m'observe, semblant attendri par mon enthousiasme, que je ne lui cache pas. Et il sourit. Je ne l'ai jamais vu sourire autant et j'ai la naïveté de croire que j'y suis pour quelque chose. Nos regards se dévorent. Ses yeux dévient sur ma bouche. Je me détourne avant qu'il ne soit trop tard, et avant de moi-même succomber à ses lèvres. Mais la tension monte entre nous. Une tension de plus en plus insoutenable. Et j'avoue que, malgré moi, je me laisse prendre au jeu. C'est comme… comme des préliminaires, comme un jeu de la tentation et je savoure avec délectation cette tentation qui me met les nerfs à vif, mais m'excite au plus haut point.

– Elle est magnifique, tu ne trouves pas ? demandé-je, la voix légèrement altérée, ignorant ce qui se joue dans mon corps.

– Très !

Ce n'est pourtant pas la fontaine qu'il regarde en prononçant ces mots, mais moi.

Mon cœur s'affole.

– Tu… tu sais ce qu'elle représente ?

– Oui, je le sais, Mona. Il s'agit de Neptune sur un char tiré par deux chevaux marins et deux tritons cascades.

J'avale difficilement ma salive en entendant sa voix légèrement rocailleuse.

– Tu es déjà venu ?

J'ai peur qu'il me dise que oui, avec Camille.

Nos yeux, à nouveau, se dévorent.

– Non, mais je m'intéresse un peu à l'architecture. Et toi ?

– C'est la première fois… Que sais-tu d'autre ?

Nous reprenons notre déambulation et je l'écoute me parler de Rome, que nous n'aurons pas le temps de découvrir. Soudain, sa main frôle la mienne et c'est fou, mais j'ai l'impression qu'une traînée de feu brûle ma peau, jusqu'à ma poitrine, pour s'enrouler autour de mon cœur, qui se met à tambouriner comme un dingue. J'ai chaud, je brûle de l'intérieur, mais c'est si plaisant et si addictif que je voudrais que ces moments durent indéfiniment.

Mon cœur se serre et je reprends un peu de distance, me forçant à oublier que bientôt, dès que cette mascarade prendra fin, nous redeviendrons des étrangers et que plus jamais nous ne serons ainsi, à déambuler dans les rues d'une ville étrangère. Tous les deux. Seuls. Bientôt, très bientôt, tout ceci ne sera plus qu'un souvenir. Un délicieux souvenir, mais un souvenir quand même.

Hugo me parle, mais je ne l'écoute plus.

Je ferme les yeux une fraction de seconde pour ne pas me laisser aller à la mélancolie, qui ne me mènera nulle part, hormis au malheur. Je suis jeune, j'ai la vie devant moi. J'ai envie de rire, de m'amuser, de prendre du bon temps.

J'en ai marre de me morfondre !

Nous arrivons au pied de la fontaine et je mets une main dans l'eau. Fraîche. Divine. Je regarde Hugo, qui inspecte avec un grand sérieux la façade de l'édifice derrière la fontaine, lui aussi baroque et très beau.

Un désir me traverse :

– Hugo ?

Il tourne la tête vers moi et je l'asperge d'eau, en visant le visage.

Je saute en frappant des mains alors qu'il s'est figé, l'eau dégoulinant sur son visage.

Il me regarde avec une telle fièvre dans le regard que mon cœur s'affole.

Il essuie ses yeux, ses joues, gronde en me dévisageant ardemment :

– Tu vas voir ce que tu vas prendre !

– Rhaaa, c'est distingué, ça ! Ce n'est pas ainsi que l'on parle aux femmes, monsieur Capelli, si je peux me permettre ! Nooonnn ! m'écrié-je soudain, en l'entendant pousser un râle de mâle blessé dans son honneur.

Je fais demi-tour et m'enfuis à toutes jambes en riant comme une bécasse, mais il me rattrape en un rien de temps, me ceinture et me ramène en direction de la fontaine avec l'envie manifeste de m'y jeter tout habillée.

Nannn, hors de question !

Je lui ordonne de me libérer en poussant des petits cris stridents tout en pédalant dans le vide, mais il s'en fout. Au contraire, ça le fait rire et il semble prendre beaucoup de plaisir à m'entendre crier et à me sentir me débattre. Une fois que nous sommes arrivés près de la margelle, alors que je pense qu'il va mettre sa menace à exécution, il me repose les pieds au sol, tout en me maintenant encore fermement contre lui.

Je me débats et me retourne dans ses bras, prête à continuer notre combat, en rigolant toujours comme une débile, quand, levant les yeux, je perçois les siens sur moi, luisants de désir.

Mon rire s'étrangle lorsque son regard se modifie. Mon cœur bat la chamade. Mais avant qu'il ne se rue sur mes lèvres comme il en a l'intention, je l'en empêche en posant ma main sur son torse.

– Non, Hugo, s'il te plaît.

Il ne bouge pas.

Son cœur bat fort sous mes doigts.

Son corps pressé contre le mien me donne tant envie de lui que je frémis.

– Pourquoi ?

Il y a comme une supplique dans sa voix.

De la tristesse.

– Tu sais très bien pourquoi. Tu oublies Camille…

– Camille n'est pas là et ce n'est pas elle que je désire, là, tout de suite, mais toi.

– Peut-être, mais demain, c'est à elle que tu penseras. Demain, c'est elle que tu choisiras. Même si nous passons la nuit ensemble. Ose me dire le contraire !

Je le repousse et il me relâche, semblant complètement perdu.

– C'est bien elle que tu veux, non ?

Je suis à deux doigts de piquer une crise de nerfs, car je lui fais comprendre qu'il n'a qu'un mot à dire et je suis à lui, mais à sa réaction et même si je lui cède, je sais que c'est elle qu'il choisira au bout du compte.

– J'aimerais tellement que les choses soient différentes, Mona, ajoute-t-il, les yeux brillants d'émotion.

Les miens s'emplissent de larmes.

– Moi aussi, j'aimerais que les choses soient différentes.

N'étant plus capable de supporter son regard dévorant sur moi, je le contourne et m'éloigne.

– Mona, attends !

J'accélère le pas.

– Mona, bordel !

Tiens… il lui arrive de perdre son sang-froid, finalement…

Il me rattrape, referme sa main sur mon poignet.

Je me retourne.

– Laisse-moi ! sifflé-je entre mes dents.

– Non !

– Pardon ?

– Je ne peux pas. J'ai envie de toi, Mona, tellement envie que ça me rend dingue.

– Je m'en fous ! m'écrié-je à bout de nerfs. Ça ne m'intéresse pas ! C'est Camille que tu veux, alors c'est non et ça sera toujours non ! Je vaux mieux que ça.

Ce qu'il m'impose est inhumain.

Il me dit qu'il a envie de moi, il admet enfin son désir pour moi, mais pour autant je sais, au fond de moi, que c'est elle qu'il veut et pas moi.

– Je vaux mieux que ça, Hugo… murmuré-je, au bord de la rupture.

Il glisse une main le long de ma nuque et m'attire à lui.

Son odeur m'environne et je ferme les yeux de peur de suffoquer, en m'agrippant au revers de sa veste.

Sa voix me parvient, vibrante d'émotion, tandis qu'il me serre contre lui :

– Oui… tu as raison… tu vaux mieux que ça… Pardonne-moi, je… ça ne se reproduira plus…

J'ai envie de hurler.

De hurler parce que j'aurais voulu être capable de lui céder, j'aurais voulu faire abstraction de ses projets avec une autre et faire l'amour avec lui, mais je ne peux pas, je ne peux pas prendre le risque de m'attacher davantage à lui.

Je m'éloigne, essuie mes joues.

– Je suis désolé, réitère-t-il, en cherchant encore à me retenir.

J'échappe à sa main et prends de la distance, sans lui répondre.

Petit à petit, la colère écrase tout le reste.

Je suis furieuse !

Il pensait vraiment me baiser pour ensuite me lourder comme une malpropre ? Il pense vraiment que je serais capable d'une chose pareille ?! Oui, il me plaît, oui, il me rend dingue, mais pas au point de me ridiculiser et de me rabaisser à mes propres yeux. Je vaux mieux que ça ! Je mérite mieux qu'un coup à la va-vite avec un homme qui en aime et en désire une autre ! Je mérite une belle histoire d'amour et, s'il n'est pas capable de me la donner, qu'il aille se faire foutre !

J'ai beau m'enfuir rapidement, je suis pourtant bien obligée de l'attendre devant l'ascenseur, c'est lui qui a la carte de la porte de notre suite. J'évite son regard durant toute la montée jusqu'à notre étage, malgré ses tentatives pour discuter et ses « Mona, s'il te plaît… » désolés. Et quand il cherche encore à me retenir dès notre entrée dans l'appartement, je lui échappe et vais me réfugier dans ma chambre.

Je claque la porte derrière moi et je me laisse glisser contre, malheureuse comme je ne l'ai jamais été. Je lui ai tendu la perche et ce n'est pas moi qu'il a choisie, alors qu'il n'avait qu'un mot à dire et j'étais à lui…

J'arrive, je ne sais comment, à me déshabiller et à prendre une douche bien chaude.

Ce n'est qu'une fois dans mon lit, blottie sous la couette, que je laisse couler mes larmes.

27

Mona

Quand mon réveil sonne, j'ai beaucoup de mal à faire surface. J'ai passé une nuit de merde et après avoir pleuré toutes les larmes de mon corps, j'ai pris une décision : je rentre à Paris. Il est hors de question que je reste ici avec lui. De toute façon, il n'a pas véritablement besoin de moi, il peut très bien se débrouiller seul. Je ne l'ai accompagné que pour faire plus ample connaissance.

Avec du recul, c'est risible ! Qu'est-ce que j'imaginais ? Qu'il tomberait amoureux de moi ? Que j'arriverais à le séduire ?

Je suis si naïve, je me mettrais des baffes !

Je saute du lit, remontée comme une pendule.

Plus vite je serai partie d'ici et mieux ça vaudra.

Je m'habille en vitesse, puis je sors ma valise de la penderie, la mets sur le lit pour y ranger mes fringues, que je plie, les gestes fébriles… Avec un peu de chance, Hugo ne sera pas levé et je pourrai partir en catimini. Je n'ai pas envie de le voir, encore moins de lui parler.

Je fourre ma trousse de toilette à l'intérieur, boucle ma valise et, ma veste sur le bras, je sors de la pièce.

Pour me retrouver face à Hugo, assis derrière son bureau.

Eh merde…

Il regarde ma valise, mon visage.

– Qu'est-ce que tu fais ?

– Ça se voit, non ?

Il se lève, se dirige vers moi.

Il a l'air tellement… inébranlable, tellement… rigide… qu'il me ferait presque de la peine.

– Tu t'en vas ?

À bien y regarder, il paraît un peu perdu, ses cheveux sont en bataille et ses mâchoires serrées. Je crois même apercevoir un spasme sur sa joue, sous l'œil.

– Oui, et tu ne me feras pas changer d'avis.

Nos iris se livrent bataille et un combat, dont je ne connais pas la teneur, semble faire rage dans les siens. Je lutte pour ne pas me laisser attendrir.

– Germain va t'accompagner au jet.

– Merci !

Je passe devant lui, me dirige vers la porte en faisant rouler ma valise sur le sol et en ignorant la boule monstrueuse qui obstrue ma trachée, m'empêchant quasiment de respirer.

– Et pour… notre accord ?

Oui, bien sûr, son fameux plan…

Je me retourne, laisse tomber :

– Je t'ai donné ma parole, je le ferai.

Une lueur traverse son regard, de satisfaction.

– Alors moi aussi je ferai ce que tu attends de moi. Je… je te contacte…

– C'est ça ! Je crois qu'on va passer un excellent dimanche ! répliqué-je, caustique.

Et le pire anniversaire de ma vie…

– Je ne voulais pas que ça se passe comme ça, Mona…

Et moi donc…

– Ne t'inquiète pas, je survivrai ! J'ai connu pire. Salut !

Je prends la fuite, avant de me mettre à pleurer comme une madeleine.

Quelques minutes plus tard, alors que j'entre dans l'ascenseur, un SMS me parvient :

[Je t'autorise à travailler
de chez toi !]

Monsieur est trop bon…

[Je ne préfère pas !
J'ai besoin de
voir du monde !]

[Comme ton ami Benjamin ?]

Je pouffe nerveusement à la pensée qu'il croit Ben attiré par moi et ne réponds rien.

[Que représente-t-il pour toi ?]

Quoi ?

[Rien qui te regarde et arrête de me parler,
je n'ai plus rien à te dire !]

[Très bien, bon vol, alors !]

C'est ça…

S'il me dit à nouveau qu'il est désolé, je hurle. Pour plus de tranquillité, j'éteins mon portable. Mais durant tout le voyage de retour, je ne cesse de penser à lui. J'ai bien peur qu'il ne sorte pas de ma tête de sitôt ni si facilement.

28

Hugo

Je balance mon téléphone sur le canapé. Tout est allé si vite que j'ai du mal à réaliser que Mona est réellement partie. Et putain, je crois qu'elle me manque.

Pourquoi je ne l'ai pas retenue ?

Pourquoi je n'ai rien fait, pourquoi je ne me suis pas excusé de m'être comporté comme un connard ? Évidemment qu'elle pense que je m'amuse avec elle, puisque je ne sais pas moi-même ce que je veux ni ce que je cherche. Je ne sais pas ce qui m'arrive, je ne comprends pas, je n'ai jamais été dans cet état.

Quoi qu'il en soit, elle a pris la bonne décision et c'est mieux comme ça, coucher ensemble n'aurait fait que rendre inextricable une situation déjà bien assez compliquée.

Oui, c'est mieux !

Alors pourquoi j'ai l'impression d'avoir des difficultés à respirer ? Et d'avoir du mal à penser à autre chose qu'à elle ?

Je regagne mon bureau.

J'ai du travail !

Comme d'habitude, me consacrer à ma boîte aura raison de mes états d'âme, qui, soyons clairs, n'ont pas lieu d'être ici. Rien ne doit me détourner de mes objectifs, je me le suis juré et j'ai pris des décisions, je n'y dérogerai pas, même si je dois pour cela museler mon cerveau. Et mon corps.

Je passe les heures suivantes à bosser comme un dingue et à faire des synthèses avec mes équipes restées à Paris, jusqu'à ce que je sois distrait par des coups contre la porte. Je mets en pause la visioconférence et vais ouvrir.

– C'est fait, monsieur, Mlle Vargas est bien rentrée.

– Merci, Germain, vous pouvez prendre le reste de la journée, je n'aurai plus besoin de vous.

– Très bien, monsieur, bonne soirée…

– Bonne soirée à vous aussi, à demain.

Il me répond d'un signe de tête et s'éloigne.

En tant qu'ancien militaire reconverti dans les gardes rapprochées, il est parfait. Concis, peu loquace, tout à fait ce qu'il me faut et, depuis cinq ans qu'il partage mon quotidien, je n'ai jamais regretté une seule seconde de l'avoir embauché.

Je retourne au bureau, relance la conférence, mais souvent mon esprit divague.

Comme je ne suis décidément pas capable de me concentrer, je mets fin à la discussion et vais me servir un verre. Même s'il est bien trop tôt pour ça, j'en ai besoin.

Je m'assois dans le canapé, croise les jambes et, le regard perdu, je tente de réfléchir à la situation, mais, sans que je ne puisse rien empêcher, des images de Mona affluent dans mon cerveau comme un film qui défile, son sourire, son regard, ses éclats de rire, sa voix… ses mains… sa peau sous mes doigts… son odeur…

Putain… qu'est-ce qui m'arrive ?

29

Mona

Dimanche 23 mai.

Temps de merde ! Humeur de merde ! C'est dire que je n'ai pas du tout envie de me prêter à cette mascarade du faux petit ami et encore moins de la fausse fiancée, mais il est trop tard pour envoyer un message à Hugo pour lui dire que j'ai changé d'avis, surtout qu'il doit arriver d'une minute à l'autre.

Qu'est-ce qui m'a pris de me foutre dans une telle galère ?!

Je vais devoir jouer la comédie et je ne sais pas si je ne vais pas finir par craquer, car depuis mercredi, j'ai les nerfs en pelote et je pleure pour un oui ou pour un non. Ce que je viens de traverser a fait ressurgir d'anciens démons et rouvert de vieilles blessures et je n'ai pas eu d'autre choix que de me replier sur moi-même en acceptant la proposition de Hugo de travailler de chez moi. Je ne pouvais pas me rendre au bureau alors qu'il en était absent. Je n'en aurais pas eu la force. Je l'aurais vu partout, j'aurais senti sa présence dans chaque recoin, dans chacune des pièces. Ça m'aurait rendue dingue et j'aurais été encore plus malheureuse.

J'ai l'impression de m'être transformée en zombie.

J'ai perdu du poids et mes yeux sont délavés à force de pleurer. Je n'ai même pas l'énergie d'écrire, alors que je sais que ça me ferait du bien, les mots m'ont toujours aidée à me sentir mieux, mais là… là… c'est de Hugo dont j'ai besoin. J'ai besoin de le voir, j'ai besoin de son regard sur moi, de sa présence, j'ai besoin de lui, alors qu'il me fait du mal.

Je dois vraiment être maso pour avoir ce genre de désir !

Comment celui qui me torture inlassablement peut-il être celui qui calmera mes maux ? Il ne fera au contraire que les envenimer et le côtoyer ne peut que me blesser davantage.

Il ne veut pas de moi, point !

Malgré ses regards, ses attentions, son comportement et malgré le fait qu'il a envie de moi, il ne veut pas de moi durablement, il veut juste me sauter. Il n'a qu'à aller se trouver une pute s'il veut juste tirer un coup !

Plus je pense à lui et plus ma colère flambe, comme bien souvent, je crois que c'est ce qui m'aide à tenir.

Parce que… il s'est clairement foutu de ma gueule !

Il m'a fait espérer quelque chose qui n'arrivera jamais, il m'a fait croire que je lui plaisais vraiment, il n'aurait jamais dû me dire qu'il avait envie de moi, j'ai… j'ai trouvé ça fourbe et… et mesquin… et déplacé !

Alors qu'il veut que je l'aide à en reconquérir une autre !

Grrr… quand j'y pense, j'ai des envies de meurtres !

La sonnerie de ma porte d'entrée me fait sursauter.

C'est lui !

Pile à l'heure !

Je m'inspecte dans le miroir rond placé au-dessus du meuble

de l'entrée où je dépose mes clés et dans lequel sont rangées mes chaussures. J'ai une tête de déterrée, mes yeux paraissent immenses dans mon visage qui semble avoir perdu toute rondeur et je flotte dans ma belle robe rouge. Je secoue la tête pour chasser la tristesse, prends une grande inspiration et vais ouvrir.

J'ai un choc, mon cœur s'emballe, comme d'habitude quand je pose les yeux sur lui.

Je crois qu'il en sera toujours ainsi, quoi qu'il me fasse.

– Bonjour, Mona…

Son regard quitte mon visage pour balayer mon corps.

– Tu es superbe…

Il se penche pour m'embrasser sur la joue, comme si nous étions de bons vieux potes, mais je recule et lui tends la main.

– Bonjour, monsieur Capelli, vous allez bien ?

Je n'aurai pas le prix de la meilleure comédienne, ça sonne même carrément faux, mais ça a le mérite de faire tressauter cette fameuse petite zone, sous son œil, témoignant qu'il est contrarié. Une lueur traverse son regard, tenant encore plus du glacier ; je ne crois pas me tromper en disant qu'il est… peiné. Peiné, en colère également. Et j'avoue que je ne suis pas peu fière d'avoir percé la carapace de cet homme sans cœur.

Eh oui, il fallait y penser avant de me faire ton coup de grand séducteur !

– Mona…

– Quoi ? aboyé-je.

– Rien !

– J'aime mieux ça ! Bon, on y va ?

– Oui, nous y allons ! répond-il en soupirant en retour,

semblant désespéré par la tournure des événements.

Bien fait pour lui, qu'il culpabilise !

Qu'est-ce qu'il croyait, que j'allais lui sauter au cou ? Le remercier de m'avoir prise pour une imbécile et de vouloir se servir de moi ? Bon, OK... il se sert encore de moi, mais pour la fausse fiancée je suis consentante, d'autant plus que je vais me servir de lui également.

Je récupère mon sac, mon imper et je m'écarte de lui en comprenant qu'en me voyant batailler pour l'enfiler, il a l'intention de m'aider. Hors de question qu'il pose les mains sur moi !

Je lui retourne un regard noir en lui faisant signe de me précéder et je claque la porte derrière nous.

Je ne lui faciliterai pas la tâche !

C'est comme ça, la colère permet de me maintenir debout, c'est ça ou je m'effondre ! Dans ce costume bleu marine à fines rayures qui met en valeur ses yeux extraordinaires et sa silhouette sans défaut, il est encore plus beau, encore plus séduisant et il me fait toujours un effet de folie.

D'autant plus qu'il ne cesse de me dévisager, comme à son habitude, et ça aussi, ça me met en rogne. Davantage encore dans l'ascenseur, si petit que nous sommes collés l'un à l'autre, nos épaules à quelques millimètres de se toucher. Je suis près de défaillir en percevant son odeur diablement virile, la chaleur de son corps et en sentant son regard insistant et pesant sur moi. Regard que j'évite, c'est trop dangereux. Je refuse de le regarder dans les yeux, je refuse de me laisser attendrir et de le laisser avoir une quelconque emprise sur moi. S'il me regarde comme il sait si bien le faire, comme s'il allait me dévorer, je ne suis pas sûre de ne pas sauter sur ses lèvres.

Pauvre de moi !

Cet homme me rend enragée et je dois me remémorer qui il est et ce qu'il attend de moi pour ne pas flancher, là, maintenant. Je le désire toujours tellement que je serais prête à déchirer ma petite culotte. En parlant de culotte, je n'ai jamais retrouvé celle que… hum… celle que j'ai ôtée pour me donner du plaisir sur le canapé de la suite. Elle a certainement glissé entre deux coussins… M'a-t-il vue m'enfuir ? Nue ? Mes joues s'échauffent à cette pensée. Je serais incapable de dire ce qui m'est passé par la tête, pourquoi je me suis masturbée sur ce canapé, totalement nue, alors qu'il pouvait me surprendre. La recherche du plaisir était la plus forte. Il m'a suffi de penser à lui pour décoller, en une fraction de seconde. J'étais excitée au plus haut point qu'il puisse me surprendre. Quand Hugo est dans les parages, je deviens déchaînée, avide de sexe et c'est… c'est ce que je ressens encore, là, tout de suite… j'aimerais qu'il me prenne ici, maintenant, j'aimerais qu'il me fasse jouir, pendant des heures… Mes joues s'enflamment, mon souffle devient saccadé, ardu, ma culotte s'inonde.

– Ça va ?

Je lève les yeux vers lui, que j'avais à demi fermés.

– Oui, monsieur Capelli, ça va !

– Tu penseras bien à m'appeler par mon prénom devant ta famille ou nous perdrons toute crédibilité ! décrète-t-il avec ironie au moment où les portes de l'ascenseur s'ouvrent.

Je sors de la cabine, sans lui répondre.

– Mona ?

Je me retourne, en colère.

– Quoi ?

– Tu veux toujours le faire ? demande-t-il d'une voix douce, qui fait accélérer mon cœur.

Je plonge dans ses iris, qui aussitôt fouillent les miens. Nous nous dévisageons intensément. Je ne veux pas, mais je ne peux pas m'empêcher de plonger tête baissée dans la profondeur de son regard. Qui se trouble. Mon cœur manque encore quelques mesures, se contracte. Il entrouvre les lèvres, les lèche, comme il le ferait des miennes.

Pourquoi me joue-t-il encore cette mascarade du désir ?

Qu'est-ce qui déconne chez lui ?

– Pourquoi, toi, non ?

– Je parlais de toi et de ce que nous nous apprêtons à faire pour ta famille ! Tu le veux toujours ?

– Oui, je le veux ! Et toi ?

– Je le ferai… pour toi !

– Je n'en demande pas plus, monsieur Capelli ! répliqué-je en reprenant le vouvoiement et en ignorant sa voix mélodieuse à souhait.

Il bougonne et me devance. Il actionne une télécommande et un très beau coupé sport garé le long du trottoir bipe. Rouge. Magnifiqlue. J'ai bien l'impression que c'est une Ferrari, mais comme je n'y connais rien, je ne saurais l'affirmer avec certitude. En tout cas, je ne m'attendais pas à monter dans ce genre de véhicule, ni aujourd'hui ni jamais, et je cache ma satisfaction en affichant une mine blasée, bien que, à son sourire en coin, je doute qu'il soit dupe. Quelle fille ne serait pas ravie de monter dans ce genre de bolide ? Je ne suis pas matérialiste pour deux sous, ni signes extérieurs de richesse, je n'ai pas été élevée comme ça, mais là, j'avoue qu'il me bluffe et que cette voiture est tout à fait le genre qu'il lui sied.

– Si madame veut bien se donner la peine ? ironise-t-il, en m'ouvrant la portière passager.

– Merci, mon brave, réponds-je en m'installant, retrouvant sans y prendre garde notre complicité de Rome, que je me surprends à regretter. Un peu tape-à-l'œil comme véhicule, non ? ajouté-je, après qu'il s'est installé devant le volant.

– J'aime les belles choses !

Il a ce sourire en coin que j'aime tant, comme pour s'en excuser.

– Belles et coûteuses !

L'argent fait le bonheur...

Nous n'avons vraiment pas les mêmes valeurs !

– Tu as un problème avec les hommes à l'aise financièrement ? demande-t-il encore, en démarrant.

Waouh...

Le bruit fait se retourner les gens sur le trottoir. J'avoue que c'est kiffant et un sourire m'échappe, mais j'ai aussi un peu envie de plonger sous le tableau de bord. J'imagine les têtes de ma sœur, de mon frère et de mon père... de tous, en fait.

– Je ne sais pas, je n'en ai jamais véritablement rencontré, finis-je par dire en reprenant pied dans la réalité, une réalité qui me dépasse totalement. Tant qu'ils ne sont pas puants de suffisance, je suppose que ça ne me dérangerait pas plus que ça.

Il s'arrête à un feu rouge et tourne la tête vers moi.

Comme je l'observais, nos regards se croisent.

– Tu trouves que je suis puant de suffisance ?

J'ai le sentiment que ce que je pense de lui lui importe.

– Non, Hugo. Tu es quelqu'un de bien, observé-je, après quelques secondes de silence, en reprenant le tutoiement.

Et je suis sincère en disant ça, même si je pense que tu mets l'argent au-dessus de tout, mais je comprends pourquoi, tu en as certainement manqué étant enfant.

Il redémarre.

Je respecte son silence, qui s'éternise.

Il n'aime pas parler de lui ni de ce qui le blesse, mais personne n'aime ça. Personne n'aime reconnaître ses faiblesses, et pourtant, c'est en sachant d'où l'on vient que l'on sait où l'on va et l'important est de ne pas se perdre de vue. Je ne veux pas porter de jugement hâtif, je ne suis pas là pour le juger, mais je pense qu'il se fourvoie en pensant que plus de richesses et plus de pouvoir apportent le bonheur, car rien n'est moins faux. Je sais, en mon for intérieur, que Hugo n'est pas un homme vénal, il ne se résume pas qu'à une soif de puissance ; il a une âme plus profonde que ça.

– J'ai manqué de tout étant enfant, Mona. Je sais ce qu'est la faim.

Mon cœur s'étreint.

– Comment est-ce possible ? Je…

– Nous nous sommes retrouvés dans le dénuement le plus total quand mon père est mort, m'interrompt-il. Ma mère était fière, elle ne voulait pas vivre de charité, alors nous avons fait avec ce que nous avions, c'est-à-dire pas grand-chose.

– Tu as réussi, tu peux être fier de toi.

– Disons que j'ai eu la chance de rencontrer des personnes exceptionnelles…

Je ne réponds rien.

Je n'ai pas envie de ressasser le passé, aussi bien le sien que le mien.

Je ne souhaite penser à rien et veux juste me laisser bercer par le ronronnement de cette magnifique voiture.

Je laisse échapper un petit soupir d'aise lorsqu'une musique, soudain, emplit l'habitacle. Des cithares, à ce qu'il me semble. Belle, mais triste. J'en ai les larmes aux yeux. Pourtant, elle respire le soleil.

– Qu'est-ce que c'est ?

– De la musique traditionnelle sicilienne.

Je le savais, quoi qu'il en dise, il ne renie pas ses origines. Quoi de plus normal, elles coulent dans ses veines et il aimait ses parents, j'en suis sûre : quand il parle de sa maman, ses yeux sont tristes.

– Tu me l'as peut-être déjà dit, je ne sais plus, tu es déjà allé en Sicile ?

– Non, jamais.

– Pourquoi ? Tu dois avoir de la famille là-bas.

Il s'arrête à nouveau à un feu rouge, me regarde.

– Vous êtes bien curieuse aujourd'hui, mademoiselle Vargas ! Est-ce que ça veut dire que tu m'as pardonné ?

Nous nous observons encore intensément.

– Non ! Mais j'aime la vie des gens, j'aime comprendre comment ils fonctionnent, c'est dans ma nature. Réponds, s'il te plaît.

Un sourire étire ses lèvres, qui attirent mon regard.

J'espère qu'il n'en a pas trop conscience.

– J'ai tiré un trait sur ma famille il y a bien longtemps.

– C'est douloureux ?

– Non, pas le moins du monde. J'ai d'autres centres d'intérêt aujourd'hui.

Comme… l'argent, le pouvoir… oui, je sais…

Je me renfrogne.

– Je suis désolée de t'imposer la mienne.

– Pas de problème. Je survivrai.

Je laisse fuser un petit rire.

– Attends d'avoir rencontré ma mère… et ma sœur. Ma mère est comme les marieuses d'antan, elle ne sera heureuse que lorsque sa couvée sera casée.

Il sourit, redémarre, ajoute :

– Ça part d'un bon sentiment, non ?

– On va dire ça ! Elle est tellement heureuse avec mon père qu'elle ne conçoit pas que nous ne puissions pas l'être. C'est un peu idéaliste, je crois. Aujourd'hui, les gens heureux en couple me semblent rares. Qu'est-ce que t'en dis ?

– Je ne sais pas, Mona, je fais des placements en Bourse, pas des statistiques matrimoniales.

OK…

– Tu as quand même une petite idée sur la question, non ? Tu étais heureux avec Camille, puisque tu veux renouer avec elle.

Il se gare.

Surprise, je regarde à l'extérieur et découvre la maison de mes parents.

Déjà ? Je n'ai pas vu le temps passer.

Je tourne la tête vers lui.

– Tu t'en tires bien sur ce coup-là, Capelli !

Il stoppe le moteur.

– Tu crois que je n'ai pas envie de te répondre ?

– Je crois que tu te leurres et que tu le sais parfaitement, dis-je, en ouvrant la portière.

Je sais que ça ne me regarde pas et que je n'ai pas le droit de juger, Hugo n'est pas à moi et il fait ce qu'il veut de sa vie, mais je crois que lui aussi mérite mieux qu'un mariage sans amour.

Tout le monde mérite mieux…

Il me rejoint devant la grille, avec entre les mains un bouquet de fleurs et un sachet contenant vraisemblablement une bouteille.

J'en connais qui vont être ravis.

Ma mère a un instant de surprise en ouvrant la porte.

Je sais… il me fait ça à moi aussi !

– Bonjour, maman. Je te présente Hugo, dis-je, un peu empruntée, en le lui désignant de la main. Hugo… ma maman.

Quelle quiche ! Il voit bien que ce n'est pas mon père !

– Madame, je suis ravi de faire votre connaissance. Merci de m'accueillir.

Il lui tend le bouquet, un très beau bouquet, composé de fleurs bleues et jaunes.

– Tenez, c'est pour vous.

– Oh, merci… tout le plaisir est pour nous, mon cher Hugo, mais je vous en prie, entrez !

Ça y est, elle est sous le charme !

– Ils sont là ? s'écrie une voix.

Je me penche vers Hugo, lui prends le bras et lui souffle :

– Ma sœur !

Il me répond d'un sourire.

– Je m'en doutais un peu !

Visiblement, le jeu l'amuse et je m'en réjouis.

J'ai un peu de scrupules à lui imposer ça, mais je suppose que par rapport à ce que je subirai et ressentirai tout à l'heure, ce n'est rien. Je balaie cette idée dérangeante de mon esprit pour museler mon cœur et répondre avec effusion aux embrassades de ma sœur et de mon beau-frère.

Hugo ne me quitte pas des yeux en répondant aux amabilités et mots de bienvenue de ma sœur, aussi volubile que je peux parfois l'être. Il sourit, il semble à l'aise, en tout cas, plus que je ne le suis.

– Venez… ne restez pas dans le hall, s'exclame ma mère en nous précédant au salon.

Hugo se penche vers moi, me murmure à l'oreille :

– Relax ! Tout va très bien se passer.

Je le crois, en effet…

Son comportement est irréprochable, on y croirait, c'est même un peu trop ! Personne en le voyant se comporter avec moi ne se rendrait compte qu'il joue la comédie. Mais ça ne change rien, je suis toujours en colère contre lui, même si nous avons réussi à parler relativement normalement dans la voiture, en tout cas comme deux adultes civilisés, et même si je lui suis reconnaissante de jouer le jeu aussi bien.

C'est au tour de mon père de venir nous saluer, puis de mon frère et de sa femme. J'avoue que je perds un peu le fil. Je me contente d'afficher un sourire de façade, en laissant Hugo faire les frais de la discussion, ce dont il ne se prive pas. Il est fabuleux, avenant, souriant. Je le découvre encore sous un autre jour et je suis séduite, encore et toujours.

Il offre la bouteille à mon père, un très bon whisky, et ce dernier se confond en remerciements, il adore ça et il est un peu connaisseur.

– Et ça, c'est pour toi ! dit-il, en me tendant un petit paquet rectangulaire, enveloppé dans un joli papier argenté.

Quand je reconnais le nom d'un joaillier de Rome, mes yeux s'agrandissent.

Non… il n'a pas fait ça…

Je l'observe. Intensément. Je ne peux détacher les yeux de son visage, de son sourire, je suis tellement émue que je ne sais quoi dire ni comment me comporter. J'hésite entre lui planter mon talon dans le pied pour avoir l'audace de me faire ce coup-là devant mes parents ou lui sauter au cou. Encore une fois, je suis perdue.

Ce traître en profite pour me faire un baiser sur la joue et souffler :

– Bon anniversaire, Mona.

Sa voix rauque déclenche des milliards de frissons sur ma peau et des papillons dans mon ventre. Ma gorge s'étreint quand je me perds encore dans son regard fixé sur moi. Il me sourit en coin avec ce rictus de sale gosse qui me fait fondre et mon cœur bat soudain un peu plus vite.

– Comme c'est mignon ! s'écrie ma sœur, me faisant redescendre de mon petit nuage. Eh bien… ouvre !

– Oui… bien sûr…

Je défais le papier, que ma sœur m'arrache des mains, encore plus fébrile et impatiente que moi, puis j'ouvre l'écrin, pour découvrir le magnifique pendentif que j'avais repéré dans la vitrine du joaillier. Une petite merveille, d'une grande finesse : une goutte d'eau rubis sur un fil d'argent.

– Oh… ça va super bien aller avec ta robe ! s'extasie encore ma sœur.

Il est si beau que j'hésite à le toucher.

C'est trop… je ne peux pas.

– Donne, je vais te le mettre, décrète Hugo, redevenu sérieux, en me le prenant des mains.

Je confie l'écrin à ma sœur, tandis qu'il place le collier autour de mon cou. Sous les regards ébahis de ma famille au grand complet, je ramène la masse de mes cheveux sur une épaule pour lui permettre de l'accrocher. Ses doigts effleurent ma peau et… il se passe un truc… comme un courant entre nous, un lien subliminal, qui me fait frissonner de la tête aux pieds. Je touche mon bijou du bout des doigts.

– Il est magnifique, s'extasie également ma mère, les mains serrées sur la poitrine.

Je ne l'ai jamais vue aussi heureuse. Ni aussi radieuse. Ce serait merveilleux si ce n'était pas une comédie.

Je tourne la tête vers mon faux petit ami, pour me noyer encore dans ses yeux.

Il me sourit, serre mes épaules entre ses doigts. À cet instant précis, je jurerais qu'il l'a senti lui aussi ; il a senti ce truc entre nous.

C'est assez incroyable comme le cerveau fonctionne ou même le corps, car j'ai l'impression d'être en pilotage automatique. Je souris, je réponds aux questions, j'échange avec tout le monde, je déguste les plats délicieux concoctés par ma mère (entrées crudités, noix de veau à la crème et moutarde), mais je suis ailleurs. Dans un ailleurs où Hugo ne serait pas un leurre, une gageure, mais mon véritable petit ami et l'amour de ma vie. Je souris, mais au fond de moi, je souffre, car ça n'arrivera jamais. Je souffre comme jamais je n'ai souffert de toute ma vie.

Au fil des minutes, en entendant Hugo prendre part aux conversations, très à l'aise, comme s'il avait toujours fait partie de la famille, la colère laisse place à quelque chose de plus douloureux, d'encore plus destructeur : l'amertume.

Je veille néanmoins à ne rien montrer, mais je manque m'étrangler quand, après l'ouverture de mes cadeaux (des livres, comme bien souvent, ils savent que j'en raffole), au moment du dessert (une excellente tarte poires chocolat), et alors que nous dégustons un très bon champagne, je sens soudain la main de Hugo sur ma cuisse.

Je me fais violence pour ne pas me raidir davantage.

J'ai beau faire du mieux que je peux et jouer la comédie, j'ai le sentiment de ne pas être naturelle et que ça sonne faux. Je me suis déjà obligée à ne pas tout déballer à ma mère lorsque je l'ai rejointe en cuisine pour l'aider. J'étais à deux doigts de le faire, mais elle était tellement heureuse et tellement fière que je n'en ai pas eu le courage. Je le lui dirai. Quand, je ne sais pas, mais le plus rapidement possible. Je lui dirai que j'ai rompu, que Hugo est un homme génial, bourré de qualités, mais que nous sommes trop différents et que nous n'évoluons pas dans les mêmes sphères. Il conduit une Ferrari, quoi ! Je suis sûre que c'est une première dans le quartier…

– Alors, mon cher Hugo, dites-nous… comment vous êtes-vous rencontrés ?

Pardon ?

– À mon nouveau travail, papa, dis-je rapidement pour couper court à la conversation. Hugo est mon patron, je vous l'ai dit.

Mon faux fiancé serre ma cuisse, sur laquelle il a toujours la main.

Une main qui me brûle comme du feu.

– C'est normal que ta famille veuille savoir, chérie…

Chérie ?

Sérieux ?

Je me tortille sur ma chaise et, son sourire de sale gosse sur le visage, il pose sa main sur mon épaule, qu'il caresse du bout des doigts. Pour faire plus vrai, sans doute ! Le traître ! Il en profite et il s'éclate à me torturer. J'ai envie de hurler. J'aimerais être partout ailleurs qu'ici, et s'il continue, je vais craquer. Il pense me rendre service, mais c'est l'inverse qui se produit ; ses attentions me font mal, comme son attitude. Il n'a pas cessé de jouer les amoureux transis, et c'est trop ! Trop pour moi ! J'aimerais tant que ce soit vrai !

J'en ai tellement envie que tout mon corps est douloureux.

Je me force pourtant à lui sourire, mes joues flambant malgré moi sous son regard de braise.

– Je crois que j'ai été séduit au premier regard, lâche-t-il, en reportant son attention sur mon père. Dès ce premier jour où nous avons été présentés.

Il plonge dans mes iris, tout en continuant de caresser ma peau.

De longs frissons me remontent l'échine et je prends conscience que je le mange des yeux, comme il me dévore lui aussi.

– … je ne saurais dire ce qui m'a séduit le plus, son sourire, sa présence, sa… détermination… ou d'autres choses plus… subtiles.

Ma sœur pouffe.

Je sais parfaitement qu'elle pense à mon cul ou à mes seins sans oser le dire et je me retiens, contre toute attente, d'éclater de rire moi aussi.

C'est nerveux !

– Vous avez une fille extraordinaire, monsieur Vargas…

– Oh… Hugo… si ça, ce n'est pas une déclaration d'amour, je ne sais pas ce que c'est ! s'écrie ma mère en levant son verre. Bon anniversaire, ma chérie, je te souhaite tout le bonheur du monde.

Prise par la tournure surprenante des événements, je n'ai pas d'autres choix que de lever mon verre en mon honneur en les remerciant, émue aux larmes, puis je me tourne face à Hugo qui me dévore toujours d'un regard fiévreux.

Son sourire en coin s'évanouit lorsqu'il me dit, d'un ton grave :

– À nous, Mona… et encore bon anniversaire.

– Merci, réponds-je, la voix cassée par l'émotion.

Nous nous observons longuement, intensément.

– Tu me montres ta chambre ?

Pardon ?

Il a à nouveau ce sourire de sale gosse, décidément jamais très loin.

Il se met debout, me tend la main.

– Je vous l'enlève juste cinq minutes ! déclare-t-il à la ronde.

Je regarde ma montre, avant de mettre ma main dans la sienne et de me lever.

– Je crois que nous devrions partir, je te rappelle que nous sommes attendus. Nous sommes même déjà en retard.

Ce n'est pas encore le cas, mais j'avoue que j'en ai assez de tout ce cirque, je n'en peux plus. Je ne pensais pas que ce serait si difficile ni que je souffrirais autant. Et il est hors de question que je l'emmène dans ma chambre, il est fou, lui, c'est mon endroit, mon havre de paix, à chaque fois que j'en franchirais la porte, je me rappellerais qu'il y est entré. Ce sera déjà bien assez difficile comme ça de dire la vérité à ma famille sans que j'en rajoute une couche avec de douloureux souvenirs et des regrets.

– C'est vrai que vous avez une soirée ! s'écrie ma mère. Où ça, déjà ?

– Au Pavillon Élysée, réponds-je, un peu sèchement.

Ma sœur ouvre de grands yeux et je me raidis en entendant ma mère s'extasier sur le « romantisme » du lieu convenant parfaitement à ce jour extraordinaire combinant mon anniversaire et l'officialisation de notre relation.

Romantique… ouais… c'est ça !

En ce qui me concerne, ce sera plus un calvaire qu'autre chose, mais… je me suis engagée, j'irai jusqu'au bout, surtout que mon faux fiancé a rempli sa part du contrat avec brio. À moi de faire la mienne.

C'est donc avec un grand soulagement pour ma part, et avec encore force embrassades que nous prenons congé. Ma mauvaise humeur grimpe encore d'un cran lorsque la famille au grand complet nous accompagne à la voiture, s'extasiant évidemment sur la Ferrari et me contraignant à faire coucou et de grands sourires. J'ai mal aux mâchoires à force de sourire.

Nom de Dieu…

– Putain, à quoi tu joues ! explosé-je dès le premier virage franchi.

Son rire me met encore plus en rage.

– Avoue que c'était du grand art !

Connard !

– Tu n'étais pas obligé d'en faire des tonnes !

Je sens son regard sur moi.

– J'étais bien, non ? Et je suis sûr que ça t'a plu !

Je tourne la tête vers l'extérieur.

– Là n'est pas la question, dis-je plus tristement que je ne l'aurais voulu.

– Quel est le problème, alors ?

S'il n'est pas capable de deviner pourquoi cette mascarade me rend triste, c'est qu'il n'est pas aussi intuitif que je le croyais. Ou qu'il s'en fout ! Ce qui est plus probable.

– Aucun ! Il n'y a absolument aucun problème, Hugo.

Nous restons plongés dans nos pensées respectives jusqu'au Pavillon. Je n'ai pas envie de lui parler. Je suis bien trop malheureuse et bouleversée pour ça. Car malgré moi, j'aurais voulu que cette comédie n'en soit pas une, j'aurais voulu qu'il pense sincèrement tout ce qu'il a dit et que toutes ses charmantes attentions soient dictées par son cœur et non par un deal à la con.

Je lève la main et essuie discrètement une larme qui roule sur ma joue, et je m'arme de courage, car mon calvaire est loin d'être terminé.

30

Mona

Je ne peux pourtant m'empêcher d'être séduite lorsque nous arrivons en vue du Pavillon Élysée, le nouveau palace événementiel de la capitale, avenue des Champs-Élysées, situé en face du Grand Palais.

C'est grandiose !

Les verrières des rotondes se découpent dans la semi-obscurité de cette fin de journée, nichées dans un écrin de verdure et, au vu du nombre de voitures garées sur le côté, nous sommes certainement bons derniers.

Hugo se gare et coupe le moteur.

Je me raidis en sentant sa main sur la mienne.

– Ça va aller ?

– Oui, pourquoi ça n'irait pas ? Tout va pour le mieux dans le meilleur des mondes ! réponds-je crânement, en m'efforçant de faire diminuer cette monstrueuse boule qui obstrue ma trachée. Ce n'est pas comme si nous avions couché ensemble !

J'ai le temps de voir ses yeux emplis d'étonnement avant de m'extirper de la voiture.

J'imagine ce que je ressentirais en ce moment même si nous avions fait l'amour. En vérité, je ne crois pas que j'aurais tenu le coup ou alors j'aurais dragué n'importe quel type pour le mettre en rogne. D'ailleurs, ce n'est pas dit que je ne le fasse pas !

Je le précède à grands pas et réussis à prendre de l'avance lorsque je sens ses doigts autour de mon poignet. Je me retourne, en maîtrisant au mieux ma colère, il ne mérite que mon indifférence. C'est ça ou je lui tire une droite.

– Dis ce que tu as à dire, qu'on en finisse ! soupiré-je.

Il caresse ma joue, me prenant au dépourvu, si tendrement que je me retiens pour ne pas fermer les yeux et appuyer mon visage contre sa paume.

– Je suis désolé, Mona.

Faut qu'il arrête de me regarder de cette manière, de me parler de cette manière, comme s'il était sincère en disant qu'il regrette. Je n'ai pas envie de déblatérer pendant des heures sur ce que je ne peux changer, ça ne ferait que me torturer davantage. Il a fait son choix, non ? Alors je n'ai que faire de ses remords ! Qu'il aille se faire voir !

– Que regrettes-tu au juste ? De m'avoir fait cette proposition de merde ou de m'avoir séduite pour t'amuser ?

– Ne le prends pas comme ça, s'il te plaît…

Je rêve !

Il n'a pas cherché à me séduire, peut-être ?

Ça va bientôt être de ma faute !

Je jette l'éponge avant de me ridiculiser davantage.

– Oh mais… t'inquiète pas ! Je vais bien trouver un gentil

garçon qui me fera oublier quel connard tu es ! Tu as bien quelques amis ?

Ses mâchoires se serrent et ses yeux deviennent noirs.

– Je n'ai qu'un seul ami ici, c'est Clément et il est marié !

– OK, eh bien, je vais me débrouiller seule, pas de problème ! lâché-je en m'éloignant de quelques pas. Bon… tu viens ?

Ses masséters se contractent visiblement et il avance vers moi, furieux, mais au dernier moment il semble se raviser et me présente son bras. J'ai espéré, une fraction de seconde, qu'il change d'avis et qu'il me dise ce que j'aimerais entendre, que c'est avec moi qu'il veut être, mais non… encore une fois, j'ai rêvé.

Je tente de faire bonne figure et d'entrer dans mon rôle de parfaite fausse fiancée lorsque nous pénétrons dans l'immense hall, pour ensuite suivre de petites pancartes : Camille & Simon. Nous traversons la salle située sous la verrière principale, emplie de monde, jusqu'au couple placé devant le buffet et qui, visiblement, accueille les invités.

Je souris tout en regardant discrètement autour de moi.

C'est immense et très beau. Je suis sous le charme, malgré mon cœur douloureux qui continue de battre comme un dingue. Outre le buffet gargantuesque, les tables rondes sur lesquelles sont placés de petits cartons, la belle vaisselle, les colonnes… Si c'est là une simple garden-party, je me demande de quoi aura l'air leur mariage ! Mais bon… chacun trouve le plaisir où il le souhaite.

Sentant Hugo légèrement tendu à mes côtés, je me colle contre lui, lui souffle :

– Relax, bébé, ça va bien se passer !

Il me retourne un regard noir et je me paie sa tête en éclatant de rire, ce qui me vaut un regard plus noir encore. Je fanfaronne, mais au fond de moi, je suis en pleurs et je ne souhaite plus jamais vivre une telle situation.

Plus jamais !

De toute ma vie !

Nous suivons les autres couples, bras dessus, bras dessous, jusqu'à nos hôtes.

– Hugo ! Je n'étais pas sûre que tu viendrais, nous dit Camille en s'avançant pour l'embrasser.

– Je t'ai répondu, pourtant, répond-il sèchement.

– Oui, mais avec toi, on ne sait jamais à quoi s'en tenir, ironise-t-elle d'une voix forte en prenant nos voisins à témoin. Tu as toujours tellement mieux à faire que d'assister à des mondanités !

Sa voix haut perchée m'éraille les tympans.

Elle est jolie, très élégante dans une robe de soirée bleu nuit, et je comprends que Hugo soit attiré par ce genre de beauté blonde, mais son attitude hautaine et dédaigneuse me la rend immédiatement antipathique. Non pas parce que je la déteste pour ce qu'elle représente, mais parce que c'est un fait. Mais oui… je la déteste ! Aussi ! Et j'ai envie de lui arracher les yeux, car, malgré les apparences, j'ai le sentiment qu'elle n'est pas aussi insensible à la présence de son ex qu'elle veut bien le laisser paraître.

– Ce n'était pas mon truc, effectivement, mais j'ai changé. Laisse-moi te présenter Mona, ma…

– Ta secrétaire, je sais !

Elle dit ça comme si elle vomissait, avant de me passer au radar, mais sans doute me pense-t-elle insignifiante, puisqu'elle daigne me faire un petit sourire qui a plus l'apparence d'un rictus que d'une démonstration de bienvenue.

Je lui tends la main, répondant à sa froideur par une bonne humeur forcée.

– Bonjour, Camille, je suis ravie de faire ta connaissance, Hugo m'a beaucoup parlé de toi.

Comme elle est une personne bien élevée malgré tout, ce dont je ne doutais pas un seul instant, elle serre ma main.

– En bien, j'espère…

– Bien sûr ! réponds-je, avec une pointe de sarcasme.

En vérité, il ne m'a pas dit grand-chose, mais ça me fait mal au bide qu'il veuille faire sa vie avec une telle personne. Je ne la connais que depuis quelques secondes et je peux me tromper, mais… je doute qu'il puisse être heureux avec elle, mais après tout s'il la veut autant, c'est qu'il a mûrement réfléchi à la question.

Je salue Simon, son mec, qui fait un peu tapisserie auprès de Camille ; c'est clairement elle qui tient le crachoir et qui porte la culotte dans le couple. Il paraît relativement effacé et, aux regards un peu hagards qu'il lance autour de nous, je crois qu'il est en train de se poser des questions sur le bien-fondé de sa présence. Il est blond et assez grand, ses traits manquent de caractère et il ne peut rivaliser avec Hugo, dont la beauté latine et les intenses yeux bleus écrasent tous les hommes présents. C'est peut-être pour cette raison qu'il est si mal ; il vient de prendre conscience qu'il n'a aucune chance face à Hugo. Les deux hommes échangent une poignée de main et je m'en désintéresse pour tenter de repérer Clément dans la foule.

– Tu veux un verre ?

J'ai réussi, un instant, à oublier la présence de Hugo, mais en entendant sa voix, mes démons me reprennent.

– Oui… avec plaisir…

Je le laisse m'entraîner à l'écart, d'une main au creux de mes reins.

– Champagne ?

– Volontiers !

Il remplit deux flûtes, me tend la mienne et nous buvons en silence quelques gorgées, Hugo, les yeux toujours sur moi, un sourire aux lèvres, parfait dans son rôle de faux fiancé, et moi… eh bien… les yeux partout, sauf sur lui.

Je devrais pourtant faire un effort, mais pas tout de suite.

– J'aperçois Clément, dit soudain mon faux fiancé. Viens, allons le rejoindre.

J'acquiesce silencieusement et, à nouveau d'une main dans mon dos, il me guide jusqu'à son meilleur ami et bras droit. Il fait les présentations, et là, contrairement à Camille, la femme de Clément, Julie, me plaît à la minute même où je pose les yeux sur elle. Elle est blonde également, mais contrairement à l'ex de Hugo, son sourire est avenant et son regard, franc. Elle me propose aussitôt de prendre place à côté d'elle, puisque nous sommes à leur table. Hugo me propose un autre verre, que j'accepte, et il s'éloigne avec Clément en direction du bar.

Je surprends le regard de Camille sur lui.

Un regard qui en dit long… Je crois que son intérêt pour lui n'est pas mort, loin de là, et je crois aussi que le subterfuge de Hugo va fonctionner : le voir avec une autre femme a dû attiser sa jalousie et peut-être qu'elle a pris conscience qu'elle tient encore à lui. Peut-être qu'elle va lui donner une seconde chance et qu'ils arriveront à être heureux ? Je ne suis pas vindicative et je pense être une bonne personne, aussi je souhaite à Hugo de trouver le bonheur avec elle.

Mon regard croise justement celui du principal intéressé, qui m'observait, de loin, tout en discutant avec Clément et deux autres types, et je détourne les yeux avant de me mettre à pleurer comme une fontaine, mais trop tard, ses sourcils se froncent, et il revient vers moi, avec mon verre.

Il le pose devant moi et s'assoit à mes côtés.

Il met son bras sur le dossier de ma chaise, se penche vers moi.

J'oublie un instant où nous sommes et pourquoi nous sommes ici pour me gaver de son odeur, de sa présence, de sa chaleur et de sa main qui doucement caresse mon épaule.

Pour faire plus vrai, sans doute !

– Ça va ?

Putain… il ne va pas me poser cette question toutes les cinq minutes !

Non, ça va pas !

– Oui, toujours, merci ! Mais je n'ai pas encore trouvé de beau célibataire avec qui passer la soirée.

Il se lève aussitôt, me fait un baiser dans le cou, derrière l'oreille.

Je sursaute et me fais violence pour ne pas fermer les yeux.

– Pas de beau célibataire pour toi ce soir, Mona, puisque je suis là !

Hein ?

Il s'éloigne avant que je puisse lui demander des explications sur son comportement.

Qu'il ait des gestes tendres, OK, à la limite, pourquoi pas, puisque nous avons ce rôle à tenir, mais qu'il me dise ce genre de choses portant à confusion, non !

Ça me rend malade !

Il se tourne dans ma direction après avoir rejoint Clément et mon cœur bondit dans ma poitrine, parce que… parce que j'ai le sentiment qu'il me désire encore, sinon plus. Est-ce que ça aussi, ça fait partie du plan ? Puis je vois Camille le regarder m'observer, les sourcils froncés. Puis me regarder, moi… puis à nouveau lui…, qui semble n'en avoir rien à foutre d'elle. C'est moi qu'il regarde intensément, moi qu'il semble désirer. Mais encore une fois j'ai peur de me tromper et d'espérer quelque chose qui n'arrivera jamais ou de me leurrer parce qu'il me joue encore la comédie.

J'avale ma salive.

Difficilement.

– Hugo semble très amoureux de toi, je crois ne jamais l'avoir vu aussi heureux, me dit Julie, en se penchant vers moi.

Oh… alors il joue parfaitement la comédie…

– Tu travailles chez Trader A, c'est ça ? enchaîne-t-elle.

– Oui, je suis l'assistante d'Annie, tu la connais ?

– Bien sûr, je l'apprécie beaucoup, c'est une très gentille personne. Clément m'a dit qu'elle est malade, tu as des nouvelles, elle va mieux ?

– Oui, elle… elle sera de retour au bureau lundi.

Hugo doit être ravi d'enfin retrouver sa secrétaire.

Hugo… dont je perçois à nouveau le regard sur moi. Hugo… qui me dévore des yeux, ses iris flambant de quelque chose qui me donne des frissons sur tout le corps.

– Pardon ?

– Je disais qu'il ne cesse pas de te regarder, c'est fou, il est comme subjugué. Ah… c'est beau l'amour !

Je repense à son cadeau et je caresse le magnifique pendentif du bout des doigts, pensive, en le dévisageant à mon tour. Il n'était pas obligé de m'acheter quelque chose, mais sans doute a-t-il eu ce geste pour se faire pardonner, quoi d'autre ?

– Oui, c'est beau, réponds-je évasivement, de plus en plus perdue face au regard de feu dont ne cesse de m'envelopper Hugo.

– Vous êtes parfaitement assortis ! dit-elle encore. Ce n'est pas comme avec Camille !

Ah bon…

Je suis ravie d'apprendre que Julie n'est pas au courant de notre arrangement, en tout cas, si elle l'est, elle n'en fait pas mention.

– Tu trouves qu'ils n'allaient pas bien ensemble ?

– À dire vrai, j'ai toujours eu du mal avec elle. Elle a un peu tendance à se sentir supérieure aux autres, elle a tout vu, tout fait et elle a réponse à tout. Ça se voyait que Hugo n'était pas très heureux avec elle, heureusement qu'ils ne passaient pas beaucoup de temps ensemble…

Elle s'interrompt lorsque les garçons approchent de notre table.

– Tu veux manger quelque chose ? me demande mon faux petit ami.

A-t-il décidé d'être également mon chevalier servant ?

J'avoue que ce n'est pas désagréable de l'avoir à ma botte et je vais peut-être en profiter quelques minutes, histoire de ne pas avoir tout perdu ou d'avoir ma petite revanche.

– Non, je n'ai pas faim, mais je veux bien un autre verre, réponds-je en lui tendant ma coupe de champagne.

– J'ai une autre idée, viens danser.

Je regarde les couples évoluer sur la piste de danse au son des slows lancés par le DJ. Les lumières tamisées donnent à la salle une ambiance assez sympa, et tout le monde a l'air ravi d'être présent. Les rires fusent, les gens parlent, les tables se remplissent, tout comme les assiettes. C'est vraiment une belle fête. Notre petit couple phare discute toujours, près du buffet.

Je croise à nouveau le regard de Camille.

Décidément, je l'intéresse.

– Mona ?

Je regarde Hugo, puis sa main tendue, dans laquelle je glisse mes doigts.

Il m'attire à lui, glisse le bras dans mon dos.

Je me prête au jeu.

Pour faire plus vrai !

Mais sitôt dans ses bras, le son langoureux de « Still Loving You » de Scorpions (à mon sens l'un des plus beaux slows de tous les temps) éclate soudain autour de nous et j'oublie tout. Tout ce qui n'est pas nous, lui et ses mains sur moi, son bras autour de moi. Il me presse contre lui, intimement. Après avoir remarqué que Camille ne cesse de nous observer, je lève mon visage vers lui et surprends ses iris ardents sur moi.

Fiévreux.

Plus noirs que bleus.

Il glisse ses doigts sous mon menton et approche ses lèvres des miennes. Son souffle balaie ma peau, son toucher pourtant léger, tout comme ses yeux fouillant les miens me remuent de la tête aux pieds et me font frémir.

– Je vais t'embrasser, Mona…

Sa voix rauque me transporte.

Sa voix, son souffle, son corps contre le mien… tout… tout me fait perdre la tête. Moi aussi j'ai envie qu'il m'embrasse, j'en ai besoin. Même si c'est pour la galerie et même si c'est le seul baiser qu'il me donnera, je le veux.

Je cligne des paupières en signe d'assentiment et doucement, tout doucement, comme s'il avait peur de m'effrayer ou de me faire fuir, il pose ses lèvres sur les miennes. Quand nos langues se caressent, ma respiration s'affole et c'est l'apothéose dans ma tête et dans mon corps. Tout en me plaquant contre lui, il accentue son baiser qui devient de plus en plus exigeant, de plus en plus passionné. Nous ne faisons qu'un. Le monde pourrait s'effondrer autour de moi que je ne m'en rendrais même pas compte. Il n'y a que ce baiser qui compte et ce qu'il déclenche dans mon corps. Il se passe quelque chose, encore une alchimie que nous ne pouvons plus nier, mais est-ce que ça change quelque chose ? Je ne sais pas, mais là, tout de suite, je m'en moque éperdument. Collée contre son corps, je me retiens pour ne pas gémir et je me hausse sur la pointe des pieds pour être encore plus proche de lui. J'aimerais me fondre en lui, j'aimerais lui appartenir véritablement pour qu'il m'appartienne en retour. J'aimerais qu'il ait envie de moi, comme j'ai envie de lui. J'aimerais que ce baiser ne prenne jamais fin et dure éternellement.

Mais aussi beau et bon qu'il soit, je reprends pied dans la réalité et quitte ses lèvres, à bout de souffle, bouleversée comme jamais.

Il me retient contre lui, murmure :

– Reste encore un peu contre moi… s'il te plaît.

Il me supplie, encore… et je suis à nouveau perdue.

Je remets mes bras autour de son cou et nous reprenons notre danse, au rythme du slow. Il glisse sa main sur ma nuque, sous mes cheveux, et me presse contre lui comme s'il avait envie de me faire l'amour.

Mes yeux s'emplissent de larmes, car j'ai le sentiment que c'est comme un adieu, que ce baiser était un baiser d'adieu. De remerciement peut-être aussi. De regret.

Je relève la tête, croise son regard, toujours aussi fiévreux.

Tout se brouille dans ma tête.

– Excuse-moi, je… je ne me sens pas très bien…

Je lui échappe, avant qu'il ne cherche à me retenir, mais je sens qu'il me suit lorsque je m'empresse de récupérer mon sac et mon manteau, que j'enfile en marchant.

Je suis perdue, complètement perdue.

Il faut que je prenne de la distance, je l'ai laissé aller trop loin. Je n'aurais jamais dû l'embrasser.

Je le savais ! Je savais que ça me rendrait malheureuse.

Je ne suis pas surprise lorsque ses doigts se referment sur mon poignet, à peine les portes extérieures franchies.

– Parle-moi ! Ne pars pas comme ça !

Je lui fais face.

– Que veux-tu que je te dise ? Que j'ai adoré que tu m'embrasses ? Que je n'attendais que ça ? Eh bien voilà, c'est vrai, j'ai adoré ton baiser et je ne voulais pas que ça s'arrête. J'aurais voulu que tu m'embrasses jusqu'à la fin des temps. Et je… je démissionne. Demain, je ne viendrai pas au bureau.

– Mais… pourquoi ?

– Parce que je ne peux plus travailler avec toi, Hugo.

Il a l'air si perdu que je lutte contre l'envie de le prendre dans mes bras.

– Pourquoi ? Mona… pourquoi ? réitère-t-il, semblant aussi perdu que moi.

– Parce que je suis tombée amoureuse de toi, voilà pourquoi ! m'écrié-je, la voix cassée, avec la sensation que mon cœur va se fissurer. Parce que je t'aime. Je t'aime comme une folle, je t'aime comme je n'ai jamais aimé qui que ce soit de toute ma vie, et je…

J'essuie les larmes qui roulent sur mes joues.

– Je ne supporterai pas de te voir chaque jour alors que tu es avec une autre femme. Adieu, Hugo. Je te souhaite d'être heureux avec Camille.

Je m'enfuis avant de m'effondrer de chagrin et de désespoir.

31

Hugo

J'ai le sentiment d'être complètement K.-O.

Pourquoi avoir répondu à mon baiser, pourquoi m'avoir embrassé si passionnément si elle avait déjà dans l'idée de me quitter ? Et de démissionner. Puis ses dernières paroles font leur petit chemin dans ma tête.

Elle m'aime !

Putain, elle m'a dit qu'elle m'aime !

Jamais aucune femme ne m'a fait une telle déclaration. Encore moins Camille, qui n'aime personne, hormis elle-même.

Je passe ma main dans mes cheveux et regagne la salle, complètement largué. Les pensées et les émotions contradictoires tourbillonnant dans ma tête à me donner le vertige.

Je n'ai pas fait dix pas dans la pièce que Camille s'approche de moi.

– J'avais peur que tu sois parti. Je… j'ai bien réfléchi,

Hugo et tu sais… je crois que toi et moi, ça pourrait à nouveau marcher.

Je la dévisage en tentant de comprendre ce que je ressens réellement pour elle. À ma grande surprise, je ne ressens rien. Plus rien. Même pas un soupçon d'intérêt. Juste de l'indifférence. Ce n'est pas elle que je veux dans ma vie. Ce n'est pas avec elle que je veux vivre.

– Ça ne m'intéresse plus, Camille. J'aime Mona…

Je me surprends à avoir envie de le dire, de le crier, même, pour que tout le monde le sache.

– Quoi ? Cette petite secrétaire de rien du tout ?

Je souris comme un con.

Un sourire qui ne lui est en rien destiné.

– Cette secrétaire de rien du tout comme tu dis est la femme que j'aime, et elle vaut mille fois mieux que toi.

Elle se met à ricaner.

– Tu l'aimes ? Laisse-moi rire ! Les sentiments ne t'intéressent pas, Hugo ! Ils ne t'ont jamais intéressé.

– Ça, c'était avant. Avant elle !

Elle s'écarte, le visage ravagé par la colère.

– C'est ça, va retrouver cette moins-que-rien qui vient de la rue, comme toi ! Qui se ressemble s'assemble !

– Tout à fait, et toi et moi, nous n'avons rien en commun ! Je ne sais pas comment j'ai pu me tromper à ce point sur ton compte, comment j'ai pu penser une seule seconde que tu étais la femme qu'il me fallait.

– Peut-être parce que tu n'étais avec moi que par intérêt !

– Peut-être, mais c'est fini tout ça ! Toi et moi, c'est terminé, Camille, je suis passé à autre chose.

Il a fallu l'électrochoc de ce baiser pour que j'en prenne

conscience. Pour que je comprenne que c'est Mona que je veux.

Parce que je l'aime.

Je l'aime plus que tout.

Je l'aime plus que ma vie et je veux passer le reste de mes jours avec elle.

J'abandonne Camille au milieu de la salle, et tandis qu'elle me regarde m'éloigner, les yeux ronds, je vais taper sur l'épaule de Clément, qui danse un peu plus loin, le nez dans les cheveux de sa femme.

– J'y vais, vieux, à demain.

– Quoi, déjà ? Mais la soirée ne fait que commencer.

Il regarde autour de moi.

– Où est Mona ?

– Rentrée.

– Tout va bien ?

– Oui, tout va bien, juste un petit malentendu. Croise les doigts pour moi, mon ami...

Je m'enfuis sans attendre sa réponse et comme si j'avais le diable au corps, ce qui est un peu le cas. Je ne crois pas avoir jamais été aussi impatient de toute ma vie, ni aussi heureux. Même quand j'ai racheté Trader A je n'ai pas atteint ce degré de plénitude, et pourtant j'étais tellement fier et tellement satisfait ce jour-là ! J'avais l'impression de planer. Là, je plane, mais d'une autre manière.

Aujourd'hui, j'aime et je suis aimé... aujourd'hui, je suis riche de l'amour. C'est le plus beau cadeau que la vie puisse me faire et tout l'or du monde, tout le pouvoir du monde n'égaleront jamais ça.

Il fallait qu'une personne, la personne faite pour moi,

me le démontre, et cette personne, c'est Mona.

Je ne veux plus passer une seule minute sans elle.

Je rejoins ma Ferrari et la fais démarrer comme un dingue.

La femme de ma vie m'attend !

32

Mona

J'ai pleuré toutes les larmes de mon corps dans le métro et je pleure encore tellement en sortant de la rame que j'ai du mal à voir où je mets les pieds. En plus, j'ai froid ! Un froid interne. Un froid qui me glace les os. J'ai froid et j'ai mal aux pieds. En plus il s'est remis à pleuvoir. C'est vraiment une journée de merde ! Elle restera gravée dans mon esprit comme la pire de toute mon existence.

Je resserre les pans de mon imperméable autour de moi en sortant de la bouche de métro. Je frissonne. La pluie balaie mes joues, mes larmes, qui redoublent d'intensité. Je n'ai même pas l'énergie de maintenir ma capuche pour me protéger du vent et de la pluie. Je me sens tellement misérable, tellement seule… encore plus seule qu'avant, car cette fois, j'ai perdu Hugo pour toujours, je ne le reverrai plus jamais. Rien qu'à la pensée qu'il est certainement en ce moment même occupé à discuter avec Camille pour la convaincre de lui revenir, un sanglot m'échappe. Chaque pas est ardu, j'ai le sentiment que mon corps pèse une tonne, et ce vent contraire par bourrasques n'arrange rien. Je lutte contre moi et contre les éléments pour enfin arriver en vue de la porte d'entrée de mon immeuble.

J'ai tellement mal, je souffre tellement que je pourrais me coucher là, par terre, et y rester jusqu'à mourir. Hugo a ravi mon cœur, pour ensuite en faire de la charpie. Je pleure tant que j'ai du mal à voir où je mets les pieds. Heureusement, je suis presque arrivée. Plus qu'une rue à traverser et je serai devant mon immeuble.

Je mets un pied sur le bitume, perdue dans mes pensées toutes tournées vers l'homme que j'aime et à qui j'ai ouvert mon cœur et dévoilé mon amour et me fige en entendant un coup de klaxon furieux. La voiture me rase, m'éclaboussant au passage.

Mon cœur bat comme un dingue.

Il s'en est manqué de peu que je me fasse écraser.

J'éclate en sanglots et reprends ma marche en essayant de me redonner du courage.

Allez, plus que quelques mètres et je serai à l'abri, plus que quelques minutes et je serai enfin au chaud dans mon appartement. Je pourrai enfin me terrer dans mon lit et ne plus en sortir avant des jours.

Je tape le digicode, mais au moment où je pousse la lourde porte, j'entends mon prénom.

Je tourne la tête, aveuglée par mes larmes et repousse mes cheveux.

Et là, comme dans un rêve, je vois Hugo avancer vers moi. Et je crois halluciner lorsqu'il met ses mains en coupe autour de mon visage et prend mes lèvres pour me donner un baiser, aussi passionné que désespéré.

Pourquoi est-il encore venu me torturer ?

Je le repousse, les yeux écarquillés.

– Je peux savoir à quoi tu joues ?

– Je ne joue pas, Mona. C'est toi que je veux...

Nos iris se happent.

Et cette fois-ci, c'est moi qui me jette sur ses lèvres. Sans aucune douceur. Nos bouches se dévorent, nos langues se livrent bataille, je me plaque contre lui, sans un mot. Lui non plus ne dit rien. Nous n'en avons pas besoin, nos corps communiquent, parlent pour nous et j'en veux plus. Mille fois plus.

– Mona...

Sa voix suppliante, tout contre ma bouche, me transporte.

Il me serre contre lui, souffle :

– Je ne veux plus jamais te quitter. Moi aussi, je t'aime.

Il me repousse à bout de bras, me sourit.

Et ce sourire est tellement doux qu'il me fait fondre.

– Je t'aime tellement. Je t'aime à en crever. Pardonne-moi de ne pas l'avoir compris plus tôt. Pardonne-moi si je t'ai fait du mal, je... je suis têtu, obtus et j'ai... j'ai cru que c'était Camille que je voulais, mais non... c'est toi. Uniquement toi.

J'essuie mes joues trempées de larmes.

– Tu es sûr ? Tu ne me dis pas ça pour me sauter et pour te débiner ensuite ?

Il a un petit rire.

– Oui, je suis sûr. Et oui, je veux te faire l'amour, maintenant et jusqu'à la fin de mes jours. Je veux... je veux des bébés avec toi, je veux fonder une famille, ma famille, je veux entrer dans la tienne. Mona... épouse-moi !

Hein ?

– Maintenant ?

Son visage s'illumine.

– Non, pas maintenant. Demain ou la semaine prochaine ou le mois prochain, j'en sais rien, mais vite ! Je veux que tu sois ma femme, je n'ai jamais rien voulu d'aussi fort de toute ma vie.

Ben merde…

Je n'en crois pas mes yeux, mes oreilles.

Mais ce que je sais, c'est que j'aime cet homme.

Je lui saute au cou, avec un grand : « Oui, je le veux ! »

Je me fous que nous venions juste de nous rencontrer, je me fous de ce que pourraient dire les autres, je veux l'aimer, je veux le chérir, je veux vivre avec lui et faire ma vie avec lui.

Quand il referme ses bras sur moi, quand il écrase ses lèvres sur les miennes, je sais que je ne suis pas en train de rêver, mais que Hugo, mon Hugo, mon irrésistible Hugo est maintenant tout à moi et que Trouvelamour.com ne ment pas : il est fait pour moi.

Barca est fait pour Joconde.

Il me presse davantage contre son bassin, quitte mes lèvres et murmure :

– J'ai envie de toi, Mona, tellement envie…

– Moi aussi. Viens…

Je me saisis de sa main et l'entraîne vers l'ascenseur, dans lequel nous nous embrassons dès la fermeture des portes. Nous n'en finissons plus de nous embrasser. Il paraît aussi insatiable et impatient que je le suis, et l'un comme l'autre, nous n'avons plus qu'une seule envie, nous appartenir. Sa chaleur irradie, il est bouillant. Bouillant et ultra-tentant, ainsi penché sur moi, avec sa nuque proche de mes lèvres. Sa nuque aux effluves masculins qui achèvent de me consumer sur place et de me donner terriblement envie de lui.

Il dévore mon cou, puis mes lèvres, que je lui abandonne.

Je trouve son sexe entre nous, le presse.

Il gronde et ce simple petit son m'entraîne vers une combustion immédiate.

Les portes de l'ascenseur s'ouvrent et un petit rire m'échappe lorsqu'il tire sur ma main pour m'entraîner au pas de course vers la porte de mon appartement. Il se colle dans mon dos et m'embrasse encore dans le cou alors que je pars à la recherche de mes clés, perdues au fond de mon sac.

J'ouvre la porte.

Il me pousse à l'intérieur, la referme avec son pied, reprend mes lèvres et alors, une fois de plus, j'oublie tout.

Nous tournons sur nous-mêmes, ivres de baisers, jusqu'à ce que mon dos heurte l'îlot de mon petit espace cuisine. Ses mains sont partout sur moi, les miennes sur lui. J'enlève mon imper, repousse sa veste, trempée. Il descend la fermeture de ma robe et m'aide à me déshabiller. En un rien de temps, je me retrouve nue, puis dos à lui, les mains sur le plan de travail. Les siennes prennent possession de mes seins, qu'il presse, pour ensuite en torturer les pointes entre ses doigts, tout en m'embrassant encore dans le cou. La tête en arrière, contre lui, la main en arrière également, dans ses cheveux, je le laisse dévorer ma peau et m'abandonne à ses caresses.

– J'attends ce moment depuis tellement longtemps, si tu savais… j'ai tellement rêvé de ton corps… Ça fait des jours que j'ai envie de te faire l'amour, Mona, tu me rends fou…

Je devrais répondre quelque chose, mais j'en suis incapable. Je suis trop bouleversée et trop excitée.

Je ne veux que profiter et profiter encore. De ses mains, de sa bouche, de sa voix, rauque… Chacun de ses mots contre ma peau me fait vibrer. Et quand il glisse ses doigts le long de mon ventre, jusqu'à ma fente, déjà trempée, et qu'un grondement lui échappe en remarquant l'effet qu'il me fait, je suis prête à jouir. Je ne retiens pas mes gémissements alors qu'il continue ses caresses, après avoir pris ma bouche. Enfin… enfin je vais être à lui… moi aussi j'attendais ce moment depuis des jours… J'ai toujours rêvé d'un tel moment de passion entre les bras d'un homme, d'un moment qui me ferait oublier tout le reste, surtout mes misères du passé, et c'est au-delà de tout ce que j'ai pu imaginer. Je presse sa queue entre mes doigts, gémis, tandis que les siens continuent de torturer mon clitoris gonflé de désir, jusqu'à m'arracher des cris de volupté. Cris qu'il fait taire en m'embrassant encore plus voracement.

Il me tourne face à lui et m'embrasse encore, presque avec dévotion, tout en murmurant à quel point il m'aime et à quel point il aime m'entendre avoir du plaisir, tandis que je m'attaque aux boutons de sa chemise. Il s'éloigne d'un pas, me regarde intensément, tout en s'emparant d'un préservatif dans la poche de son pantalon.

Bon sang, qu'il est sexy…

Le cœur sur le point d'imploser d'excitation, je l'observe retirer ses chaussures et se déshabiller. Mon souffle s'altère lorsqu'il se redresse, m'offrant sa nudité parfaite et son imposante virilité. Il a un corps magnifique, doré, tout en muscles, un ventre plat. J'approche mes mains de sa peau, fascinée. Je les remonte le long de ses bras, sans rien perdre de chacun de ses tressaillements, de chacun de ses frissons. Il me laisse le caresser, découvrir sa peau. Je l'effleure du bout des doigts, les glisse sur son ventre, jusqu'à son membre, que je saisis, tout en embrassant la peau de son torse que je découvre brûlante, douce, divine. En une fraction de seconde je suis raide dingue de son corps, de son sexe, d'absolument tout.

– Je te veux, Mona, gronde-t-il. Maintenant…

Joignant le geste à la parole, il me prend sous les fesses et m'emmène sur mon canapé, sur lequel il m'allonge. Il se couche sur moi et, tout en reprenant possession de mes lèvres, ses doigts repartent à l'assaut de mon intimité, qui ne demande que ça. Je suis rapidement prête à jouir, mais j'en veux plus et c'est lui que je veux.

Je referme mes doigts autour de son membre tendu à bloc, le supplie :

– Fais-moi l'amour, Hugo. Je veux te sentir en moi. Moi aussi, j'attends ce moment depuis longtemps…

Il me sourit.

D'un sourire magnifique, hautement sensuel. Le plus sensuel qu'il m'ait jamais adressé, le plus tendre aussi, et mon cœur fait un bond dans ma poitrine. Si je n'étais pas déjà raide dingue de lui, je le serais devenue à cet instant, en découvrant son sourire conquis, puis en le regardant dérouler la protection sur son sexe, concentré, presque animal, les yeux noirs de désir.

Quand enfin il me pénètre, millimètre après millimètre, avec une lenteur qui nous met tous deux au supplice, je perds toute retenue et crie. Il ressort, me pénètre à nouveau, plus loin, plus fort. En trois coups de reins, il est enfoncé jusqu'à la garde. Alors seulement, il commence à bouger. Vite. Fort. C'est bestial, brutal, mais juste ce qu'il faut. Mon sexe s'inonde à chaque coup de reins, exacerbant notre plaisir. Il me pilonne, dans de grands ahanements qui me transportent, aussi sûrement que ses assauts. Il se cambre, son pubis percute mon clitoris, encore et encore, sa queue le fond de mon ventre, et c'est divin. Je serre mes jambes autour de ses lombes, je l'emprisonne pour l'attirer encore plus loin, encore plus au fond, le faisant gronder à son tour de volupté. C'est un véritable combat qui s'engage, un combat pour le plaisir, dont nous serons tous les deux gagnants. C'est extrême, divinement absolu. Passionnel. Je suis la première à rendre les armes et à jouir. Fort. Il me rejoint aussitôt et se libère en gémissant, son si beau visage envahi par le plaisir. Je crois que je n'oublierai jamais son expression, elle restera à jamais dans mon cœur comme la preuve qu'il a joui de mon corps, comme j'ai joui du sien, en en tirant tous deux un plaisir immense.

Il s'effondre sur moi et je le serre contre mon cœur.

Nous mettons de très, très longues minutes à récupérer notre souffle, blottis dans les bras l'un de l'autre. Je n'ai jamais été aussi heureuse de toute ma vie, et au regard dont il m'enveloppe en se redressant, je crois que lui non plus.

Nous nous sourions, conscients, l'un comme l'autre, que notre vie à deux ne fait que commencer et qu'elle sera merveilleuse car nous sommes faits l'un pour l'autre, c'est indéniable. Nos corps et ce que nous ressentons viennent de nous le prouver.

ÉPILOGUE

Mona
Un an plus tard

Il s'en est passé des choses en un an !

Hugo et moi nous sommes mariés un mois jour pour jour après ce fameux dimanche. Mes parents étaient aux anges ! Enfin… après m'avoir engueulée comme du poisson pourri quand je leur ai révélé notre supercherie.

Et un mois après, j'étais enceinte.

Hugo ne voulait pas attendre et j'étais d'accord avec ça. En tout cas, nous n'avons rien fait pour que je ne le sois pas, et fait beaucoup pour que je le sois. Nous avions hâte de fonder notre famille et Hugo, qui en a été privé depuis son plus jeune âge, était encore plus impatient que moi. Nous avons donc décidé de laisser faire la nature et elle a été clémente.

J'ai démissionné comme convenu, le lendemain de mon vingt-septième anniversaire.

Il était hors de question que je retourne travailler, j'allais devenir l'épouse du boss et je ne me serais pas sentie à ma place !

Je suis donc allée récupérer mes affaires et j'ai dit au revoir à tout le monde.

Annie m'a embrassée comme du bon pain, et au moment de mon départ, elle m'a fait un clin d'œil. Elle paraissait tellement pimpante et guillerette que je l'ai soupçonnée d'avoir simulé sa maladie.

Je ne sais pas, peut-être… Si c'est le cas, elle a été ma bonne fée !

Et plutôt que de m'aider à trouver où publier mes romans, Hugo m'a acheté une maison d'édition.

Oh… pas une grosse boîte, une toute petite, mais suffisamment importante pour que je m'éclate. En fait, j'adore découvrir les histoires des autres, j'adore partir à la recherche de pépites sur les plateformes d'écriture, j'adore discuter avec les auteurs et les rendre heureux en éditant leurs romans. Finalement, je préfère ça à l'écriture et je n'écris quasiment plus ; mes romans resteront décidément au fond de mon ordinateur.

J'ai travaillé toute ma grossesse, puis Lina, notre petit ange, est née, un mois en avance, mais en excellente santé.

Lina, comme la maman de Hugo…

Elle est si belle. Si sage. Elle est très brune et elle a les yeux de son papa, mais comme elle n'a que 2 mois, leur couleur peut encore changer. Elle est si sage que je peux l'emmener au bureau, c'est l'avantage ! Comme ça, je l'allaite à la demande.

Aujourd'hui, c'est mon anniversaire et Hugo m'a promis de rentrer tôt. Il rentre rarement après dix-huit heures depuis que nous sommes ensemble, mais parfois, il a besoin de travailler sur des dossiers clients alors il va s'installer à son bureau et je prends place sur le canapé, en face de lui. Souvent, il lève la tête et nous nous sourions. Je repense alors à notre voyage à Rome et à ce moment que nous avons passé à travailler l'un en face de l'autre. Il régnait déjà une réelle harmonie entre nous, nous avions plaisir à être ensemble. Peut-être que je suis réellement tombée amoureuse de lui à ce moment-là, mais je crois qu'il y a eu plein de fois avant, et encore après. Quant à lui, il est véritablement tombé amoureux de moi quand il m'a serrée contre lui près de la fontaine de Trevi et qu'il a voulu m'embrasser. Il m'a avoué qu'avant il me désirait, mais il fallait qu'il comprenne qu'il ressentait de l'amour et pas seulement du désir et qu'il renonce à ses plans vis-à-vis de Camille.

Nous avons bien ri lorsqu'il m'a également avoué qu'il avait aperçu mes fesses ce jour-là, qu'il avait compris que je m'étais donné du plaisir et qu'il s'était même emparé de ma petite culotte. Ça l'avait tellement émoustillé qu'il était allé lui aussi se soulager sous la douche.

Oui, aujourd'hui, c'est mon anniversaire, mais qu'importe, j'ai décidé de lui faire un cadeau pour fêter le début de notre magnifique histoire d'amour et j'espère qu'il lui plaira.

En entendant la porte de l'appartement s'ouvrir, mon cœur fait un bond dans ma poitrine.

Il en est toujours ainsi.

Dès que je l'entends, dès que je le vois ou lorsque j'anticipe nos retrouvailles, je m'enflamme. Notre passion est sans limites et chaque jour renouvelée. Je peux dire aujourd'hui que je suis pleinement heureuse et que la vie m'a apporté et m'apporte chaque jour tout ce que je pouvais espérer.

Je lui saute dans les bras dès qu'il pénètre dans le hall de son immense appartement-terrasse où je me suis installée avec lui, ce jour où j'ai démissionné et qui signait pour moi le début d'une nouvelle vie.

– Que me vaut un tel accueil ?

Je me pends à son cou, lui présente mes lèvres.

– Rien ! Je t'aime…

Nous nous embrassons tendrement.

– Moi aussi, je t'aime. Comment va notre petit trésor ?

– Elle va bien !

Je le prends par la main et, ensemble, nous allons nous poster au-dessus du berceau de Lina pour la regarder dormir. Elle a sa chambre à l'étage, à côté de la nôtre, mais nous aimons qu'elle soit près de nous, alors quand nous sommes en bas, elle est avec nous. Nous restons un long moment à l'admirer, nous demandant comme nous le faisons souvent comment nous avons pu concevoir un petit être si merveilleux.

Je ne pensais pas que l'on pouvait aimer si fort.

J'aime Hugo, il est l'homme de ma vie, mon âme sœur, mon ami, mon amant, l'être en qui j'ai le plus confiance et entre les mains de qui je remettrais ma vie les yeux fermés, mais l'amour que je porte à mon bébé est au-delà de tout ce que j'ai connu jusqu'à ce jour. Il est viscéral… il vient de mes tripes, il me nourrit et me comble chaque jour un peu plus. Il me semble également que m'occuper de mon bébé guérit mon âme et me guérit moi, petite fille. Hugo avait déjà fait le plus gros en me redonnant confiance en la vie et Lina fait le reste.

Je glisse mes doigts entre ceux de mon époux, le regarde amoureusement.

– Tu as faim ?

Il m'attire à lui, m'embrasse dans le cou, gronde :

– Toujours quand je te vois.

Je glousse lorsqu'il me plaque contre son bassin.

Il a envie de moi…

Je le repousse doucement.

– Après, monsieur l'insatiable ! Moi, j'ai faim ! Il faut que je fabrique du lait, je te rappelle !

– Mmm, pas de problème, je ne suis pas prêt à me passer de ça, gronde-t-il encore en pressant mes seins volumineux, doucement, parce qu'il sait qu'ils sont hyper sensibles.

– Assieds-toi ! J'arrive !

Pendant qu'il retire sa veste et roule ses manches de chemise sur ses avant-bras, je file à la cuisine pour revenir avec le plateau que j'ai préparé en rentrant du travail : des toasts, du caviar que nous dégusterons avec de la crème et des blinis, des huîtres (son autre péché mignon), une petite mousse framboise en dessert, le tout provenant de l'épicerie fine du quartier ; champagne pour lui et eau pétillante pour moi.

Je dépose le plateau sur la table basse du salon où il a pris place, récupère l'enveloppe que j'ai posée sur la cheminée et m'assois à ses côtés.

Je lui tends l'enveloppe, un peu fébrile.

Il la pose sur ses genoux et sort un écrin de sa poche.

– Moi aussi, j'ai un cadeau !

– Oh… tu t'en es souvenu ?

Il se penche pour m'embrasser, susurre contre mes lèvres :

– Bien sûr ! Comment oublier cette première fois où j'ai posé mes lèvres sur les tiennes et où nous avons fait l'amour ! Cette date est presque aussi importante que celle de notre mariage. Bon anniversaire, ma chérie.

Je me pends à son cou, l'embrasse à mon tour.

– Merci, mon amour… j'espère que… que tu ne m'en voudras pas de te faire aussi un cadeau. Ce cadeau, je…

Je m'interromps.

J'espère vraiment que ça lui fera plaisir. Hugo est un homme facile à vivre, il est doux, gentil, aimant, attentionné, mais il peut aussi être un peu borné et quand il a décidé un truc, c'est quand même compliqué de le faire changer d'avis.

– Pourquoi ? Qu'est-ce que c'est ?

– Tu verras.

– Tu n'ouvres pas le tien ?

– Si, après, mais là… je suis trop nerveuse… allez… ne me fais pas languir plus longtemps.

Il ouvre l'enveloppe et en sort la photo d'un hôtel. Un magnifique hôtel situé en Sicile.

Il lève les yeux vers moi, avec une expression indéfinissable sur le visage et j'ai peur de lui avoir déplu.

– Si tu ne veux vraiment pas aller là-bas, nous pourrons changer de destination, mais je crois qu'il est temps de renouer avec ta famille et de leur présenter ta femme et ta fille, qu'en dis-tu ?

Mes yeux se gorgent de larmes lorsque les siens se noient sous une émotion intense.

– Oh mon amour… avec toi à mes côtés, je suis prêt à tout, alors puisque tu le souhaites, allons rencontrer ma famille sicilienne ! Ma mère me disait que je ressemble énormément à son père, je verrai si c'est vrai ou non !

– Tu es content, alors ?

– Très !

Nous nous embrassons et mon cœur s'allège d'un poids certain.

Je voulais que Hugo renoue avec ses ancêtres et ses racines. Quoi qu'il en dise et même s'il s'évertuait à le cacher, je sais que c'est pour lui une souffrance de ne pas les connaître et il faut savoir pardonner. Il m'a avoué qu'il en avait énormément voulu à sa famille de ne pas les avoir aidés après la mort de son père, d'autant plus que ses grands-parents maternels sont riches ; ils possèdent l'un des plus grands domaines viticoles de l'île. J'espère également qu'il trouvera assez de force dans son cœur pour pardonner à son grand-père maternel qui avait empêché ses parents de s'aimer, les obligeant à fuir leur pays. Il n'acceptait pas leur relation, souhaitant mieux pour sa fille. Quant à la famille de son père, certains ont tenté de renouer avec lui quand ils ont eu vent de sa réussite professionnelle, mais il les a envoyés bouler. Il ne voulait pas avoir affaire à eux, car eux aussi les avaient abandonnés, sa mère et lui, en les laissant crever de faim.

Malgré cela, je veux que ma fille sache d'où elle vient.

Si l'endroit nous plaît, pourquoi ne pas acheter une petite résidence au bord de la mer et y aller régulièrement en vacances ? Puisqu'il aime tant la mer. Les moments passés sur son voilier, loin de tout et surtout loin du boulot et de l'effervescence parisienne, font partie des plus heureux de mon existence et nous avons navigué quand le temps le permettait jusqu'à la veille de mon accouchement.

Je lui parle alors de cet hôtel, luxueux mais pas trop, j'ai encore du mal à réaliser que je suis mariée avec un type riche comme Crésus, puis des promenades que nous ferons, des endroits que nous visiterons.

– Nous pourrions partir le mois prochain ? Ça nous laisse le temps de nous organiser.

– Ce sera parfait !

– Génial ! Il me tarde déjà !

– Moi, il me tarde que tu ouvres ton paquet et que tu retires cette petite robe, ajoute-t-il, en glissant sa main sur ma cuisse nue.

Je lui mets une petite tape pour l'empêcher d'aller plus haut parce que je sais comment ça va finir : il va me prendre par les sentiments et me prendre tout court, là, sur ce canapé. Et je n'aurai toujours pas mangé ! Alors que j'ai tellement faim que je pourrais bouffer le Frigidaire.

– Après ! réitéré-je avec une petite moue coquine. Je veux ouvrir mon cadeau et manger !

– Oui, on va manger… avant que je te mange… toi… enchaîne-t-il en s'avançant pour ensuite peser de tout son poids sur moi.

Je referme mes bras autour de son cou et réponds à ses baisers.

On ne va jamais y arriver !

Et effectivement, au lieu d'ouvrir mon présent[1], c'est sa ceinture et son pantalon que j'ouvre, pour refermer ma main sur son sexe. Il me retire ma culotte et, quand il s'enfonce en moi d'une poussée, me faisant aussitôt m'envoler vers les cimes du plaisir, je me dis qu'il n'y a pas plus beau cadeau que lui, et que je n'en veux pas d'autre.

Aussi longtemps que je vivrai.

Fin

1. Le cadeau de Mona est une paire de boucles d'oreilles assorties à son pendentif, du joaillier romain.

Extrait

IMPRÉVISIBLE BOSS

Eugénie Dielens

1

Lexy

Je cours dans les rues de New York, perchée sur mes foutus talons qui me pourrissent la vie. J'ai déjà une trentaine de minutes de retard, ce que je ne peux absolument pas me permettre, et aucun taxi ne daigne s'arrêter quand je lui fais signe !

Je déteste les Américains. Je déteste New York. Je déteste ma vie.

Je manque de me tordre la cheville à plusieurs reprises, jusqu'à me coincer le talon dans une plaque d'égout, puis je reprends ma course folle jusqu'à l'O'Leary Corporation. Heureusement pour moi, je finis par y arriver sans encombre et je prends le temps de récupérer une respiration normale. Un énorme bâtiment me fait face, bien plus impressionnant que tous ceux que j'ai pu voir auparavant à Easton. Regarder vers le ciel me donne le tournis ; je n'ose pas imaginer la vue depuis le *rooftop* de ce building.

Fascinée par ces étages à perte de vue, je ne vois pas la foule autour de moi et je manque de me ramasser quand plusieurs personnes me bousculent sans aucune gêne. Je grommelle, lâchant une flopée d'insultes bien senties, puis je passe les portes de l'entreprise pour sortir de l'effervescence de la rue qui commence à m'étouffer. Le hall d'entrée est désert, aucune trace des candidats pour le poste à pourvoir. Peut-être que je suis la seule à avoir postulé ?

Bien sûr que non. Les autres sont seulement à l'heure et probablement déjà à l'étage du rendez-vous.

J'essaie de contenir mon stress et progresse dans le hall en observant cet endroit à la hauteur sous plafond ahurissante avec une admiration non dissimulée. Voilà bien la seule chose qui a le don de m'impressionner à New York : la beauté de ses gratte-ciel. Tout est moderne, vitré, dans des couleurs grises, neutres, et j'aperçois quelques bureaux à travers les baies vitrées. L'ambiance de travail semble être celle que j'apprécie. Calme, sérieuse.

Je m'avance d'un pas assuré jusqu'au réceptionniste dans l'espoir que ce ne sera pas trop tard pour moi. J'arbore mon plus beau sourire, mais l'employé daigne à peine me jeter un coup d'œil, obnubilé par ce qui se passe sur son ordinateur. Super.

– Excusez-moi ? Bonjour. J'ai rendez-vous au vingt-huitième étage.

– Il n'est plus accessible à partir de neuf heures, m'informe-t-il sans relever le nez de son ordinateur.

– Quoi ? Mais pourquoi ?

Je jette un rapide coup d'œil à ma montre : neuf heures une.

Est-ce qu'il se fout de ma gueule ?

Forcément. Il ne va quand même pas m'empêcher de rejoindre l'étage de mon entretien pour une misérable minute quand même ? Je ne peux pas perdre ma chance d'avoir ce boulot pour soixante pauvres secondes. Ce serait délirant !

– Ordre du grand patron. Cette heure dépassée, plus personne ne rentre. Alors à moins que vous ne connaissiez le patron lui-même, revenez demain.

Sidérée par ses propos, je le fixe en empêchant à grand-peine mon mauvais caractère de refaire surface. Les rouages de mon cerveau s'activent, cherchant désespérément une solution. Je viens d'arriver dans cette grande ville, sans travail, avec ma fille à nourrir, je ne peux pas laisser les choses se passer comme ça. Ce boulot nous est vital. Sans ça, je ne pourrai jamais payer mon premier loyer, ni mes courses, ni mes factures, et je risque de perdre la garde d'Avery, alors que c'est la seule chose qui compte à mes yeux !

– Je suis la copine du patron, lâché-je sans réfléchir.

Je crois n'avoir jamais sorti un si gros mensonge. Et à la tête que tire le réceptionniste, il n'a jamais dû en entendre de si énorme. Je reste tout à fait sérieuse même si, intérieurement, je me foutrais des claques, mais c'est peut-être l'unique chance que j'ai de me présenter à cet entretien. C'est la seule chose qui m'a traversé l'esprit. J'ai cherché à quoi ressemblait le P.-D.G. de l'entreprise. Jeune, presque la trentaine, au moins, c'est déjà plus crédible que je sois sa copine que si c'était un homme d'une soixantaine d'années ; mais, entre nous, ce genre de mec ne doit sûrement pas s'emmerder à sortir avec des filles comme moi. Ce mensonge ne va probablement pas avoir d'autre effet que de me faire mettre dehors, en fin de compte...

– Est-ce que c'est vrai, monsieur ? demande le réceptionniste à quelqu'un derrière moi.

Faites que ce ne soit qu'une mauvaise blague.

Mais un rire rauque résonne dans mon dos et je me retourne lentement.

Merde. Qu'est-ce que j'ai fait pour mériter un karma pareil ?

Ah, je sais. J'ai menti.

Je dévisage cet homme brun aux cheveux tirés en arrière. Son costume noir lui donne une allure sérieuse qui contraste avec son air rieur : aucun doute, c'est bien Hayden O'Leary, le même que j'ai pu voir sur Internet. Un homme d'une beauté rare. Le plus troublant chez lui est le charisme qu'il dégage. Un je-ne-sais-quoi qui me laisse un instant toute chose. Son sourire éclatant me donne le vertige.

Mais le pire là-dedans, c'est qu'il se fout ouvertement de ma gueule. On finit toujours par être rattrapé par ses mensonges… mais c'est un chouïa trop tôt pour moi. Je pourrais me faire toute petite, devenir rouge tomate, sauf que ce n'est pas mon genre. Je ne laisserai pas passer ma chance de pénétrer dans cette entreprise. Au lieu de ça, je souris comme une idiote et me tourne vers le réceptionniste, le menton relevé, ce qui fait encore plus rire l'homme derrière moi.

– Vous voyez ? Je vous avais dit que je le connaissais !

Je mise tout sur l'audace pour prouver ma motivation à celui qui est censé m'embaucher. Après mon mensonge, je n'ai de toute façon pas grand-chose d'autre à tenter. Et ça a l'air de marcher ! En effet, O'Leary me passe devant, les mains dans les poches, avant de faire signe de me laisser passer à son employé qui obéit aussitôt pour reprendre ses activités. Il faut vraiment que je sois désespérée pour faire ça. Le P.-D.G. m'indique de le suivre jusqu'aux ascenseurs, il en appelle un puis me toise avec une curiosité non dissimulée.

– Je suppose qu'on a rencard, dans ce cas ? se moque-t-il.

– C'est la seule chose qui m'a traversé l'esprit. Merci d'avoir joué le jeu.

– Aucun souci. Vous n'êtes pas la première à faire ça, mais bien la première à avoir l'air si désespéré.

J'ouvre la bouche et la referme presque immédiatement alors que je voudrais pouvoir lui dire que mon désespoir l'emmerde. Le jour où il aura des enfants, il comprendra ce que c'est que de se démener pour la personne qu'on aime le plus au monde. Mais je ne dis rien. Je ne suis pas en compagnie d'un inconnu dans la rue, mais d'un potentiel employeur, et je veux garder mes maigres chances d'avoir ce poste.

– Je vous remercie. C'était gentil de votre part de ne pas appeler la sécurité.

Malheureusement, je n'ai pu retenir une pointe d'aigreur, même si je lui suis réellement reconnaissante. J'imagine déjà la scène pathétique où deux molosses me traînent à l'extérieur. Je croise les bras, mon sac à main calé sur mon épaule, et j'attends. Je sens son regard curieux peser sur moi.

– Qu'est-ce qui vous amène ici ?

– Le poste d'assistante. Mais je suis désolée, je suis en retard.

– On s'en fout, je le suis aussi.

J'ouvre grand les yeux, pas sûre de comprendre, avant d'éclater de rire. Merde, c'est qu'il est sérieux ! Il me sourit fièrement et sa tentative de détendre l'atmosphère fait mouche.

Le « ding » de l'ascenseur vient interrompre notre conversation et O'Leary m'invite à y pénétrer d'un signe de la main. J'entre en le remerciant poliment et je m'appuie contre la paroi du fond pour mettre le plus de distance entre lui et moi. J'ai beau faire bonne figure, je suis extrêmement gênée par cette situation.

Situation dans laquelle je me suis mise toute seule, soit dit en passant…

Cet ascenseur est bien trop petit, surtout avec un homme tel qu'O'Leary. Être aussi attirant devrait être puni par la loi, ou du moins réglementé, quelque chose du genre : « Vous devez au moins sentir les égouts si tout le reste de votre personne frôle le sensuel au moindre geste. » Sauf que mon potentiel futur employeur sent foutrement bon ! Un parfum viril qui s'accorde à la perfection avec le reste de son être.

Il appuie sur le numéro vingt-huit et j'observe les étages défiler sur le petit cadran, jusqu'à ce que ce dernier devienne noir. Je me redresse et tourne vivement la tête vers celui qui est à l'origine de cet arrêt, et je le découvre le doigt sur le bouton d'arrêt d'urgence. Je ne sais pas à quoi il joue, mais ça ne me fait pas rire. Déjà parce que personne n'aime être enfermé dans une cabine tenue simplement par quelques câbles dans un building aussi haut ! Mais aussi parce que plus vite je serai sortie d'ici, plus vite la brûlure inexplicable dans mon bas-ventre à chaque fois que je regarde O'Leary disparaîtra.

– Il se passe quoi ?

Au lieu de me répondre, il m'observe avec sérieux avant de commencer à s'approcher de moi. J'écarquille les yeux, lui laissant l'occasion de s'arrêter, mais il ne le fait pas. Il continue de s'avancer lentement, les yeux plissés, et il n'a pas le temps d'être à une dizaine de centimètres de moi que ma main rencontre sa joue. Je refuse qu'il m'approche ! C'est peut-être mon futur patron, et c'est déjà assez complexe de gérer mes propres désirs devant son corps d'apollon pour en plus devoir refréner ses pulsions.

Il recule de quelques pas en se massant la joue et un sourire en coin prend place sur ses lèvres alors que je fulmine. Putain, je jure que s'il cherche une assistante pour se la taper, je prends mes jambes à mon cou, travail ou non.

– Vous foutez quoi, là ? Vous m'avez prise pour qui ?!

– Je veux vous prendre, me répond-il seulement.

Je manque de m'étouffer alors que je me mords fortement la lèvre, choquée. Un long frisson traverse ma colonne vertébrale, puis une douce décharge électrique se fait ressentir dans mes reins. Je n'arrive pas à croire que ces propos immoraux m'excitent.

Non, non, non !

Je viens de le gifler et il me fait un sous-entendu sexuel ? Est-ce que c'est une mauvaise blague ? Une caméra cachée ? Autrement, je ne suis pas sûre de le laisser ressortir de cet ascenseur toujours immobilisé en un morceau. Ce n'est même pas légal ! Il a de la chance que je n'aie pas de temps à perdre avec une plainte.

– Je vous demande pardon ?! m'exclamé-je plus fortement.

Il se redresse et éclate de rire face à mon air outré. Je pensais que mon entretien de la veille avait été désastreux après qu'on m'avait dit ne pas vouloir embaucher une maman célibataire, mais je me trompais. Les choses sont pires de jour en jour, et j'en viens à me dire que je n'aurais jamais dû partir d'Easton. O'Leary prend ses distances et s'appuie contre la paroi de l'ascenseur, la joue rougie, alors que je le fixe, la mâchoire serrée.

– Je voulais dire, je veux vous prendre comme assistante.

Je crois avoir perdu le fil de la conversation. Comment sommes-nous passés d'une gifle à une embauche ? Et pire, comment peut-il vouloir m'embaucher alors que je viens de le repousser en le giflant ? Je crois que mon cerveau a surchauffé.

– Est-ce que vous avez un trouble mental ? demandé-je le plus sérieusement du monde.

– Pas que je sache. Même si mon penchant pour les yaourts pour enfants le laisserait croire.

Bien trop perturbée, je ne ris pas face à sa tentative d'humour. O'Leary perd son sourire face à mon air pincé et soupire avant de passer une main sur sa barbe naissante.

– C'était un test. J'ai été classé parmi les célibataires les plus convoités de la ville la semaine dernière, et depuis, les assistantes défilent. J'attendais de voir si vous me repousseriez pour être sûr que vous étiez ici pour le travail et pas pour autre chose.

Je me fous de savoir qui il est, il pourrait être le président des États-Unis que j'aurais réagi de la même façon. Son test me reste en travers de la gorge. Je n'ai jamais lu les journaux people, je ne savais même pas qu'il était célibataire, et à vrai dire, je m'en fous. Je suis dans les ressources humaines, pas dans le journalisme.

– Et vous ne vous êtes pas dit que vous alliez me faire peur ? m'énervé-je. Ou que je suis peut-être mariée. Et vous auriez fait des avances à une femme déjà prise !

O'Leary m'observe en restant à bonne distance, il vaut mieux pour lui, avant de laisser son regard dériver jusqu'à ma main gauche. Évidemment. Mon manque d'alliance est flagrant, il est loin d'être bête.

– Et vous l'êtes, mariée ? demande-t-il en connaissant déjà la réponse.

– Non, grommelé-je.
– Bien. Donnez-moi votre CV, on va voir ce qu'on peut faire.

Il a retrouvé un air sérieux, sûrement son air de patron. Même si je bouillonne, je sors mon CV pour le lui tendre alors qu'O'Leary relance l'ascenseur. Il le lit avec intérêt et j'attends patiemment le verdict en me mordant l'intérieur des joues. Je suis compétente pour ce poste, je le sais. Je suis diplômée d'une école de commerce en ressources humaines qui me vaudrait sans doute un poste plus haut placé en temps normal. Mais ce milieu est si prisé que je suis désespérée.

– Je ne vois pas bien ce que vous faites ici, finit-il par dire.
– Moi non plus, réponds-je sans réfléchir.

Immédiatement, je place une main devant ma bouche alors que mon presque futur patron me dévisage. Bordel, si je n'ai pas déjà grillé mes chances, c'est foutu. Je vais ressortir d'ici bredouille pour aller chercher ma fille à l'école, et je vais encore passer ma soirée à éplucher les nouvelles propositions d'emploi sur Internet. Ma dernière chance est de m'excuser auprès de lui, mais je ne suis même pas sûre que ça fasse beaucoup d'effet.

– Je suis désolée. Je ne voulais pas dire ça, commencé-je.
– J'ai compris. Au moins, vous êtes honnête. Mais vous êtes surqualifiée pour ce poste, et sachez que le salaire reste le même pour une assistante lambda ou pour quelqu'un avec un diplôme comme le vôtre, me dit-il en me rendant mon CV.
– J'en ai parfaitement conscience.

Je me pince les lèvres, espérant ne pas être trop sèche avec lui. J'ai terriblement besoin de ce boulot, qu'importent mes qualifications. O'Leary ne paraît pas déstabilisé, seulement étonné et je me surprends à espérer avoir encore mes chances.

Les portes de l'ascenseur finissent par s'ouvrir sur un long couloir bondé et le P.-D.G. me dépasse pour progresser dans cette marée humaine. Je le suis de près en sentant les regards curieux peser sur moi, et je garde la tête haute quand O'Leary s'arrête devant une porte vitrée avec son nom dessus, avant de se retourner pour s'adresser à tous les candidats.

– Vous pouvez partir. Le poste d'assistant n'est plus à pourvoir, lâche-t-il sans plus de fioritures.

Mon cœur rate un battement alors que je comprends qu'il est sérieux. Ce boulot, même si je suis consciente qu'il ne s'agit pas du meilleur du monde, est mon dernier espoir. Si c'était mon genre, je lui sauterais dans les bras et… non, mauvaise idée ! Je me contente de cacher un franc sourire.

Qui sait, si je le gifle à nouveau, j'obtiendrai peut-être une promotion ?

Je me retiens de rire à cette pensée, d'autant que quelques murmures s'élèvent déjà dans le couloir et des regards mauvais convergent vers moi. O'Leary les ignore et pénètre dans son bureau en me tenant la porte. Je passe devant lui en le remerciant poliment et je m'assois sur un des sièges en face de son bureau. Je l'observe par-dessus mon épaule alors qu'il referme la porte transparente.

– Qu'est-ce que je serai censée faire, en tant qu'assistante ? demandé-je de but en blanc pour lui montrer que je suis prête à travailler dès maintenant.

Mon presque futur patron contourne son bureau en enlevant sa veste de costume puis s'installe sur un grand fauteuil blanc face à moi. Il me toise un instant, je fais de même. Je crois qu'il est le plus jeune patron que j'ai rencontré jusqu'ici. Mais quelle importance ? L'âge n'a jamais fait les compétences. L'expérience, oui.

– Prendre mes rendez-vous, vous occuper de mon agenda, m'accompagner durant mes déplacements. Le travail de base que j'attends d'une assistante.

– Vos déplacements ? répété-je.

Je blêmis presque immédiatement. Je n'avais pas pensé une seule seconde que je pourrais avoir à quitter la ville pour mon travail. Pourtant c'est chose logique, je ne vais pas rester ici à me tourner les pouces tandis qu'il sera en déplacement professionnel.

– Oui. Cela pose un problème ? me questionne O'Leary en haussant les sourcils.

J'avale difficilement ma salive. J'ai été recalée à cause de ma fille à plusieurs reprises, pourtant je ne peux pas mentir. J'ai besoin de ce travail, mais je ne peux pas non plus laisser mon enfant comme ça. J'ai obtenu sa garde le mois dernier après que son père a été inculpé pour maltraitance, mais ça n'empêche en rien le fait que je pourrais la perdre aussi. Je me suis battue pour Avery, pour la mettre en sécurité, pour lui offrir une belle vie, même si je suis sur la corde raide financièrement parlant. Alors je ne cacherai pas ce « détail », même si ça veut dire laisser passer ma chance d'obtenir ce travail.

– J'ai une petite fille de 6 ans et je suis seule à l'élever, précisé-je.

S'il est surpris, il n'en montre rien. Il appuie son menton sur sa paume et sort un papier de son tiroir en le faisant glisser jusqu'à moi. Je l'attrape, les yeux plissés, et commence à lire le document. Le soulagement m'envahit un peu plus à chaque mot.

– Un système de garderie a été mis en place par l'entreprise pour ce genre de choses. Mes déplacements ne durent jamais plus de deux jours, tous les frais de garde seront pris en charge pour votre fille, me rassure-t-il.

Je me mords la lèvre en hochant doucement la tête. C'est absolument inespéré et j'ai un peu honte d'hésiter. Je n'ai encore jamais laissé ma fille seule. Peut-être que je suis un peu surprotectrice, mais j'ai de bonnes raisons de l'être. Ça ne me rassure pas de savoir que, si j'accepte ce poste, elle passera de temps à autre une ou deux nuits sans moi à cause de mon travail. O'Leary semble se rendre compte de mon débat intérieur, car il se penche sur son bureau pour me fixer avec plus d'intensité. Un sourire bienveillant prend place sur ses lèvres.

– C'est pour votre fille que vous avez besoin de ce travail, n'est-ce pas ?

Je serre la mâchoire en laissant mon regard dériver derrière lui, là où s'étend New York à perte de vue. À quoi bon le nier ? Elle est la seule raison pour laquelle je me bats chaque jour.

– Oui.

– Alors vous ne devriez pas vous poser de question. Vous pouvez toujours demander à des parents de l'entreprise leurs expériences personnelles, si vous vous inquiétez pour votre enfant. Je vous donnerai quelques noms. Concernant vos horaires, ils seront calés de façon que vous puissiez gérer votre fille, tout en étant adaptés aux miens.

– Et si vous êtes en retard, que dois-je faire ? le questionné-je.

Il semble amusé par ma remarque. J'avais l'habitude d'être ma propre chef, je ne me tournais jamais les pouces aux RH, et j'ai peur que ce soit quelque chose qui me manque. J'ai besoin d'action dans ma journée. Alors si O'Leary arrive aussi en retard que moi ce matin, j'ai peur de ne pas avoir grand-chose à faire en l'attendant.

– Vous faites comme si j'étais là et vous dites à tout le monde que je suis à un rendez-vous important pendant que vous organisez mes prochaines réunions, plaisante-t-il.

Je souris bien malgré moi en secouant la tête. C'est la première fois que je rencontre quelqu'un d'aussi haut placé avec de l'humour. Pour autant, O'Leary respire l'autorité. Je ne savais même pas que ce mélange de sérieux et de légèreté était quelque chose de possible.

– Et je n'ai pas besoin de vous préciser que vous n'aurez plus besoin de mentir pour rejoindre cet étage, rajoute-t-il, sans que je sache vraiment s'il plaisante.

– En effet, réponds-je en souriant.

Je ne me sens pas vraiment coupable : j'étais déterminée à avoir ce travail, alors si un tout petit mensonge pouvait m'aider, je n'allais pas y réfléchir à deux fois. C'était assez nul de ma part, je le reconnais, et je n'aurais certainement pas aimé que l'on me fasse un coup pareil, mais ce qui est fait est fait. Et grâce à ça, j'ai la chance d'avoir décroché ce poste malgré mon caractère de merde.

Et puis, franchement, ça fera une bonne anecdote à raconter à ma fille quand elle aura l'âge !

– Laissez-moi vos coordonnées, reprend O'Leary. Je vous ferai parvenir votre contrat de travail ainsi que des papiers à remplir. Vous êtes à l'essai pour la semaine à venir.

Il fait glisser un bloc-notes et un stylo dans ma direction, et je note toutes mes informations personnelles alors qu'il est déjà parti travailler sur son ordinateur. Je l'ai peut-être sous-estimé à cause de son test complètement déplacé. Il semble gérer son entreprise au détail près avec maturité et sérieux tout en restant humain, et je ne peux que respecter ces qualités.

Toutefois, bien que je sois plus qu'enthousiaste à l'idée de commencer, cette brûlure dans le bas de mon ventre quand je fixe un peu trop longtemps mon boss ne me rassure pas.

Fantasmer sur son patron, c'est tellement cliché ! Hors de question que je perde mon job pour ne serait-ce qu'un regard déplacé. O'Leary a été très clair : il n'est pas là pour s'encombrer d'une célibataire en chaleur de plus.

addictives

Romans déjà parus

Rose Becker
Le Bébé, mon milliardaire et moi (aussi en poche)
Torride, sexy & dangereux
Forever You – saisons 1 et 2
Dangerous

Phoebe Campbell
Lui résister… ou pas – l'intégrale
You Again
Single Daddy. Try Me if You Can

Mia Carre
Bad for You
Teach Me Everything
Charmant connard !

Mélodie Chavin
Campus Rules
Fucking Wedding

Sonia Eska
Ne me tente pas

Emma Green
Toi + Moi : L'un contre l'autre (aussi en poche)
Toi + Moi : Envers et contre tout (aussi en poche)
Toi + Moi : Seuls contre tous (aussi en poche)
Call Me Baby – volumes 1 et 2
Call Me Bitch
Love Me if You Can
Kiss Me if You Can
Bliss. Le faux journal d'une vraie romantique – volumes 1 et 2
Jeux interdits
Jeux insolents
Jeux imprudents
Une toute dernière fois
Fallait pas me chercher ! – volumes 1 et 2
Corps impatients (aussi en poche)
Cœurs insoumis (aussi en poche)
Âmes indociles (aussi en poche)

Cent facettes de Mr Diamonds – l'intégrale
Bliss. Le faux journal d'une vraie romantique – l'intégrale
(Im)parfait
Love Me if You Can – l'intégrale
Kiss Me if You Can – l'intégrale
It's Raining Love!
The Boy Next Room
Call Me Baby – l'intégrale
Call Me Bitch – l'intégrale
PS: Oublie-moi!
Fallait pas me chercher! – l'intégrale
Recherche coloc: emmerdeurs, râleurs, lovers... s'abstenir!
10 bonnes raisons de te détester!
Just 17
Love & Lies on Campus
Bien plus forte que toi!
If You Wanna Be My Lover...
The Boy on Fire

Megan Harold
Breaking the Rules
Initiation with My Boss

Ludivine Hart
Arrogant & Tattooed

Amy Hopper
Gone Boy
Le Coloc

Julie Huleux
Alpha Player

Charlie Lazlo
Mon insupportable boss

Sienna Lloyd
Mords-moi!

Caroline Mongas
Mariage forcé. Un contrat indécent

June Moore
Étreinte – volumes 1 à 3

Zoé Murat
Stepbrother Love
Boss Me Around

Clara Oz
Arrogant

Gaëlle Sage
Kiss, Kill & Ride
Lost Rider

Ana Scott
Dark Ride
Last Ride
Vicious Ride
The Dominant
Evil Ride
Sensual Stepbrother
Un enfoiré mais un coup d'enfer!
Say Yes to the Boss

Camilla Simon
Le voisin parfait est un enfoiré
Initiation with My Enemy
Le mec parfait est un inconnu… ou presque!

Ève Souliac
Sexy Mistake

Liv Stone
Love Lessons

Lisa Swann
Adore-moi! – l'intégrale

Louise Valmont
Toi & moi, c'est compliqué!
Campus Initiation
Mon insupportable voisin!

Chloe Wilkox
Extreme Lover – l'intégrale
Immoral
Dominant Boss. Apprends-moi
The Virgin's Price

Luv

Romans déjà parus

Ana K. Anderson
Indompté
Scottish Bastard

Sophie Auger
Be with Me

Sonia Birdy
L'Initiation
Touchdown. Campus Star

Laura Black
Dark Initiation
Games of Desire
H.A.R.D. Hot, Arrogant, Rebelle, Déterminé
Sulfurous Bad Boy

Margot D. Bortoli
Too Young

Juliette Brunel
Delicious

Anne Cantore
Promets-moi. Louise et Marco

Sarina Cassint
Avec toi… peut-être
Insolent Boss

Mary Ann Davis
Coach Me Love

Sarah Dheilm
Hot Reward

Gwen Delmas
Noël, toi & moi
Sex Friends. Pas de contraintes, que du plaisir!

Eugénie Dielens
Imprévisible Boss

Cléa Dorian & Ninon Vars
Dark Love

Laurie Eschard
Love Naked

Lil Evans
Savage Rider
Crash & Burn
Boss Affair

Lou Garance
Can You Keep a Secret ?
Foutu coloc !

Alexandra Gonzalez
Shades of You

Erin Graham
Teach Me Love
The Boss
Secret Stepbrother
Strong Addiction
Coloc avec mon boss
The Initiation

Joh Harper
Crazy Love
Broken but Alive

Marie Hayle
Under Control
Lover Next Door

Ellie Jade
About Last Night

Emma S. James
Under the Rain

Lucie F. June
Fight with Darkness

Sara June
Rider in the Dark
Sexy Wild Rider

Emily Jurius
Love to Hate You

Allie Krown
High School Challenge

Antinea Kane
In Love with My Enemy

Marion Laurent
Mr Alpha

Pauline Libersart
Tiger. Entre ses griffes

Nina Loren
Breaking the Ice
Teach Me Again. Impossible Desire

Ella Lores
Mariée par accident à un connard arrogant rencontré la veille…
My Best Enemy

Jessica Lumbroso
Emma X. Secrète et insoumise

Lili Malone
Coloc avec un inconnu

Mila Marelli
Dark Man in Love
Crazy Wedding

Mag Maury
My Hipster Christmas

Alix Parks
Never Kiss the Boss

Jeanne Pears
Insupportable coloc
Colocs & Sex Friends
H.O.T. Hypnotique, Obstiné, Ténébreux
The Most Insolent Man

Alexia Perkins
Arrogant Fake Lover

Sophie S. Pierucci
L'Inconnu de l'ascenseur & Moi (aussi en poche)
My Stepbrother. L'initiation

Silvia Reed
Darkest. La dernière heure
Too Close

Anita Rigins
No Rules
My Rules

Avril Rose
Coffee, Sex & Law

Jana Rouze
Effet de vague – saisons 1, 2 et 3

Wendy Roy
Une seule fois (ou presque)

Ana Scott
À corps brisés

Léana Soal
Fight & Hope

Cara Solak
Perfect Obsession

Izia Soley
Fauve

Liv Stone
Initie-moi. Mes jours contre tes nuits

Lena K. Summers
Perfect Bad Boy
Donovan, roi des connards

Kaly Swann
Austin. Breathe with Me

Lily Tortay
Dance for Me

Flore Valier
Ta peau contre la mienne

Anna Wendell
Arrogant Bad Boy
Apprends-moi le désir
Colosse. Le maître du jeu

Mina Zadig
Just Sex & Tattoos
Arrogant Highlander

New adult addictives

Romans déjà parus

Sonia Birdy
California High School

Sianna Milano
High School Initiation

Isla A. Rowley
Toxic Games

addictives POCHE

Romans déjà parus

Rose Becker
Le Bébé, mon milliardaire et moi (aussi en grand format)

Marjorie Burbaud
The Campus Teacher

Phoebe Campbell
Tes ordres sont mes désirs

Olivia Dean
À lui, corps et âme – volumes 1 et 2

Lou Everly
Bad Boy Crush

Erin Graham
Nos amours contraires

Emma Green
Seuls contre tous (aussi en grand format sous le titre *Toi + Moi : Seuls contre tous*)
L'un contre l'autre (aussi en grand format sous le titre *Toi + Moi : L'un contre l'autre*)
Envers et contre tout (aussi en grand format sous le titre *Toi + Moi : Envers et contre tout*)
Corps impatients (aussi en grand format)

Cœurs insoumis (aussi en grand format)
Âmes indociles (aussi en grand format)

Megan Harold
Sublime-moi !

Charlie Lazlo
Kiss Me I'm Famous

Jeanne Pears
Jamais avec mon coloc !

Sophie S. Pierucci
L'Inconnu de l'ascenseur & Moi (aussi en grand format)
Deep & Dark

Lise Robin
Forbidden Stepbrother

Alexane Tolley
The Boss Rules

Chloe Wilkox
Your Game, My Rules

The Initiation
Erin Graham

Sombre, torturé, complexe... rock star.

Maël s'enfonce chaque jour un peu plus dans une spirale sombre. Star de la scène, accro au succès et à la drogue, il lutte contre les ombres de son passé et se voue une haine féroce. Alors, quand il rencontre Divya, lumineuse, innocente et pleine de vie, il veut fuir, la repousser. Mais l'attirance entre eux est irrésistible et le désir est puissant, d'autant plus que Divya a tout à apprendre de l'amour et de la sensualité. Réussira-t-elle à le sauver de lui-même ou disparaîtra-t-elle dans les ténèbres avec lui ?

Auteure : Ana Scott

Edisource – Éditions Addictives
100, rue Petit, 75019 Paris
Imprimé par FINIDR – Lipova cp. 1965 – 73 701 Cesky Tesin,
République tchèque
Dépôt légal : avril 2022 – Achevé d'imprimer : mars 2022
ISBN : 978-2-37126-476-2
Réf. contrat : ZUGO_001